细说五行

刘鸿玉◎编著

气象出版社
China Meteorological Press

内容简介

五行，源自我国古代先民对宇宙自然构成要素的朴素认识，对古代科技和文化诸多方面产生了深远影响。今人在研读古代科技文化典籍时会遇到较多与五行相关的史料，需要对古代五行学说有正确的认知。本书从中国古代哲学发展史角度出发，依据相关古典文献，以现代视角全面梳理了五行学说的思想起源、基本内容及其历史演变，揭示了五行学说与我国古代天文学、物理学、中医学、社会学、艺术学等的关系，从正反两方面剖析了五行学说对我国古代科学技术和思想文化的主要影响。本书史论结合，严谨有据，有助于读者客观认识中国古代的五行学说，适合研究和爱好中国古代文化的读者阅读参考。

图书在版编目（CIP）数据

细说五行 / 刘鸿玉编著．-- 北京：气象出版社，2021.7（2025.1 重印）

ISBN 978-7-5029-7479-4

Ⅰ．①细…　Ⅱ．①刘…　Ⅲ．①五行—研究Ⅳ．① B2

中国版本图书馆 CIP 数据核字（2021）第 124051 号

细说五行

Xishuo Wuxing

出版发行：气象出版社

地　　址：北京市海淀区中关村南大街 46 号　　邮政编码：100081

电　　话：010-68407112（总编室）　010-68408042（发行部）

网　　址：http://www.qxcbs.com　　E-mail：qxcbs@cma.gov.cn

责任编辑：杨　辉　　终　审：吴晓鹏

责任校对：张硕杰　　责任技编：赵相宁

封面设计：追韵文化

印　　刷：中煤（北京）印务有限公司

开　　本：710 mm×1000 mm　1/16　　印　张：18.5

字　　数：220 千字

版　　次：2021 年 7 月第 1 版　　印　次：2025 年 1 月第 4 次印刷

定　　价：69.00 元

目录
CONTENTS

五行综述篇

五行源流篇

五行基础篇

五行应用篇

五行综述篇

五行，指木、火、土、金、水。五行学说源于我国古代先民对宇宙自然的朴素认识，是我国古代哲学的重要组成部分，对中华传统文化具有广泛而深远的影响。

一、五行是中国古代哲学的重要组成部分

“五行”作为中国古代哲学的重要概念，同“气”“道”“太极”“阴阳”“三才”等具有密切联系，是中国古代哲学的重要组成部分。

（一）五行本源于“气”

五行的物质本原是什么？这是研究五行学说必须回答的问题。五行的物质本原就是“气”，即自然之气。

在中国古代哲学中，“气”首先是自然之气。东汉许慎《说文解字》解释：“气，云气也。”“气”即云气。云气，指的就是云，由于云为水汽凝结而成，所以称为“云气”。云气，不同于我们现代科学如物理学、气象学等所说的“大气”，在古人的认知中，它泛属于自然之气。至于现代科学所说的“大气”，因其中含有地球上生物所赖以生存的物质条件，可以类比为古人所称的“精气”。先秦《管子·内业》说：“精也者，气之精者也。”

古人还提出，元为气之始。《说文解字》说："元，始也。""元"意为开始。唐朝徐彦《春秋公羊传疏》引《春秋说》并"注"说："《春秋说》云：'元者，端也，气泉。'注云：'元为气之始，如水之有泉。'""元"是"气"运动的开始，如同水之源泉。

一气列五行。西汉董仲舒《春秋繁露·五行相生》说："天地之气，合而为一，分为阴阳，判为四时，列为五行。"认为"天地之气"分出了昼夜的消长、春夏秋冬四时，又生成万物的运行形态，排列为递相负载、休王相生的木、火、土、金、水五行。

五行源于火。明清时期方以智认为，五行基本上只有水、火二行，五行统于此二行，其中，火是最主要的。他在《物理小识·火》中说："天道以阳气为主，人身亦以阳气为主。阳统阴阳，火运水火也。"天道以阳气为主导，人身也以阳气为主导，阳气统率阴气、阳气，火运营水与火。又说："凡运动，皆火之为也。"凡是运动，都是火的作为。又引元代著名医学家朱震亨之言曰："天恒动，人生亦恒动，皆火之为也。"天总在运动，人的生命也总在运动，都是火的作为。在方以智看来，火是一切运动的根源。这个"火"包含有"太阳真火"，大概相当于现代我们所说的太阳光能，古人视之为五行的能量来源。由此可推，所谓"行"，是古人将太阳辐射能量在不同的季节表现出的不同运行形态，命名为木、火、土、金、水。

（二）五行是"道"的实体表现

五行的运行体现为一个循环过程，具有规律性，这就是"道"。对于"道"，《说文解字》说："道，所行道也。"道是人所行走的道路。后来，“道”又被引申为规律、规范。春秋时期，人们已经用“天道”来表示自然天象的运行规律，用“人道”来表示人类社会的行为准则。《老子》第一个把“道”作为哲学的最高范畴，把“道”看成世界万物运动的根本规律，并作出系统的哲学论证。

道具有立—破—立的动态平衡循环过程。从气与道的关系看，清代戴震《孟子字义疏证·天道》说：“道，犹行也；气化流行，生生不息，是故谓之道。”“道”就是“行”，气的变化流行，生生不息，这个过程就是道，这揭示了气与道的内在逻辑关系。从道的运动过程看，《老子·第四十二章》说：“道生一，一生二，二生三，三生万物；万物负阴而抱阳，冲气以为和。”道是万物运动变化的根本规律，“道生一”，“道”首先从动态平衡被打破的一动开始运行，动为阳，阳气上升为天，天生于一；“一生二”，动极生静，静为阴，阴气下降为地，地生于二；“二生三”，动静结合，阴阳相合，居中生人，人生于三；“三生万物”，阳、阴、中或者天、地、人三者共同作用而形成杂多的“万物”；“万物负阴而抱阳”，万物虽然众多，但归结起来都有动、静两种形态，都由阴、阳二气组成；“冲气以为和”，阴、阳二气相互冲突最终达成新的平衡，这就是和。正如《礼记·中庸》所说：“和也者，天下之达道也。”《老子·第八章》说：“上善若水。水善利万物而不争，处众人之所恶，故几于道。”水处于动态平衡之中，道也遵循动态平衡，具有从建立到打破、再到重建的循环过程。“冲气”，归结起来是阴、阳二气和动、静二态，细分则是水、火、木、金、土五行之间的相生相克。

道的实体是五行。从自然法则看，《老子·第二十五章》：“道大，天大，地大，人亦大。域中有四大……道法自然。”“道”作为“四大”之一，与“天大，地大，人亦大”一样，都隶属于自然界，遵循自然法则。道是自然界本身所固有的动态平衡的规律性概括，以自然为法则。《庄子·大宗师》说，道是“自本自根”，自然界是自为本根、自然产生的。五行所反映的是系统运动的具体形态，与“道”所揭示的规律具有一致性。从运行过程来看，五行可以表现自然界的动态平衡规律，因此，“道”表现为五行，五行体现为“道”。清代戴震《孟子字义疏证·天道》说：“阴阳五行，道之实体也。”又说：“天道，阴阳五行而已矣。”认为“道”非实体，而以阴阳五行为其实体，其所表现的是阴阳五行之气流行不已、生生不息的过程。

（三）五行是太极系统运动的产物

在古代，五行是一种整体系统的方法论，这个系统被古人称为“太极”。

在中国哲学史上，《易传》最早提出“太极”概念。太极是围绕中心点建立的一个封闭系统，所以古人常常用一个“空心圆”表示。《周易·系辞上传》：“是故，易有太极，是生两仪，两仪生四象，四象生八卦，八卦定吉凶，吉凶生大业。”大意是：系统变易首先具有最大至中的极点，从这个点出发观察整个系统，由于阳光的向背而产生阴暗与阳明两种仪容，这两种仪

阴阳太极图

容再各自分别出阴暗与阳明，而产生太阳、少阴、少阳、太阴四种形象，四种形象再各自分别出阴暗与阳明，进而产生乾、兑、离、震、巽、坎、艮、坤八种卦象，人们通过观察八种卦象，确定系统运动的吉利与否，据此趋利避害，从而创造伟大的事业。

气、道、太极三者关系密切。《庄子·大宗师》说："夫道有情有信，无为无形……在太极之先而不为高，在六极之下而不为深，先天地生而不为久，长于上古而不为老……伏戏氏得之，以袭气母。"意思是，道作为系统运动的动态平衡规律，是真实可信的，它没有作为，也没有形体，存在于具体的太极系统形成之先而并未显出其高，存在于上下四方（即六合）之下而并未显出其深，先于天地之前产生而并未显出恒久，长于上古时代而并未显出衰老，伏戏氏（即伏羲氏）得到作为运动规律的道，用来承袭于作为物质和能量的元气。也就是说，系统运动先具有元气作为物质和能量，再具有道作为普遍规律，道运行于具体的太极系统之中，存在于六合之内，虽经历时间推移，但始终保持生命力。

太极是五行的系统实体。北宋周敦颐《太极图说》提到："太极动而生阳，动极而静，静极复动，一动一静，互为其根，分阴分阳，两仪立焉。阳变阴合而生水、火、木、金、土。五气顺布，四时行焉。"他认为，太极系统运动而产生阳，运动至极限而产生静止，静止至极限而复归于运动。一个运动，一个静止，互相作为产生的根本，静止为阴，运动为阳，由阳光向背而分别出阴、阳，两种仪容由此确立。阳性运动与阴性静止两种形态变化结合而产生水、火、木、金、土五行。五行之气按照相生之序顺次排布，四时气候得以流行。又说："五行，一阴阳也；阴阳，一太极也。"五行归结起来是一个阴阳，阴阳归结起来是一个太极。太极作为系统是一个整体，五行则是太极系统运动的五种基本形态。

（四）阳变阴合而生五行

五行运行的能量来源是太阳光能，太阳光照的向背产生阴阳，古人由此认为“阴阳生五行”。

阴阳最初是指阳光的向背。《诗经·大雅·公刘》：“既景乃冈，相其阴阳，观其流泉。”“景”的意思是“影”，公刘立表考察日影用来确定东、西、南、北四方，登高眺望，观察山北面背阴与山南面向阳的状况，观察水流与水源。由阳光的向背，人们从自然界中观察到各种对立而又相互联系的现象，如动静、上下、天地、日月、昼夜、寒暑、男女等，并以哲学的方式归纳出“阴阳”的概念，用以表示两端的对立统一。据《国语·周语上》记载，周幽王二年（公元前780年），西周出于岐山的泾水、渭水、洛水等三川流域都发生地震。周朝大夫伯阳父用阴阳说分析认为：周朝将要灭亡了。天地之气的运动，不能丧失其秩序；如果逾越了它的秩序，人民就会作乱。如果阳气在地下潜伏运行而不能够出来，地面阴气压迫阳气使之不能够上升，就会发生地震。现在，泾水、渭水、洛水等三川流域确实发生了地震，是运动的阳气失去了它本来在上的处所而被安静的阴气所镇压。阳气失去处所而位于阴气之下，必然导致地震，地震必然导致山体崩塌，使泉源堵塞，就必然使国家面临危险。因为水土之气流通润泽，人民可以得到赖以生存的食物，当水土之气不能够流通润泽时，人民就会缺衣少食，这样的国家不灭亡还等待什么？

阴阳之气是五行运行的内在动因。阴阳在哲学意义上可以有两种理解：一是阴阳之气，二是阴阳之象。对此，清代戴震在《孟子字义疏证·天道》有一段清楚表述："孔子以太极指气化之阴阳……以两仪、四象、八卦指易画。""气化之阴阳"就是指阴阳之气，"易画"就是指阴阳之象。从阴阳之气来看，气是系统运动的能量，能量分为阴与阳，阳气主动，阴气主静，动静往来，循环不已，推动系统运动发展。《周易·系辞上传》："一阴一阳之谓道。"又说："阴阳不测之谓神。"一个阴气、一个阳气交互作用，就是作为系统运动规律的道，道并不神秘，是可以认识的，而阴阳之气的运动变化不可以认识测度，就称为神秘。从阴阳生五行来看，《孟子字义疏证·性》说："在气化，曰阴阳，曰五行。"阴、阳作为两种气，表现为运动与静止两种状态，两种状态交互作用而产生木、火、土、金、水五种运动形态，因此，北宋周敦颐《太极图说》才说"阳变阴合而生水、火、木、金、土"。

阴阳之象是五行运行的外在表象。从阴阳之象来看，向阳光明，背阳则阴暗，这就是阴阳之象。象，就是现象，是系统运动的外在表象，是人们可以感觉到的，是能够看到、听到、闻到、触摸到的，如天与地、明与暗、日与夜、刚与柔、强与弱、上与下、男与女等。《周易·系辞上传》说："易有太极，是生两仪，两仪生四象，四象生八卦。"两仪，即光明与阴暗两种仪容；四象，即太阳、少阴、少阳、太阴四种形象；八卦，即乾、兑、离、震、巽、坎、艮、坤八种卦象。从阴阳之象与阴阳之气的关系来看，二者是内在统一的。《孟子字义疏证·天道》说："伏羲氏观于气化流行，而以奇偶仪之象之。"伏羲氏通过观察自然界的气化流行，而以一奇以仪（仪，效法）阳，一偶以仪阴，奇而遇奇以象太阳，奇而遇偶以象少阴，偶而遇偶以象太阴，偶而遇奇以象少阳。阴阳之气是阴阳之象的内在动因，阴阳之象是阴阳之气的外在表象。有此气必有此象，有此象必蕴此气。《周易·系辞上传》："阴阳之义配日月。"日为阳之象，月为阴之象，日可以发光又为阳之气，月不能发光又为阴之气，日往则月来，月往则日来，如同动极生静，静极生动，所以，阴阳的意义可以配合日月。《老子·第四十二章》："万物负阴而抱阳，冲气以为和。"万物都背负着阴暗而怀抱着阳光。从阴阳之象与五行的配合来看，阴、阳作为两种仪容，可以产生四象，四象配合四时，四时配合五行，则太阳为夏时、配火，少阴为秋时、配金，少阳为春时、配木，太阴为冬时、配水，中央为阴阳冲气、为和，配土。四象产生八卦，八卦也配合五行。据清代江永《河洛精蕴·后天八卦图》所考，《周易》"言八象即是言五行"。八卦象征与五行相互贯通，如坎卦象征水；离卦象征火；坤卦象征地，艮卦象征山，都属于五行土；巽卦象征木；震卦象征苍筤竹（青色初生之竹），竹即是木；乾卦象征金，兑卦象征泽，泽与天相连，乾与兑同属金。

（五）五行是三才运行的起点

五行在年周期运动中，天、地、人三极各有随之运动的开始之处——起点，古人称为"三才"。

1. 三才是指天、人、地

《周易·系辞下传》："易之为书也，广大悉备，有天道焉，有人道焉，有地道焉。兼三才而两之，故六；六者非他也，三才之道也。"《易经》作为研究运动变化的一部书，内容广大，无不皆备，其中有天体运动规律、人类社会运动规律、大地运动规律。经卦有下、中、上三画组成，象征地、人、天三个阶段，地、人、天被称为三才，兼并两个经卦的三才而将每一才两分为阴阳，就成为六画；六画，并不表示其他意义，就是表示三才之道。

2. 三极是太极之下的三个子系统

《周易·系辞上传》："六爻之动，三极之道也。"极是中心点，太极是围绕最大的中心点所建立的封闭系统，三极则是围绕天、地、人三个分中心点建立的封闭系统，《易经》六画卦中六爻的变动，表现的就是天、地、人三个子系统的运动规律。

3. 五行是三才运行的起点

《说文解字》说："才，草木之初也。""才"的本义是草木之初，引申为始。三才，就是指天、地、人三极开始运动的起点。《五行大义·论相生》："经云：天生一，始于北方水；地生二，始于南方火；人生三，始于东方木。"《孔子家语·执辔篇》记载"子夏问于孔子曰"："天一，地二，人三，三三如九，九九八十一。"所谓"天生一""地生二""人生三"或"天一""地二""人三"，其意可以从系统运动的角度加以解释。为了便于理解，我们从北斗星斗柄指四季图讲起。

天生：从北斗星斗柄指四季图看，上面是天，含义包括太阳、阳、上等，它从何而生呢？从最下面的地开始产生。就是说，当斗柄指向正下方即北方水之时，向上的移动就开始了，所以是天生之处，即向上生出之处。因为北方为水，水数一，所以说"天生一"

或“因一生天”。

地生：从北斗星斗柄指四季图看，下面是地，含义包括地面、阴、下等，上面是天，下面的地从何而生呢？从最上面的天开始产生了。就是说，当斗柄指向正上方之时，即南方火之时，向下的移动就开始了，所以是地生之处，即向下生出之处。因为南方为火，火数二，所以说“地生二”或“因二生地”。

人生：在北斗星斗柄指四季图上，人类活动按照四季变化，遵循春生、夏长、秋收、冬藏的规律，春天是人类开始进行农事活动的季节，春天所对应的方位是东方，五行是木，木数三，所以说“人生三”或“因三生人”。

这里，“天生”“地生”“人生”是太极系统下三个子系统运行的起点。将太阳的周期性视运动按照东西连线分界划分为上下，则“天生”在下而位在北方、“地生”在上而位在南方、“人生”在左而位在东方，分别代表天之始、地之始、人之始，始即开头；将太阳的周期性视运动按照南北连线分界划分为上升周期与下降周期，则“天生”“地生”“人生”在左侧，自下而上依次排列为地、人、天，代表太阳视运动上升周期的始、中、末三个阶段，每个阶段都包含阴阳的对立，因此，《周易·说卦传》：“是以，立天之道，曰阴与阳；立地之道，曰柔与刚；立人之道，曰仁与义。兼三才而两之，故易六画而成卦。分阴分阳，迭用柔刚，故易六位而成章。”确

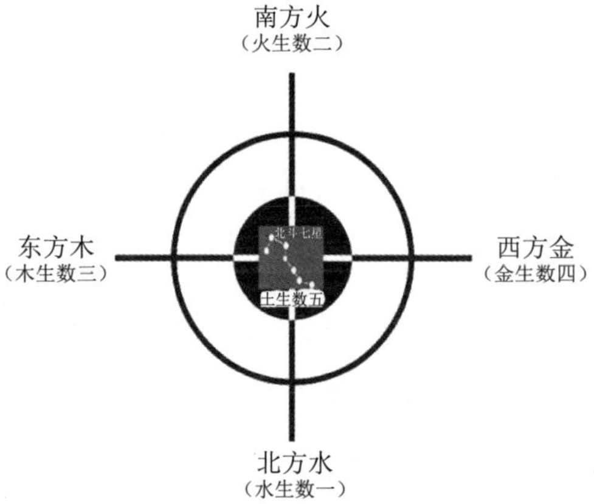

北斗星斗柄指四季图

立天气之道称为阴与阳，确立大地之道称为柔与刚，确立人事之道称为仁与义，天、地、人三才各自一分为二，则《周易》六个易画而形成一卦。区分阴与阳，重叠柔与刚，因此，《周易》六个爻位而形成文章。由于“人生三”承继自“地生二”，所以人之道取法于地；“地生二”承继自“天生一”，所以地之道取法于天；“天生一”承继自然界运动的根本规律，所以天之道取法于道，道取法于自然。这就是《老子·第二十五章》所说“人法地，地法天，天法道，道法自然”的内在含义。

二、五行学说对古代天文学和社会文化的广泛影响

中国古代哲学认为，五行贯通天、地、人。隋代萧吉《五行大义·序》说：“夫五行者，盖造化之根源、人伦之资始。”其内涵是：五行是自然造化的根本来源，是人伦关系的凭借起始。万物万类禀受五行而能够变化、因为五行而此感彼通。五行本于阴阳，散为各种精妙的形象，遍及天地之间，散布于有形无形的事物之中。因此，五行学说对古代天文学和社会文化有广泛影响。

（一）五行上应于天

五行上应五星。《黄帝内经·素问·金匮真言论》对五行与五星的对应关系有明确阐释，其中说东方“其应四时，上为岁星”。岁星即木星。东方是太阳始升的方向，春季有大地回暖、万物萌动的景象，故其对应四时为春，因为木星每年在黄道带经过一宫，总是每岁按照一定的次序晨出东方，东方对应天空中的岁星。又说南方“其应四时，上为荧惑星”。荧惑星即火星。南方是阳光

强盛的方向，夏季有阳光强盛、万物生长壮大的景象，故其对应四时为夏，因为火星在天空中的运动出入没有常规，位置不能固定，当其出现在南方天空时称其为荧惑，故南方地域向上对应荧惑。又说中央“其应四时，上为镇星”。镇星即土星。中央为土，土壤为植物生长提供养分，长夏也是土壤温度与湿度最有利于植物生长的时期，故其对应四时为长夏，因为土星在太阳系木、火、土、金、水五星中运行速度最慢，能“镇住”其他星宿不至于偏移正常轨道，中央对应天空中的镇星。又说西方“其应四时，上为太白星”。太白星即金星。西方是太阳落山的方向，秋季太阳直射点南移，万物收敛，故其对应四时为秋，因为金星在春、秋二季日落后出现在西方，故西方对应天空中的太白。又说北方“其应四时，上为辰星”。辰星即水星。北方是光照不充沛的方向，冬季也是太阳运行到南回归线上方附近而万物伏藏不出的季节，故其对应四时为冬，因为水星非常靠近太阳，常被太阳光淹没而看不见，北方对应天空中的辰星。

天有五度以垂象。五行向上对应天空的星体，天空以木、火、土、金、水五行垂示征兆。以天空来说，天空有众多形象、数目。《五行大义·序》说，天空中有众多形象，如参星与辰星的伏藏与出现，太阳的圆满与月亮的圆缺，雷声轰鸣和彩虹出现，云之行走，雨之布施；天空的数目有众多应用，如周天有二十八星宿，紫微宫内外有诸多天星，日、月、五星称为七曜，日、月、星称为三光，以天上星宿对应地上区域的划分，以木星纪年的岁次。根据天空的这些形象和数目，就可以认识五行在天象中的运用情况。

（二）五行下应于地

五行下应五材。在地球上，万物生长靠太阳，阳光是地球上生命活动的能量来源，五行因而被赋予地上万物，成为万物不同的属性，这就是人们所说的“五材”。“五材”是指金、木、水、火、土五种物质，它们各自具有不同的物理特性。《五行大义·辨体性》从自然事物具有的特征出发，认为木的特点是向上生长，其中一点微弱的火性向上的特点隐藏其中；火的特点是炎炽赫烈，向上升腾；土是由颗粒物积聚成的实体，彼此间有一定的空隙，有空隙则土能够含蓄包容，有实体则土能够保持掌握；金属导热性能良好，触之感觉比较冷，且金属大多凝聚而有一定强度；水能够吸收热量故“寒”，可以蒸发形成水蒸气故“虚”，其特点是水往低处流，可以溶解很多物质。

地有五材以资用。五行向下对应大地上的物体，大地具有木、火、土、金、水五行可以发挥资生养育万物的功用。大地有众多形象、数目。《五行大义·序》说，大地上有众多形象，如名山镇守、河流通达、风之回旋、露之蒸腾等；大地的数目有众多应用，如八极（八方）四海、三江五湖、九州百郡、千里万顷等。根据大地的这些形象和数目，就可以认识五行在大地上的运用情况。

（三）五行是造化根源

古人对黄河中下游流域四季分明的气候、物候特点进行了长期观察，发现四时气候具有春温、夏热、秋凉、冬寒的特点，生物随着气候变化而具有春生、夏长、秋收、冬藏的周期性规律。《黄帝内经·素问·四气调神大论》概括指出，春季三个月，特征是“发陈”，指万物启发陈旧，萌生新芽；夏季三个月，特征是“蕃秀”，指万物开出花朵，结出果实；秋季三个月，特征是“容平”，指万物果实成熟，容貌平定；冬季三个月，特征是“闭藏”，指万物封闭储藏。古人根据四时气候和物候变化特征，进一步细分夏季，将四时太阳的视运动形态概括为五行。春季，太阳的视运动形态称为木，木性曲直，表现出温暖的气候特点和万物发生的物候特点；夏季，太阳的视运动形态称为火，火性炎上，表现出炎热的气候特点和万物成长的物候特点；长夏，太阳的视运动形态称为土，土性稼穑，表现出高温高湿的气候特点和万物秀实的物候特点；秋季，太阳的视运动形态称为金，金性从革，表现出凉燥的气候特点和万物收敛的物候特点；冬季，太阳的视运动形态称为水，水性润下，表现出寒冷的气候特点和万物闭藏的物候特点。从四时气候、物候变化来看，五行相生是四时五季气候的自然转换，即春温生夏热，夏热生长夏湿，长夏湿生秋凉，秋凉生冬寒，冬寒又生春温，与此相应，万物大多经历春生、夏长、长夏实、秋收、冬藏的物候转换，并周而复始，循环不休。

（四）五行是人伦资始

五行发为五性。五行表现为五性，是由于五行在人身内应于五脏，五脏发挥各自功能的规范称为五性。五性指仁、义、礼、智、信，就是儒家所说的“五常”。按照清代戴震的说法，人分受于父母的精微物质，最终是分受于阴阳五行，分受于道。人所禀受的五行，在人体内脏器官中，主要对应肝、心、脾、肺、肾。《五行大义·论配藏府》认为，人体内的肝、心、脾、肺、肾，禀受自五行。具体来说，古人认为五行是太阳的视运动形态，主导四时气候变化，而人体随之发生相应的功能变化。肝脏发挥代谢产热功能，其“工作规范”是仁；心脏发挥泵血送热功能，其“工作规范”是礼；脾脏发挥免疫抗病功能，其“工作规范”是信；肺脏发挥呼吸功能，其“工作规范”是义；肾脏发挥应激调控功能，其“工作规范”是智。这里需要说明的是，“藏”与“脏”是古今异体字，“府”与“腑”也是古今异体字，因此，本书下文除古文篇章名和引文外，均统一写为“脏”“腑”。不过，中医所说的“藏”“府”通常是以某个内脏器官作为一个功能系统的代表，所涉及的器官与功能范围较之现代解剖学所指同名“脏”“腑”要宽泛，这也是需要明确的。

人有五常以表德。五性既是人体五脏发挥功能的规范，也是人类社会行为的规范。中国古代哲学把所有社会关系概括为君臣、父子、夫妇、兄弟、朋友，称为“五伦”，五常则是处理这五种伦理关系的伦常道德、行为规范，古人用仁、义、礼、智、信五种规则表示人类行为的品德。人类社会有很多形象、数目，《五行大义·序》中列举了众多表现：礼仪，是用来节制人事的；乐曲，是用来和悦心灵的；爵禄，是用来表彰成为旗帜、起表率作用之人的；刑罚，是用来改变犯罪之人使之向善的。数目方面，如：百官，是用来治理国家的；万人，是用来建立事业的；四教（文、行、忠、信），是用来修治文化的；七德（禁暴、戢兵、保大、定功、安民、和众、丰财），是用来讲习武事的。根据这些形象和数目，就可以认识五行在人伦关系中运用的情况。

三、五行学说处理天、地、人关系的基本思路

五行学说在处理天、地、人关系中以天人合一为准则，以尚中庸为解决天人问题的方法，以五常为处理人际关系的规范，为我们提供了处理天、地、人关系的基本思路。

（一）“天人合一”是五行学说处理天人关系的准则

天人关系是中国古代哲学研究的重要范畴。首先提出“天人合而为一”概念的，是西汉董仲舒。董仲舒在《春秋繁露·深察名号》中说，事物各自顺从于各自的名称，名称各自顺从于自然界事物的本义，由此，“天人之际，合而为一”。这是指作为自然界的天和人的认识合而为一了。又继续说，名称与事实相同而道理相通，名称与事实互动而相互助益，名称与事实相符而相互接受，这称为“德道”。后来，明确总结出“天人合一”概念的是宋代张载。他在《张子正蒙·乾称篇》中说：“儒者则因明致诚，因诚致明，故天人合一。”对此，明末清初王夫之《张子正蒙注》的“注”说，“诚”

为“天之实理”，是自然界实际存在的道理；“明”为“性之良能”，是人类认识自然的能力。也就是说，儒家学者依据认识自然的能力而认识自然界实际存在的道理，进而获得对自然规律的认识，因此，自然界与人类认识是合而为一，互为一致的。张载又说，人们致力于学问而可以成为圣明的人，获得自然界运动的规律而未曾开始遗忘人的作用，这就是《周易·系辞上传》所说“知周乎万物，而道济天下，故不过。旁行而不流……范围天地之化而不过，曲成万物而不遗”的“不过”“不流”“不遗”。综合董、张二人说法，天人合一是指人的认识与自然界的事实相互符合，互为一致，而且人类在天地造化万物中也发挥了一定的作用。

天人合一是气化的准则。东汉王充《论衡·谈天篇》说：“天地，含气之自然也。”《论衡·论死篇》又说：“人之所以生者，精气也。”气在天地与人之间进行着物质交换和能量流动，天、地与人统一于气，人得精气而生，这是天、地与人的良性循环，如果情况并非如此，便可认为天地人三者之间陷入了恶性循环。

天人合一是道法的准则。《周易·说卦传》：“立天之道，曰阴与阳；立地之道，曰柔与刚；立人之道，曰仁与义。”阴与阳、柔与刚、仁与义都统一于阴阳。《周易·系辞上传》又说：“一阴一阳之谓道。”“立天之道”“立地之道”“立人之道”都统一于阴阳，而作为“一阴一阳”的道则是万物之间构成的阴阳平衡，因此，“天人是否合一”，就是衡量人法地、地法天、天法道、道法自然的准则。

天人合一是尚五的准则。万物虽然众多，但构成一个动态平衡系统的数量不超过五数。《五行大义·论五行及生成数》说：“行言五者，明万物虽多，数不过五。”尚五观念，在天空表现为岁星、荧惑、镇星、太白、辰星等五星；在大地表现为东、南、中、西、北等五方，其镇山表现为东岳泰山、南岳衡山、中岳嵩山、西岳华山、北岳恒山等五岳；在人身表现为心脏藏神、肺脏藏魄、肝脏藏魂、脾脏藏意、肾脏藏精志，其征候表现为鼻者肺之官、目者肝之官、口唇者脾之官、舌者心之官、耳者肾之官。科学观察也发现，生物间存在着吃与被吃关系的食物链，后一种生物只能贮藏从前一种生物中摄取能量的5%～20%，其余能量则通过新陈代谢等消耗掉，导致能量沿着食物链的营养级逐级减少，使得一般食物链中的营养级不会多于五个，这正与“万物虽多，数不过五”的观念相合。

天人合一是顺天应时的准则。从人与天地相适应来看，《黄帝内经·灵枢·岁露论》说：“人与天地相参也，与日月相应也。”认为人与天地形象相参与，人体盛衰与日月相适应。因此，当天上月相圆满，则地上海水盛于西方，人体气血充实，而凡是肌肉、皮肤、毛发、腠理等都充实紧闭，有如烟般的腻垢附着于肌肤，一旦遇到贼风，其进入人体浅而不深；当天上月廓即空，则地上海水盛于东方，人体气血空虚，而凡是卫气、形体、肌肉、皮肤、腠理、焦理等都会消减，变得残薄，虽有如烟般腻垢也脱落于肌肤，一旦遇到贼风，其进入人体就会深，而病人也会得卒暴之病。《黄帝内经·素问·阴阳应象大论》则说，天上气候有春、夏、秋、冬四时配合木、火、土、金、水五行，主管万物发生、成长、收敛、闭藏，化为寒、暑、燥、湿、风五气；人体相应而有心、肺、肝、脾、肾五藏，化为五藏之气（功能），表现为喜、怒、悲、忧、恐五志。因此，人必须顺天应时，与天地运行节律相统一。

（二）尚中庸是五行学说解决天人问题的方法

中庸，语出《论语·雍也》："子曰：'中庸之为德也，其至矣乎！'""中"的意思是不过亦无不及，不偏不倚。"庸"的意思是常行、常用。中庸作为一种品德，至为完美了。

"土德"是五行学说解决天人问题的理论前提。天与人之间、人与人之间的矛盾，都可以称为天人问题。解决天人问题，五行学说以"土德"观念提供理论前提。土具有三种意义：土得到大、中、至正之气，无有邪僻；土包含黄色中正的品德；土能够吐生万物。《五行大义·释五行名》认为，土位处于内，与万物相通，可以为天人之间的各种事务找到解决矛盾、实现统一的途径。

"执两用中"是五行学说解决天人问题的具体方法。五行之中，火与水相对立，木与金相对立，只有土居于中央，不上不下，不左不右，故能通达万物，"执两用中"正体现了这一思想。《礼记·中庸》记载了孔子对舜帝的评价：舜是有大智慧的，既能求教智者，又能体察浅近之言，既能隐匿别人的坏处，又能宣扬别人的好处，他"执其两端，用其中于民"，能够掌握"过"与"不及"两端的意见，采取折中的办法管理人民，这就是舜之所以成为舜的原因吧。

"中和"是五行学说解决天人问题的理想目标。"中和"语出《礼记·中庸》："喜、怒、哀、乐之未发谓之中，发而皆中节谓之和。中也者，天下之大本也。和也者，天下之达道也。致中和，天地位焉，万物育焉。"西汉董仲舒《春秋繁露·阴阳义》说："春，喜气也，故生；秋，怒气也，故杀；夏，乐气也，故养；冬，哀气也，故藏。"虽然董仲舒以喜、怒、哀、乐配春、秋、夏、冬，主生、杀、养、藏，其说并未成为人们的共识，但以此说明“中和”之道未尝不可。综合《礼记·中庸》和董仲舒《春秋繁露·阴阳义》的观点，喜、怒、哀、乐是人流露于外的情感，以喜、怒、哀、乐四种情感配合春、秋、夏、冬四时，主管生、杀、养、藏。喜、怒、哀、乐之情没有发生，人的内心无所偏倚，所以称为“中”；喜、怒、哀、乐虽然发生而都能合乎节度，人的内心保持平衡，所以称为“和”；四时配合五行，喜、怒、哀、乐也因之配合五行，喜配春木，怒配秋金，木与金相互对立；乐配夏火，哀配冬水，火与水相互对立；只有土居中为阴阳平衡，阴阳平衡就可以协调生、杀、养、藏，孕育天下万物，所以说，“中”是天下万事万物最大的根本，“和”是天下万事万物通达的大道。如果能达到不偏不倚、动态平衡的中和状态，天地就各安其位，万物就得到养育。

（三）五常是五行学说处理人际关系的规范

“五常”，即仁、义、礼、智、信，本来是人的五种最基本的品德，后来，成为处理人与社会关系的核心价值理念。“常”的意思是永久实行、不可或缺。“五常”语出于《尚书·泰誓下》：“今商王受狎侮五常，荒怠弗敬。”商纣王，子姓，名受，他轻狎五常之教，侮慢而不遵行五常，大为怠惰，不敬天地神明。但此处“五常”与后世“五常”所指或有不同。对此，唐代孔颖达《尚书正义》“疏”说：“五常，即五典，谓父义、母慈、兄友、弟恭、子孝。”至战国时期，孟子提出仁、义、礼、智四端，他认为人生来就具有“善端”，“善端”是善的萌芽，分为四类，即所谓“恻隐之心”（或“不忍人之心”)、“羞恶之心”“恭敬之心”(或“辞让之心”)、“是非之心”，这四种“善心”是仁、义、礼、智等道德观念的萌芽。《孟子·公孙丑上》提出，恻隐之心是仁之端，羞恶之心是义之端，恭敬之心是礼之端，是非之心是智之端，人内心具有这四端，如同身体具有四肢。西汉董仲舒将仁、义、礼、智四端扩充为仁、义、礼、智、信,《春秋繁露·五行相生》将仁、义、礼、智、信并列提出。

五常是五行学说处理人际关系的规范。董仲舒《春秋繁露·五行相生》提出，东方属于木，司农“尚仁”；南方属于火，司马“尚智”；中央属于土，司营“尚信”；西方属于金，司徒“尚义”；北方属于水，司寇“尚礼”。其所述五官含义不甚明了，但以木为仁，以火为智，以土为信，以金为义，以水为礼，则甚为明确。他所谓“尚仁”“尚智”“尚信”“尚义”“尚礼”，把仁、义、礼、智、信作为五官(官职)行为和关系的规范。然而，此说在当时并非定论，与后世五行配五常说也有所不同。五行与五常的配合关系至《毛诗正义》《汉书·天文志》才固定下来，即以东方春木配合“仁”，南方夏火配合“礼”，西方秋金配合“义”，北方冬水配合“智”，中央季夏土配合“信”。《毛诗正义·烝民》在“天生烝民，有物有则。民之秉彝，好是懿德”句毛公传后，有东汉末年郑玄“笺”、唐代孔颖达“正义”，认为“木行则仁，金行则义，火行则礼，水行则智，土行则信”。《汉书·天文志》则说:“岁星曰东方春木，于人五常仁也。”“荧惑曰南方夏火，礼也。”“太白曰西方秋金，义也。”“辰星曰北方冬水，知也。”“填星(土星，又称‘镇星’‘填星’)曰中央季夏土，信也。”这样一来，五常明确为仁、义、礼、智、信，其与五行配合关系明确为：木为仁，金为义，火为礼，水为智，土为信。五常也进一步拓展为人与人关系的道德规范。

四、五行学说的现实意义

我国是历史悠久的文明古国，我们的祖先在长期的生产生活实践中，逐步认识了太阳周年视运动中的季节更替、气候变化、物候特征，并将太阳视运动的规律与“五行”联系在一起。五行学说体现了中国古代的唯物论和整体系统观，历经数千年，对农事活动、衣食住行、文化观念等具有深远影响。

（一）五行学说反映自然节律

在古人看来，五行主治季节时令，地球上万物的活动必然受五行的影响和制约，只是一般人身处其中而不自知罢了。

五行主治四时节令。四时，就是一年春、夏、秋、冬四季。西汉董仲舒所谓“判为四时，列为五行”，意指四时季节各有五行所主治。按照隋代《五行大义·释名》的说法，木“其时春”，火“其时夏”，土“其时季夏”，金“其时秋”，水“其时冬”。究其原因，则是春季之时，万物生发，冬眠的动物纷纷苏醒，草木萌动向上，急于将自己的头从大地中探出，其景象与木由内向外透出、自下向上升起的运动形态极其相合，因此，木在四时节令中主管春季；夏季之时，大自然宽假万物，万物蓬勃发展、生长壮大，其景象与火只能上行、不能下行的运行形态极其相合，因此，火在四时节令中主管夏季；季夏之时，万物行将衰老，纷纷吐秀，繁衍新生命，其景象与土吐生万物、繁衍万物的运行形态极其相合，因此，土在四时节令中主管季夏；秋季之时，万物收敛、肃杀、收成，其景象与金禁止万物向上生长、向外发展的运行形态极其相合，因此，金在四时节令中主管秋季；冬季之时，万物终结一个生长周期，纷纷进入储藏期，其景象与水只下行、不上行的运行形态极其相合，因此，水在四时节令中主管冬天。

五行分治二十四气。我国古代的农历（也叫夏历）是一种阴阳合历，以回归年和朔望月作为制定历法的依据。这种历法有两大缺点：一是以月亮的朔望定月，一年有十二个朔望月，分配春、夏、秋、冬四季，每季三个月，有闰月则一季为四个月，不够整齐；二是以太阳回归运动周期定节气，一年有二十四个节气，由于回归年与朔望月之间的差别，使得春分、夏至、秋分、冬至等节气，在一年中的位置前后游移可达一个月，一般人无法掌握。于是，北宋时期，沈括创制《十二气历》，不以月亮的朔望定月，而参照节气定月，一年分为十二个月，立春被定为新年第一天。《十二气历》虽未行用，但立春为岁首的约定却流传开来了。

干支历法采用节气定月，以立春为岁首，将太阳视运动周期用二十四节气反映出来。中国古代将太阳在黄道上绕行一周天 360 度划分成 24 等份，太阳每移行黄经 15 度就设定一个节气，每一节气都有自己的名称，分别是立春、雨水、惊蛰、春分、清明、谷雨、立夏、小满、芒种、夏至、小暑、大暑、立秋、处暑、白露、秋分、寒露、霜降、立冬、小雪、大雪、冬至、小寒、大寒。二十四节气以立春为起始，立春表示春天的开始，也是一年的开始，立春之日为一岁之首。又以二十四节气的交节之日为一月之首，将二十四节气归结为十二个月，分别对应以北极星为中心把天穹大圆周等分出的 12 个区域，12 个区域分别以十二地支命名，并根据北斗星的斗柄每月所指辰（支）名来命名该月，称为“月建”。干支历法中各月月建名称及其对应节气如下表所示。

农历各月月建与节气、五行对应表

<table>
<tr><th>干支纪月</th><th>农历月份</th><th colspan="2">对应节气</th><th>季节</th><th>五行</th></tr>
<tr><td>建寅之月</td><td>正月</td><td>立春</td><td>雨水</td><td rowspan="3">春</td><td rowspan="3">木</td></tr>
<tr><td>建卯之月</td><td>二月</td><td>惊蛰</td><td>春分</td></tr>
<tr><td>建辰之月</td><td>三月</td><td>清明</td><td>谷雨</td></tr>
<tr><td>建巳之月</td><td>四月</td><td>立夏</td><td>小满</td><td rowspan="3">夏</td><td rowspan="3">火</td></tr>
<tr><td>建午之月</td><td>五月</td><td>芒种</td><td>夏至</td></tr>
<tr><td>建未之月</td><td>六月</td><td>小暑</td><td>大暑</td></tr>
<tr><td>建申之月</td><td>七月</td><td>立秋</td><td>处暑</td><td rowspan="3">秋</td><td rowspan="3">金</td></tr>
<tr><td>建酉之月</td><td>八月</td><td>白露</td><td>秋分</td></tr>
<tr><td>建戌之月</td><td>九月</td><td>寒露</td><td>霜降</td></tr>
<tr><td>建亥之月</td><td>十月</td><td>立冬</td><td>小雪</td><td rowspan="3">冬</td><td rowspan="3">水</td></tr>
<tr><td>建子之月</td><td>十一月</td><td>大雪</td><td>冬至</td></tr>
<tr><td>建丑之月</td><td>十二月</td><td>小寒</td><td>大寒</td></tr>
</table>

其中，寅月、卯月、辰月称为春季，属于五行木；巳月、午月、未月称为夏季，属于五行火；申月、酉月、戌月称为秋季，属于五行金；亥月、子月、丑月称为冬季，属于五行水。如此，则一年有二十四气，二十四气分属十二月，十二月分属四时，四时与五行各有对应，木、火、金、水四行各有自己称王做主的一个季节，木王于

春，火王于夏，金王于秋，水王于冬，唯独土只王于季夏。季夏虽为年周期的中心，但季夏只是整个夏天的最末一个月，不足应一行之数，那剩下的天数去哪里找呢？由于土中包含有木、火、金、水四行，所以，土王于四时的最后十八天，共得七十二，这样每一行都王七十二天，五行共得三百六十天，与一年之天数相合。所以，《五行大义·论五行及生成数》说："土王四季，而居中央。"

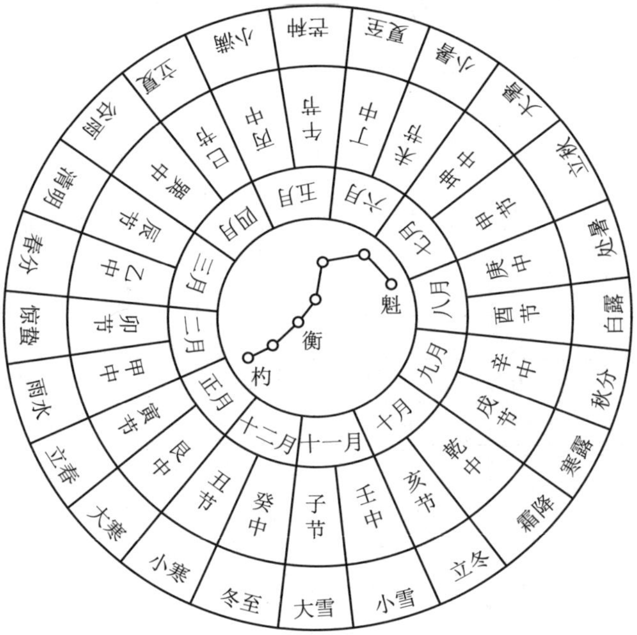

二十四节气图

五行统治岁时气候。首先，岁时气候"各从其主治"。《黄帝内经·素问·六节藏象论》说："五日谓之候，三候谓之气，六气谓之时，四时谓之岁，而各从其主治焉。"在干支历法中，每日有十二时辰，五日则有六十个时辰，正好配合六十甲子循环一周，五行运行完毕而物候变化，因此，5日称为"候"；三候（计15日）为二十四节气中的一气，称为"气"；六气计90日为四时中的一时，称为“时”；四时计360日成为一岁，称为“岁”。岁、时、气、候，各自遵从其所主管治令的五行之气。其次，五运六气统治岁时气候。《黄帝内经·素问·六节藏象论》继续说：“五运相袭而皆治之，终期之日，周而复始；时立气布，如环无端；候亦同法。”五运以年干确定，甲、己年为土运，乙、庚年为金运，丙、辛年为水运，丁、壬年为木运，戊、癸年为火运。五运相互承袭而都主管治令，所主治期限为终结一周年（“期”意为一周年）之日，五年循环一周而又再次开始；一岁之中，春、夏、秋、冬四时建立，四时分为二十四节气，二十四节气分成六步，每步为一气所主，称为六气，六气分为主气、客气，主气每年固定不变，客气每年依次加临，凡是初之气起始于大寒节气，二之气起始于春分节气，三之气起始于小满节气，四之气起始于大暑节气，五之气起始于秋分节气，六之气起始于小雪节气，如同圆环一般往复回旋没有终始，这就叫作“时立气布”；日行五度为候，“候”也遵循同样法则，一候中的五日也是按照五行相生次序而值日当令。

（二）五行学说指导农事活动

自古以来，农业就是衣食之源、立国之本。农作物的生长与太阳光能的消长变化息息相关，直接受季节时令的影响和制约。因此，五行学说至今仍对农事活动具有指导意义。

五行学说反映生物生长变化规律。所谓“生长收藏”，是指自然万物在年周期中随季节消长变化而发生变化的规律，古人将其用五行学说概括出来。《黄帝内经·素问·阴阳应象大论》说：“天有四时五行，以生、长、收、藏，以生寒、暑、燥、湿、风。”这是说，自然界有太阳周年视运动所产生的春、夏、秋、冬四季和木、火、土、金、水五行，用以反映物候变化的发生、成长、收获、储藏，用以产生气候变化的寒、暑、燥、湿、风等特征。古人又将四时分作春、夏、长夏、秋、冬五时，分别配合木、火、土、金、水五行，对应自然万物生、长、化、收、藏的发展变化规律，对应年周期中寒、暑、湿、燥、风的气候变化规律。

五时、五行、物候变化、气候对应表

五时	春	夏	长夏	秋	冬
五行	木	火	土	金	水
物候变化	生	长	化	收	藏
气候	风	暑	湿	燥	寒

五行学说指导农业生产。五行对农业生产的指导作用，是通过二十四节气具体体现出来的。二十四节气综合了中国古代天文、气象、物候经验，集中反映了黄河流域的自然季节特征，本来就是从农业生产实践中总结出来的。二十四节气的历法计算与现代天文学一致，虽然，各地由于地理位置不同，表现出不同的节气特点，但大都仍然可以结合二十四节气制定合理的农事活动计划。

春季属木，木主发生，立春至谷雨属于春时，立春标志着春季开始，气温回升，大地回春；雨水意味着下雨开始，雨量逐渐增加，宜于小春作物田间肥水管理和中耕除草、清沟排水；惊蛰意味着雷鸣开始，蛰伏的冬眠动物苏醒并出土活动，树木生根发芽，宜于林果嫁接、开始春耕；春分意味着太阳光北移直射赤道，昼夜均分，气候温暖，宜于小春作物中后期田间肥水管理，春耕备播；清明意味着气候温暖，草木萌发，万物复苏，宜于踏青、植树、插柳；谷雨意味着雨量显著增加，适宜谷物生长，宜于种瓜点豆、播种移苗。

夏季属火，火主旺盛生长，立夏至大暑属于夏时，立夏标志着夏季开始，气温显著增高；小满意味着北方小麦等夏收作物籽粒开始饱满成熟，南方江河略盈满，宜于收获小春农作物，及播种大春作物；芒种意味着农作物夏熟夏播，忙于收获，忙于种植；夏至意味着炎热夏天来临，太阳光直射北回归线，白昼最长，黑夜最短，宜于蓄伏前雨水；小暑意味着气候越来越热，暑气上升，宜于抗旱、防洪；大暑意味着全年最热，宜于大春农作物中耕除草、田间肥水管理及病虫害防治、抗旱排涝。

秋季属金，金主收敛、肃杀、成熟，立秋至霜降属于秋时，立秋标志着秋季的开始，气温开始下降；处暑意味着炎热即将终止；白露意味着天气转凉，夜晚空气中的水汽在作物叶面上凝结成白色的露水，宜于大春作物田间后期管理；秋分意味着太阳光南移直射赤道，昼夜均分，宜于秋收、秋耕、秋种；寒露意味着气温降低，草木渐渐枯萎，夜晚出现寒冷的露水；霜降意味着天气渐寒，昼夜温差大，宜于大春作物收获，秋耕秋播小春作物。

冬季属水，水主终结、储藏，立冬至大寒属于冬时，立冬标志着冬季的开始，气温显著下降，宜于防冻；小雪意味着开始下雪，初雪出现，宜于贮藏蔬菜；大雪意味着降雪增加，地面出现积雪，宜于防寒保暖；冬至意味着太阳光直射南回归线，白天最短，黑夜最长，宜于闭藏生机；小寒意味着气候近于寒冷，宜于防寒防冻、积肥造肥；大寒意味着气候寒冷达到一年的极点，宜于越冬作物防寒防冻。

（三）五行学说影响衣食住行

人首先是自然界的产物，必然会受四时节律的影响和制约。因此，五行学说不仅用于农业生产，而且被推广应用于古代中医理论与实践，影响人们的衣食住行。

五行学说影响四季穿衣。元代丘处机著《摄生消息论》有春、夏、秋、冬四季摄生消息，于五行对穿衣的影响述之甚明。其中，《春季摄生消息》说：春季三个月，天气乍寒乍暖，寒暖不能保持一致，不可以一次性脱去棉衣。尤其是老年人，身体抵抗力渐弱、骨质疏松、身体虚弱，春季尚且寒冷的风容易伤害体表腠理的防御系统，要时时预备夹衣，遇到天气和暖就脱去一重，渐暖则渐去，不可骤然尽去。又引刘处士说，春季，不可令后背寒凉，后背寒凉就会伤害肺脏；不可令鼻子寒凉，鼻子寒凉就会导致咳嗽。身体感觉热得过度，就稍稍脱去上衣；身体感觉稍稍寒冷，也不要勉强忍耐，要立即添加衣服。肺脏、胃脏都是机体与外界环境进行物质交换的通道，这两个器官不可以失去寒热的节度。谚语有“避风如避箭”“加减逐时衣”之说，这是正确的。《夏季摄生消息》说：夏季三个月，禁止湿地睡卧，禁止穿湿冷的衣服。《秋季摄生消息》说：秋季三个月，也禁止穿湿冷的内衣。《冬季摄生消息》说：冬季三个月，感觉气温寒冷至极，方才添加棉衣，以后随着气温变冷而逐渐添加厚的衣服，不可以一入冬便穿上较多的衣服。明代冷谦撰《修龄要指·四时调摄》尤其对春三月穿衣策略重点叙述：正月，衣服适宜下衣厚而上衣薄，不要骤然脱去衣服，不要令冷风侵犯身体；二月，衣服适宜暖和，令身体微微出汗，以发散去冬季伏藏于体内的致病因素；三月，不要置身湿冷的环境，不要暴露身体于日、月、星三光之下。

五行学说影响四季饮食。《春季摄生消息》说：春季三个月，肝脏属于木，味道为酸，木能制胜土，土属于脾脏，味道主甘。正当春季之时，饮食适宜减少酸味、增加甘味以补养脾脏功能。吃饭、喝酒不可过多，米面、糯米做的团饼，不可多食，否则会伤害脾胃的功能，消化不良。老年人切记不可以饥饿时过多饮食，以畅快一时口欲，导致产生不可预测的危害。谚语说“少餐申后饭”，申时之后是 17 时以后，即晚饭时间。晚饭要少吃，这是有道理的。《夏季摄生消息》说：夏季三个月，属于火，处于万物成长时期，要补养心脏功能，火旺盛，味道属于苦。火能够克制金，金属于肺脏，肺脏主管辛味，正当夏季之时，饮食的味道适宜减少苦味、增加辛味以补养肺脏。夏至后夜半一阴始生，夏季心脏功能旺盛、肾脏功能衰弱，虽然天气很炎热，也不适宜吃冷藏或冰冻之物以及寒凉的粥饭，吃饱的肚子遭受寒凉，必定引起胃肠疾病。夏至后少吃生鲜瓜果和蔬菜，因为腹中刚刚感受节气的阴寒之气，吃这些不易消化的食物，容易产生疾病。如果是抵抗力低下、痰火旺盛的人，切记要避免发生这种情况，老年人尤其应当谨慎防护。夏季饮食要温暖，不令吃得过饱，可时时吃进一些，适宜喝一些桂枝汤、豆蔻煮的水，对于肥腻的食物应当戒食。又说，夏季气候炎热，适宜吃些豆类以降暑，不可以一味进食热性食物。禁止饮用过热的汤，禁止吃得过饱。《秋季摄生消息》说：秋季三个月，主管肃杀，肺脏功能旺盛，味道属于辛味，金能够克制木，木属于肝脏，肝脏主管酸味，正当秋季之时，饮食的味道适宜减少辛味、增加酸味以补养肝脏功能。秋季气候干燥，适宜食用芝麻以适应干燥的气候。秋季禁止喝寒凉的饮料。《冬季摄生消息》说：冬季三个月，饮食的味道，适宜减少酸味（疑为“咸味”之误）、增加苦味，以补养心脏功能。冬季肾脏属于水，味道为咸，恐怕水旺盛会克制火，心脏功能遭受损害，因此适宜补养心脏。早晨起来，服用一杯醇酒可以帮助抵御寒冷。这是古人的养生之道，未必尽合于现代医学，尤其是早上空腹饮酒，更容易受酒精损伤，并非养生良策。

五行学说影响四季居住。《春季摄生消息》说：春季三个月，晚睡早起，大步行走于庭院中，披散头发，缓步行走。《夏季摄生消息》说：夏季三个月，平常，屋檐下、走廊、街巷、破窗之处都不可以纳凉，此类地方虽然凉爽，但不易觉察而致病的风对人的影响最为猛烈；唯适宜在高堂、净室、水亭、树荫、洁净空阔的地方，自然清凉。更适宜调整呼吸、安静心灵，常常想象如同冰雪在于心胸，炎热亦于心灵感受稍稍减轻；不可以用热的食物、环境应对气候的炎热，以致更加炎热。不能于星光月夜下露身睡卧，更不可命人在旁边扇风取凉，一时虽然痛快，凉风吹入腠理，对身体损害最为严重。头为一身诸阳的总汇，尤其不可以当风卧处，宜严密防范细小孔隙吹入的风会伤害头脑部位。夏季三个月，每日梳头一二百下，不得梳及头皮，应当在无风处梳头，自然可以去风明目。晚睡早起，不要厌恶日光。《秋季摄生消息》说：秋季三个月，早睡早起，与鸡鸣一起活动。又应当在清晨睡醒时，闭目叩齿二十一下，咽下口中津液，以两手搓热熨眼睛数次，多于秋季三月施行此法，极其能够明目。《冬季摄生消息》说：冬季三个月，早睡晚起，以等待日光变暖，躲避寒冷，接近温暖，不要暴露皮肤泄露热能，适宜居住在密闭的房间，温暖衣服被褥，调节饮食，合适寒温，不可以冒触寒冷的风。老年人尤其应该注意，恐怕寒风侵袭容易感冒，引起咳嗽、麻痹、昏眩；冬季时，阳气在内部，阴气在外部，老年人大多有上身热而下身冷的疾患，不适宜沐浴，阳气在体内蕴藏的时候，如果加以热汤之火来进行逼迫，必然发出大汗，年纪大的人骨骼肌肉都疏松柔薄，容易为病邪感动，多生外因所致疾病。明代冷谦撰《修龄要指·四时调摄》于夏三月则特别提到：五月，要时常焚烧苍术，经常擦拨足底的涌泉穴，用袜子保护足部。六月，肝脏功能弱化，脾脏功能强旺，要节约饮食，远避声色，阴气在体内伏藏，暑热在体外蒸发，不要用冷水洗濯，不要正当风口，夜间不要纳凉，睡卧时不要摇扇扇风，腹部要护条单薄的被子，饮食必定要温热。

五行学说影响四季出行。《春季摄生消息》说：春季三个月，日光融和，应当眺望园林亭阁，活动于高大宽敞的地方，使心胸开阔，心情舒畅，不可以独自端坐不动，以免产生抑郁情绪。《夏季摄生消息》说：夏季三个月，不可以做较剧烈的运动，以免产生更多热量。《秋季摄生消息》说：秋季三个月，立秋以后，稍稍控制自己的活动，应当以平和为度。但是春季、秋季是旧疾容易复发的时候，切记必须安静休养，根据自己的身体素质进行调养。秋季，尽量避免呕吐、发汗，以免令人体内热能消耗，致内部脏腑不能安定。《冬季摄生消息》说：冬季三个月，不可以早早出行，以冒犯寒霜威严。明代冷谦撰《修龄要指·四时调摄》于秋三月则特别提到：七月，性情要安静，不要进入极热环境，要身处凉爽氛围，足部与头部适宜微微有点凉。八月，不要沾湿于秋露。九月，不要暴露于猛烈的风，不要恣意醉酒、过饱。于冬三月，则特别提到：十月，为纯粹阴气的月份，一岁发生孕育的功绩，实际胚胎于此。十一月，一阳之气方始产生，远离帷幕封闭的环境，简省言语。十二月，土气旺盛，土克制水，水气不能流行，避免寒霜冰雪，禁止疲劳运动，防止汗液散出。

（四）由五行学说衍生文化观念

自然界有四时五行，对应于人的身体，表现在五脏，生发为五种情感。《黄帝内经·素问·阴阳应象大论》说："天有四时五行……人有五藏，化五气，以生喜、怒、悲、忧、恐。"这是说，自然界有太阳周年视运动所产生的春、夏、秋、冬四季和木、火、土、金、水五行，为了适应自然界的这种状态，人体之内有肝、心、脾、肺、肾五大器官，变化成为木、火、土、金、水五种功能，用以产生喜、怒、悲、忧、恐这五种情绪反应。为了调整人的肉体与自身心灵的关系，也为了满足更高层次的需要，人类创造了语言、道德、艺术、科学等灿烂文化，也塑造出一些共同的文化观念。

五行学说衍生尚五观念。从阴阳区分看，五行之中，木为少阳，火为太阳，土为阴阳平衡，金为少阴，水为太阴。以土（阴阳平衡）居中，水（太阴）火（太阳）相对，金（少阴）木（少阳）相对，这一现象在自然界和人类社会中具有相当的普遍性。因此，五行学说产生之后，"五"数成为人们认识自然万物和人类社会的一种范式，人们习惯上将事物分成五类、五等、五个方面、五个环节、五个方位。在中国传统文化中，有些对于五分法的运用是极为灵活的。比如唐朝韩滉创作的《五牛图》，画面居中一牛为正面形象，两边各安排两牛，左右对称，右一牛向下荆棵蹭痒，右二牛向上翘首前仰，左一牛向前缓步前行，左二牛向后回首舐舌，以牛头朝向论明显分向五方。五分法作为一种整体系统的方法论，至今在很多领域还有体现，如戏曲有手、眼、身、法、步五法，墨色有焦、浓、重、淡、清五墨，等等。还有一些事物名称和成语也都以“五”概括，如五斗橱、五斗米、五线谱、五倍子、五行草、五花肉、五里雾、五行八作、五花八门、五世其昌等，更是大众早已耳熟能详。

五行尚五，但并不否认变化，并不否认事物的多样性。五行，其数虽然只有五，其变则无穷。《孙子兵法·兵势》说：“声不过五，五声之变，不可胜听也；色不过五，五色之变，不可胜观也；味不过五，五味之变，不可胜尝也。”声音不过宫、商、角、徵、羽五种，但五声的变化，不可胜听；色彩不过青、赤、黄、白、黑五种，但五色的变化，不可胜观；味道不过酸、甘、苦、辛、咸五种，但五味的变化，不可胜尝。

五行学说衍生尚中观念。五行学说以土为阴阳平衡而居于中位，土中包含木、火、金、水四行，土能够“吐生”万物，因此，“土”的地位在五行学说形成之后一直高于其他四行，并占据主导地位。土居中位，因此，中国传统文化非常崇尚“中”。古人认为，地球是

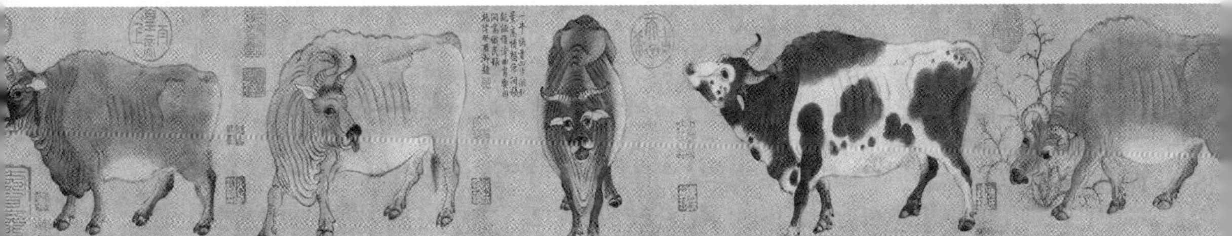

南京紫金山天文台圭表

个呈正方形的平面，南北长和东西宽皆为3万里（15000千米），其中心应距大地四边各1.5万里（7500千米），按照《周髀算经》“日影千里差一寸”学说，《周礼·大司徒》曰：“日至之影，尺有五寸，谓之地中。”地中即大地中心，周人在夏至日正午时立一根八尺（约2.67米）的表，其投影应为一尺五寸（约0.5米），以此寻找大地中心点，建立国都。古代利用圭表观测日影，表是直立的柱子。土圭为测量的尺子，竖立表以尺测量识记日影长度。夏至日正午时投影最短，冬至日正午时日影最长，春分、秋分日正午时日影居“二至”长短之半。因此，夏至日影长度居“二至”“二分”之中，故夏至日被认为是一岁之中心，夏至日正午太阳适当周天中极。按此方法，嵩山附近的阳城（后改称为告成，位于今河南省登封市东南的告成镇，其地有周公观星台）在夏至日正午所测表影恰为一尺五寸，嵩山便被认为是大地的中心。因此，夏王朝最早在阳城建都，史称禹都阳城；周武王姬发创建西周后，在阳城附近的洛阳营建东都成周洛邑。以洛阳一带为中心的黄河中下游地区，古代称为“中原”“中土”“中州”，当与外族对应时，又泛称为“中国”。古代“中国”意为中央之国，最早就是指天下的中心，即黄河流域黄河中下游的中原河洛地带，这里当时有先进的生产力、生活方式和农耕文明，由此，黄河流域成为周边部落氏族向往的中心。

此后，这种向往又逐渐演变成黄土地居中的思想。或许正是因此，中国古代先民创立的“五行学说”以土位居中央，并将土所对应的事物推崇到重要位置，如：土对应黄色故崇尚黄色，土对应甘味故崇尚甘味，土对应牛故崇尚牛，土对应脾胃故重视脾胃，等等。现代城市建筑物布局中的核心区、中轴线，团队中的核心位置（俗称“C 位”）等，无不反映出尚中观念对文化的深刻影响。

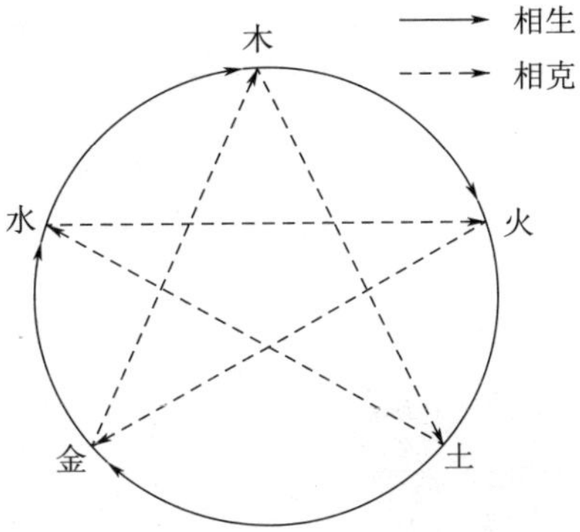

五行生克示意图

五行学说衍生生克观念。五行学说认为万物运动变化都由木、火、土、金、水五种运行形态所构成，这五种运行形态不是具体指五种单一的事物，而是对万事万物不同运动特征的抽象概括。五行之间相生相克，即水生木、木生火、火生土、土生金、金生水，水克火、土克水、木克土、金克木、火克金。《五行大义·论相生》说：“五行更互用事，轮转休王。”这就是五行相生的真正含义。五行作为系统运行的五种状态，同时存在，但所处地位不同，有休囚与王相之别。《五行大义·论相克》说：“五行虽为君臣父子，生王不同，逐忌相克。克者，制罚为义。”这说明，五行虽然如同人类社会中的君臣、父子关系一样，但因为生、王不同，按照先后次序逐一畏忌，形成相克关系。克，意思是管制、处罚。五行凭借其力量互相作用，力量强壮的能制服弱小的，所以木克土、土克水、水克火、火克金、金克木。这就如同食物链。食物链是生态系统中各种生物为维持其本身的生命活动，必须以其他生物为食物而联结起来的链环关系，通俗地说，就是各种生物通过一系列吃与被吃所建立起来的关系序列。吃可以理解为“克”，被其他生物吃可以理解为“生”。一般情况下，一个食物链包括 3 ～ 5 个环节，每个环节生物的数量保持相对恒定以维持自然生态系统的平衡。

五行源流篇

五行学说，渊源于黄帝，史载于夏商，形成于春秋战国，兴盛于两汉，影响及于当代。五行学说源于古人描述事物构成及运行状态的需要，在后来的发展过程中，与气象、天文、地理、人事建立起广泛的联系，并逐渐渗透到思想文化、语言文字等各个领域，深入生活的方方面面。要厘清五行学说的形成与发展脉络，就不能不追溯其本源与支流，以求廓清迷雾，正本清源。

一、五行起源诸说

对于五行的起源，历来观点纷纭，不尽相同，笔者通过对文献的整理分析，五行起源主要有以下数说。

1. 五行起源于元气

唐朝徐彦作《春秋公羊传疏》提出“元为气之始”，这一论断把“元”和“气”联系起来。但“元气”究为何物？历代众说纷纭，莫衷一是。至明清之际，方以智始将五行说推衍为水火两行说，并进一步提出“火一气”一元论，他在《物理小识·火与元气说》中明确讲：“火即真阳之元气矣。”就人身而论，火是元气；就自然界而论，火也是元气。自然界的“天阳之火”有二，一是“太阳真火”，二是“星精飞火”。这是从宇宙天体的能量来源说明五行的能量之源问题。

2. 五行起源于气象

西汉《春秋繁露·五行相生》说“天地之气……列为五行”，认为自然之气按照一定顺序排列出来就是五行。宋代王安石认为，北方阴气至极而产生寒冷，寒冷产生水；南方阳气至极而产生炎热，炎热产生火；东方阳气运动以致扩散而产生风，风产生木；西方阴气静止以致收敛而产生干燥，干燥产生金；中央阴阳之气交汇而产生潮湿，潮湿产生土，土是阴阳冲和之气所产生。王安石抛弃了其前人对于五行的神秘解释，对五行的起源做了明确的自然主义的解释。后世的人们由此概括出，五行的产生源自中国古代先民对中原地带气候和物候特点的概括，这是说明了五行的物质本原问题。

3. 五行起源于太极

北宋周敦颐《太极图说》认为无极而太极，太极动而生阳，静而生阴，阳变阴合而生水、火、木、金、土五行，则五行起源于太极。宋代李觏（gòu）也认为太极分化成阴阳二气，阴阳二气交会就产生五行。他在《删定易图序论·论一》中说：当初太极分判，天空以其阳性高居于上，大地以其阴性卑居于下，天地之气各自独居于所处，那么五行万物，从哪里产生？天空降下阳气，大地升出阴气，阴阳二气相互交合而产生五行。这个道理非常明白。宋代王安石《原性》也说："太极生五行，然后利害生焉。"但什么是太极？这些思想家都语焉不详。从古籍相关论述看，"太极"即最大的统一体，即系统。系统形成之前是无序的、分散的、没有一个中心，故称"无极"；系统形成之后是有序的、整体的、具有一个中心，故称"太极"。《汉书·律历志》说："太极元气，函三为一。"极就是中，元就是始。这是以极为中，以太极为一，中即是中心，一即是整体。这是解决了五行的系统整体性的问题。

4. 五行起源于阴阳

隋代萧吉在《五行大义·序》中说:“夫五行者……本乎阴阳。”认为五行是自然造化的根本来源，五行本于阴阳。这里的“阴阳”，没有讲具体是什么。“阴阳”这个概念，作为五行产生的直接来源，有两种可能的含义：一是阳为暖，阴为寒，阴阳指寒暖两种气候；二是阳为昼，阴为夜，阴阳指昼夜两种现象。寒暖是由于太阳光照不同所产生的气温变化，昼夜是由于地球自转而使面向太阳之地面为“昼”、背向太阳之地面为“夜”。无论哪一种情况，其本原都是太阳光能。这是从自然变化的能量来源方面探讨五行形成的具体原因。

5. 五行起源于四时

秦汉之际的《礼记·月令》说，春季“盛德在木”，夏季“盛德在火”，秋季“盛德在金”，冬季“盛德在水”，意思是，五行都有盛的时候，也都有衰的时候，它们轮流在年周期中占据主导地位。西汉董仲舒在《春秋繁露·五行对》中说:“水为冬，金为秋，土为季夏，火为夏，木为春。”认为水主导气候变化成为冬，金主导气候变化成为秋，土主导气候变化成为季夏，火主导气候变化成为夏，木主导气候变化成为春。这些说法，看似不可理解，其实都是在说，气候系统中能量的运行推动了季节变化，换言之，首先出现太阳直射点在南北回归线之间的往返运动，这是太阳辐射能量的变化运转，有了这一变化运转然后才产生地球上的四季变化。因此，五行作为太阳光能在年周期中的运行形态，成为气候变化的主导力量，在其主导下出现四时季节。有的人误以为，“五行主导四时”是一种牵强附会，遂认为四时气候和物候特征概括起来才是五行，事实并非如此。这是从季节变化探讨五行与四时的关系问题。

6. 五行起源于五方

《后汉书·东夷列传》说：殷代成汤革除夏朝的天命之后，到商朝第二十七任君主武乙时期国势衰弱，“东夷浸盛”指商朝东方的部族东夷逐渐强盛起来，他们分别迁移到淮河、泰山一带，“渐居中土”，即势力达到中土。照此记载，殷商时期已经有东夷、中土之分，中土是相对四方而言的，说明至迟殷商时期已经有明确的五方观念。西周以后，人们思想中逐渐形成“中国”这个观念。《诗经·民劳》说：“惠此中国，以绥四方。”这里的“中国”也是相对“四方”而言的。战国时期《管子·四时》以方位起论五行，他说：“东方曰星，其时曰春，其气曰风，风生木与骨。……南方曰日，其时曰夏，其气曰阳，阳生火与气。……中央曰土，土德实辅四时入出，以风雨节，土益力，土生皮肌肤。……西方曰辰，其时曰秋，其气曰阴，阴生金与甲。……北方曰月，其时曰冬，其气曰寒，寒生水与血。”由东、南、西、北、中五方引申出春、夏、秋、冬四时，再进而生出木、火、土、金、水等变化。表面上看，似乎是由五方生出五行，实质则是从东、南、西、北、中五方可感知到五种太阳视运行状态，因而，五方才与五行相配合。这是从空间分布来探讨五行与五方的关系问题。

7. 五行起源于五星

《史记·历书》记载：太史公司马迁说，是黄帝考核审定星历（“星历”是星术与历法的合称），“建立五行”的。《史记·天官书》

也记载太史公司马迁说，古人仰观天象，再将天象的法则类推及地理，天上有日月，地上则类推而有阴阳，“天有五星，地有五行”即天上有五星，地上则类推出了五行。这说明中国古代“五行”的产生与天文关系密切。先秦文献中，五星分别被称为岁星、荧惑、镇星（或填星）、太白、辰星，纳入五行体系后，又分别称木星、火星、土星、金星、水星。从古人的表述看，五星应该是作为太阳系的行星，并同四时气候的变化有着紧密联系，所以才纳入五行体系的。这是从太阳系中五星运行的角度探讨五星与五行的关系问题。

8. 五行起源于五材

《尚书·大禹谟》说：“水、火、金、木、土、谷，唯修；正德、利用、厚生，唯和。”《左传·文公七年》也说：“水、火、金、木、土、谷，谓之六府；正德、利用、厚生，谓之三事。”这里的“府”指财货聚敛之所。明清之际，方以智在《物理小识·四时五行说》中说得更明白：“金木者，从土中生出者也，今所据者地之五材也，金为土骨、木为土皮是也。”以五材为大地出产的五种物质，金是土的骨骼，木是土的皮毛，这五种物质可以构成万物。这实际是讲，地球由水、火、金、木、土这五种物质构成并且这五种物质的组合、变化会影响万物的产生、发展。

二、五行学说的演进

中国古代的五行学说与古代气象观点密切相关。《中国气象史》指出："在公元前30世纪的黄帝时代，水、火、木、金、土五行称为'五气'。中国古代科学和哲学认为，充满天地间的只有气，万物都是由气组成。八卦是对大自然的宏观描绘，五行则是深入到微观性质的对自然界物质（气）的分类，五行与气学有一定关系。"按照五行与气学的关系，我们可以梳理出五行学说的演进路径。

（一）五行概念的产生和发展

五行由五材说演进为五气说，从最初用来描述实体物质材料，逐渐推广到自然界的万事万物和人类社会，从而构建起一个庞大的体系。

1. 由五材至五气

五行物质说来自五材说。汉代《尚书大传》解释《尚书·洪范》"五行"："水火者，百姓之所饮食也；金木者，百姓之所兴作也；土者，万物之所资生也，是为人用。”水火是百姓所用于饮食的物质，金木是百姓所用于制作的物质，土是万物所赖以资生的物质，这就是“人用”。《左传·昭公二十五年》记载：“生其六气，用其五行。”《左传·襄公二十七年》也说：“天生五材，民并用之。”《国语·鲁语上》有言：“地之五行，所以生殖。”这都是把五行当作人们日用的“五材”，作为人们生活生产的五种物质材料。随着观察的不断深入，人们才逐渐把木、火、土、金、水五行作为构成万物的基本元素，如《国语·郑语》说：“以土与金、木、水、火杂，以成百物。”这五种基本元素自然的运动变化形成了缤纷多彩的物质世界。这时的“五行”已经从五种具体材质抽象化为五种元素，所谓“与”“杂”“成”已经说明“行”字具有运动、变化的意义，开始蕴含一些哲学意味了。

五行物质说，在中国思想史上一直占据重要地位，但也存在明显理论缺陷：一是五行所说的五种实体物质并不能构成自然界和人类社会的所有物质；二是以五种物质解释五行之间的生克关系，较为牵强附会。因此，五行物质说逐渐为五行气象说所取代。《尚书·洪范》说：“五行：一曰水，二曰火，三曰木，四曰金，五曰土。水曰润下，火曰炎上，木曰曲直，金曰从革，土爰稼墙。润下作咸，炎上作苦，曲直作酸，从革作辛，稼穑作甘。”这里提到五行与数目的关系，按照《五行大义·论相生》所说“经云：天生一，始于北方水；地生二，始于南方火；人生三，始于东方木；时生四，始于西方金；五行生五，始于中央土”，在太阳年周期视运动系统中，天、地、人、四时、五行应该有各自的生出之位，存在一定的生出之序，这个生出之序同五行结合起来就是《尚书·洪范》所说的“一曰水，二曰火，三曰木，四曰金，五曰土”。这种生出之序不是从五行各自的起源这一本原意义上来讲的，而是从系统要素发生作用的次序讲的。这里所说的“五行”已经从实体的水、火、木、金、土五种物质中抽象出来，上升为系统论中的哲学概念。根据五行特性，通过太阳光能的传递和转换建立起同万事万物的联系，并运用推理演绎的思维方法，将自然界和人类社会的各种事物和现象统一于五行体系之中。因此，可以说，《尚书·洪范》的出现，标志着五行作为古代哲学概念的形成，为五行学说的形成和发展奠定了基础。

2. 五行用于描述天气和气候

《尚书·洪范》记载了箕子对周武王说的一段话：鲧治理洪水使用“堙”（堵塞）的方法，违反了五行中水的特性，天帝震怒，不给他《洪范》九畴，世界因此失去了常道和秩序，鲧就被处死了。禹继承鲧治水的事业，天帝赐给他《洪范》九畴，世界才恢复了常道和秩序。《洪范》九畴就是天地人伦的常道、秩序，就是“彝伦”，是自然界和人类社会的最高法则。按照《尚书·洪范》的说法，《洪范》九畴中“次八曰念用庶征”，“庶征”包括“曰雨，曰旸，曰燠，曰寒，曰风”五征。“五征”是将五行用于描述天气。木为燠，表示暖和的天气；火为旸，表示有太阳的天气，晴天骄阳；土为风，表示有风的天气；金为寒，表示寒冷的天气；水为雨，表示有雨雪的天气。另外，“五时”是五行用于描述气候。古代中国一年的气候，本来分为四时，也称为四季，为了配合五行，特意增加“长夏”一季。木为春，表示春天草木萌发；火为夏，表示夏天骄阳似火；土为塄（léng），表示长夏，土地用事；金为秋，表示秋天一片金黄，万物成熟；水为冬，表示冬天寒冷，寒生水。

3. 五行用于预测天气和天意

古人为了预测天气，观察天意，就去观察气象、天象。气象、天象就是所谓“天垂象”，具体说来就是五征（雨、旸、燠、寒、风）以及日、月、星及其周围的“云气”情况。古人预测天气需要用到《洪范》九畴中“次七曰明用稽疑”的五卜、二占，以及“次八曰念用庶征”的五征、一叙；观察天意需要用到《洪范》九畴中“次二曰敬用五事”的五事及“次八曰念用庶征”的五征。

稽疑的五卜、二占，按照《尚书·洪范》说法，即：“曰雨，曰霁，曰蒙，曰驿，曰克，曰贞，曰悔，凡七。卜五，占用二。”“五卜”是需要预测的五类天气状况：雨，是预卜晴朗天气何时转雨；霁，是预卜阴雨天气何时转晴；蒙，是预卜阴霾天气何时消散；驿，是预卜风何时停止；克，是预卜所谋能否成功。“二占”是用《易》卦来占卜，六十四卦的内卦为贞，外卦为悔。

卜用五征，就是预测天气时用雨、旸、燠、寒、风五征表示天气类别。

为了保障天气预测的准确率，古代还设置了羲和、常仪、冯相、保障之官来仰观俯察，积累经验；同时，还注重事后回验，将天气实况刻写在甲骨上，以备查证。这些做法客观上促使人们对天气变化进行观测记录，有利于提高对天气变化的认识水平，积累天气预报经验。

古人认为，通过观察气象、天文，就可以明白上天的意向，以便更好地侍奉上天。侍奉上天，就需要“敬用五事”。《尚书·洪范》指出五事是“一曰貌，二曰言，三曰视，四曰听，五曰思”，即：用容貌表达态度，用语言表达观点，用眼睛观察事物，用耳朵听闻声音，用心灵思考问题。五事各自有明确要求，即“貌曰恭，言曰从，视曰明，听曰聪，思曰睿”，容貌要恭敬，语言要合理，观察要明白，听闻要聪敏，思考要睿智。只要如此做到位，五事就能发挥其应有的作用，即“恭作肃，从作乂（yì），明作哲，聪作谋，睿作圣”。简言之，容貌恭敬则臣民整肃，言论合理则天下安治，观察明白则内心明慧，听闻聪敏则善于筹谋，思想睿智则贤能圣明。这是根据不同的天气状况，人们的仪表举止（貌）、与人说话（言）、看事物（视）、听事物（听）、想事情（思）都要与之相应，并提出了明确要求作为行为规范，符合这些行为规范就能够发挥五事的作用。这就已经从气象、天象延伸到人的行为（五事），进而延伸到人的行为规范及其效用。

4. 五行拓展到《洪范》九畴

按照《尚书·洪范》的说法，《洪范》九畴的内容包括：“初一曰五行，次二曰敬用五事，次三曰农用八政，次四曰协用五纪，次五曰建用皇极，次六曰乂用三德，次七曰明用稽疑，次八曰念用庶征，次九曰向用五福，威用六极。”其具体内容列表如下。

《尚书·洪范》九畴表

初一	五行	水、火、木、金、土
次二	五事	貌、言、视、听、思
次三	八政	食、货、祀、司空、司徒、司寇、宾、师
次四	五纪	岁、日、月、星辰、历数
次五	皇极	

续表

次六	三德	正直、刚克、柔克
次七	稽疑	五卜：雨、霁、蒙、驿、克
		二占：贞、悔
次八	庶征	五征：雨、旸、燠、寒、风
		一叙：时
次九	五福 六极	寿、富、康宁、攸好德、考终命
		凶短折、疾、忧、贫、恶、弱

九畴中，五行一畴是总纲，总规则，其他八畴都是五行的具体应用："敬用"是郑重礼敬时的应用，"农用"是以农业立国时的应用，"协用"是协调历法时的应用，"建用"是建中立极时的应用，"乂用"是治理民众时的应用，"明用"是明智选择时的应用，"念用"是思考天象时的应用，"向用"是明确导向时的应用，"威用"是警示威吓时的应用。其中，"五事""稽疑（五卜）""庶征（五征）"这三畴，包含于五行之中，都与气象密切相关。宇宙天体的运行为五行，对气象变化的因应为五事，人类请求天气状况转变为五卜，天气现象兆示于人类社会为五征，这就是五行的大道理。其余的五畴也与气象具有一定程度的关联。如"八政"在农业为衣食之源、立国之本的基础上还涉及国家经济、政治教化、工农业生产、内政、外交、军事等大事，运作这些大事都要用到气象，都需要特别注意异常气象；"五纪"是为了掌握气象而进行的天象观察，但按照《洪范》的规定，岁星必须由王者来观察，日、月必须由高级官员来观察，而一般老百姓只能观察星星；第五畴"皇极"，是九畴的核心，按照《洪范》的说法，"皇建其有极"，"极"意为中，

君王建立政事要有中道，世间万物要“会其有极，归其有极”，会合、依归都有一个中极，君王的地位就“譬如北辰，居其所而众星拱之”;“三德”是君王进行统治所需要具有的品德;“五福”“六极”是君王所握有的生杀予夺之权。总之,《洪范》通过气象联通了天、地、人、神，构建了一套较为严密的五行体系。

5. 五行学说推广至自然界和人类社会

五行学说在商周之际，已经推广到了自然界和人类社会的许多方面。2018 年 11 月出版的《清华大学藏战国竹简》第八辑，收入 8 篇前所未见的战国佚籍，其中有《八气五味五祀五行之属》一篇，可证战国时期五行观念已经拓展。后世在此基础上又做了一些扩充。概括地说，五行首先推广到自然界的许多方面，由气象、天文、四时、四方，以至天地、神祇、山川、动物、植物、颜色、声音、气味等；其次，推广到人类的物质世界和精神世界的许多方面，由具有自然属性的人，如人的肌体、脏腑、器官，进而推广至具有社会属性的人，如人的本性、情志、行为，乃至人的职官、用具、礼仪、祭祀等。

五行重要推广表

推广＼五行	水	火	木	金	土
河图数	一六	二七	三八	四九	五十
五行之性	润下	炎上	曲直	从革	稼穑
五时	冬	夏	春	秋	长夏（中央土）
五气	寒	热	风	燥	湿

续表

推广＼五行	水	火	木	金	土
方位	北	南	东	西	中
五星	辰星	荧惑	岁星	太白	镇星
五行之味	作咸(入肾)	作苦(入心)	作酸(入肝)	作辛(入肺)	作甘(入脾)
日干	壬癸	丙丁	甲乙	庚辛	戊己
五事	貌	言	视	听	思
庶征	雨	旸	燠	寒	风
五性	智	礼	仁	义	信
五藏	肾	心	肝	肺	脾
五窍	耳	舌	目	鼻	口
五音	羽	徵	角	商	宫
五色	黑	赤	青	白	黄
五体	骨(华在发)	脉(华在面)	筋(华在爪)	皮(华在毛)	肉（华在唇四白）
五藏	志	神	魂	魄	意
五志	恐	喜	怒	忧	思
志伤	恐伤肾	喜伤心	怒伤肝	忧伤肺	思伤脾
志胜	思胜恐	恐胜喜	悲胜怒	喜胜忧	怒胜思
气伤	寒伤血	热伤气	风伤筋	热伤皮毛	湿伤肉
气胜	燥胜寒	寒胜热	燥胜风	寒胜热	风胜湿
味伤	咸伤血	苦伤气	酸伤筋	辛伤皮毛	甘伤肉
味胜	甘胜咸	咸胜苦	辛胜酸	苦胜辛	酸胜甘
药养	咸养脉	苦养气	酸养骨	辛养筋	甘养肉 滑养窍

续表

推广＼五行	水	火	木	金	土
五虫	介	羽	鳞	毛	倮
五谷	菽	黍	麦	麻	稷
五牲	豕	羊	鸡	犬	牛
五器	准	绳	规	矩	度量

如何判断五行推广的合理性？五行的本义是对太阳视运动状态的概括，与四时气候及自然物候相互联系。比如，木，东方，是春天的气象；春天草木萌发，其色为绿色，所以五色为青；高等植物在光合作用过程中会产生酸味物质，所以五味为酸；春天肝脏功能强盛，所以五脏为肝、五志为怒。再比如，火，南方，是夏天的气象；夏天炎热似火，火为红色，所以五色为赤色；火烧焦的物体味道苦涩，所以为苦味；夏天心脏功能强盛，所以五脏为心、五志为喜，等等。其余的金、水、土，也都可以做如此分析。但人类社会方面的推广，主要凭借主观想象类比构建，如把五行同职官、用具、礼仪、历史等人为地联系起来，连类比附，是在古代科技水平较低的情况下的产物，于今人只在理解古代文化时作为背景知识了解即可。

五行学说由气象、天文推广至人类社会，客观上有利于指导古人顺应自然规律，依据自然规律行事，以达成人与自然的和谐，这是其文化意义所在。

（二）五行关系认识的演进

中国古代思想家在认识自然、改造自然的过程中逐渐加深了对五行相生相克的认识，提出了一些有价值的观点。

1. 五行相生关系认识的演进

中国古代哲学史上有几种颇具代表性的关于五行相生关系的论述，可以粗线条地勾勒出五行相生关系认识演进的过程。

（1）春秋名字寓五行相生

清代学者王引之著《经义述闻·春秋名字解诂下》，记载春秋时人的名与字寓有五行相生的观念，试举几例。如：

秦白丙，字乙。丙为火，刚日；乙为木，柔日。名丙、字乙，取火生于木，又刚柔相济。

郑石癸，字甲父。癸为水，柔日；甲为木，刚日。名癸、字甲，取木生于水，又刚柔相济。

楚公子壬夫，字子辛。壬为水，刚日；辛为金，柔日。名壬、字辛，取水生于金，又刚柔相济。

卫夏戊，字丁。戊为土，刚日；丁为火，柔日。名戊、字丁，取土生于火，又刚柔相济。

（2）《管子·四时》五行相生说

《管子》托名于管仲。管仲是春秋时期的军事家。《管子》一书基本上是稷下道家推尊管仲之作的集结，历来学者均认为是管仲之后学们所撰述，成书时间大约在战国到西汉这段时间。《管子·四时》按照春“风生木”、夏“阳生火”“中央曰土”、秋“阴生金”、冬“寒生水”次序排列，这时已有木生火、火生土、土生金、金生水之序，中央土对应时节虽然不明，其位次则在夏秋之交。

（3）《墨子》五行相生说

墨翟是春秋末期战国初期宋国人。《墨子》由其弟子们所辑录。《墨子·贵义》记载，墨子北行去齐国，遇到日者（占候卜筮者），日者说，黄帝曾在今日杀黑龙于北方，而先生姓墨色黑，不可以往北去。墨子不听，继续往北方而去，至淄水，不能渡过而返。日者说，我说先生不可以往北方去。墨子驳斥他说，黄帝曾在甲乙日杀青龙于东方，在丙丁日杀赤龙于南方，在庚辛日杀白龙于西方，在壬癸日杀黑龙于北方，照你这么说，那天下人就别出行了。这里五行与天干、五色、五方都有明确的对应，而且按照木、火、金、水次序排列，中间独缺一“中央土”，加上“中央土”，就可以构成五行相生序列了。

（4）《礼记·月令》五行相生说

《礼记·月令》可能是战国时期的作品，在两汉结集入于《礼记》。它是一篇中国古代天文历法著作，按照一年十二个月的时令，分别记述朝廷的祭祀礼仪、职务、法令、禁令，并按照五行相生次序归纳为一个四时循环的周期性系统。《月令》认为，春季“盛德在木”，夏季“盛德在火”，秋季“盛德在金”，冬季“盛德在水”，但五行有五个，四时只有四个，土无“时”可配，《月令》便把它放在夏秋之交，位属中央。这样，一年四时的变化，就照着“五行相生”的次序依次进行。五行相生，即木生火、火生土、土生金、金生水、水生木，排列起来就是木、火、土、金、水。土位在夏秋之交，以说明土从夏季的火生出，又转而生秋季的金。

（5）董仲舒五行相生说

《春秋繁露·五行对》认为天有木、火、土、金、水五行；五行相生是木生火、火生土、土生金、金生水；五行主导五时，即：水为冬、金为秋、土为季夏、火为夏、木为春；五时主导万物生化，即春主生，夏主长，季夏主养，秋主收，冬主藏。他在《春秋繁露·五行之义》中，按照《礼记·月令》排列出五行之序，其次序是一木、二火、三土、四金、五水，并认为这是自然界四时更替自然排列的次序，即“天次之序”。在这个次序中，木为五行运行的开始，水为五行运行的终结，土为五行运行的中央。他按照这个次序，认为五行相比邻的两行属于相生关系，在《春秋繁露·五行相生》中概括为：“五行者，五官也，比相生而间相胜也。”五行相生的规律是“比相生”。《春秋繁露·五行之义》解释“五行相生”说：“木生火，火生土，土生金，金生水，水生木，此其父子也。”认为五行相生的关系，如同人类社会中的父子关系。这说明，董仲舒只是用社会伦理关系来作为类比。他还进一步用五种官职相生来类比五行相生，在《春秋繁露·五行相生》中提出，东方属于木，以农业为本，对应官职为司农，司农崇尚仁；南方属于火，且对应汉代本朝（汉朝为火德），对应官职为司马，司马崇尚智；中央属于土，对应官职为君官、司营，司营崇尚信；西方属于金，对应官职为大理、司徒，司徒崇尚义；北方属于水，对应官职为执法、司寇，司寇崇尚礼。在国家治理体系中，各种官职在设置上具有相互生助的关系，司农为木，司马为火，所以司农与司马是木生火的关系；司马为火，司营为土，所以司马与司营是火生土的关系；司营为土，司徒为金，所以司营与司徒是土生金的关系；司徒为金，司寇为水，所以司徒与司寇是金生水的关系；司寇为水，司农为木，所以司寇与司农是水生木的关系。但由于官职众多，不只五类，而且五官同五行对应也没有客观的标准，这就使得董仲舒五行相生的论证难免牵强附会。

（6）扬雄五行相生说

西汉扬雄著《太玄经》，其《太玄告》篇认为，由“玄”的一“德”而形成五行相生，五行相生而不相互断绝，于是能够相继，相继就是父子之道。这些说法没有摆脱董仲舒的影响，仍然是用社会伦理来解释五行相生。

（7）《白虎通》五行相生说

董仲舒从社会系统角度阐释五行相生，理由不够充分，《白虎通》则在继承董仲舒五行说的基础上，从物理性能方面具体阐述了五行相生的理由：木之所以生火，是因为自然界中草木的本性就是温暖的，火潜伏在其中，所以钻木可以取火，火灼烧草木也可以生火。火之所以生土，是因为自然界中火的本性是热，热就能焚烧草木，草木经过焚烧之后就会化成草木灰，灰类似于土。土之所以生金，是因为自然界中金属本来就蕴藏在山石之中，如锡矿石、铁矿石、铜矿石之类，山石由土积聚而成，山必然生石，石必然蕴藏着金属。金之所以生水，是因为自然界中金属本来就是少阴之气，具有湿润流泽的性质，金属常常居于石头之中，依存山峦而生，故而山区常常云雾弥漫，化成雨露，金属也可以熔化成液体。水之所以生木，是因为自然界中凡有水之地皆生草木，如荒漠之中的绿洲就是明证。

（8）李觏五行相生说

北宋李觏对于“五行相生则吉”的传统说法提出了异议，他在《删定易图序论·论六》中说：比如，水生木，而如果用水来泡木，木就会腐烂；木生火，而如果将木放进火中，木就会被焚毁；火生土，而如果用火烧土，土就会被烧焦；土生金，而如果用土把金属埋起来，金属就会蚀坏；金生水，而如果把金投入水中，金就会沉没。这些事例说明“相生未必吉”。这说明五行“相生”不是绝对的，关键在“用之得宜”。人们应该按照事物本身的性质及其变化规律来加以利用，反之，如果违反事物本身的性质和变化规律去行动，则虽“相生”也会招致祸害。

（9）王安石五行相生说

北宋王安石在《洪范传》中说：五行相生，所以才相继；讲“时”就是讲四时相继，因此，《月令》讲春季盛德在木、夏季盛德在火、秋季盛德在金、冬季盛德在水，以长夏属于土，其排列四时“盛德所在”就是按照五行相生次序。王安石认为事物都是矛盾对立的，以木和火为例，木和火是不同的两种事物，处在对立面，但是木能生火，这是因为春天以后，夏天便继续下去。这种相继，就是新的一方代替旧的一方，这就是五行“相生”。据此，他在《字说》中进一步提出：“除：有阴有阳，新故相除者，天也；有处有辨，新故相除者，人也。”自然界有阴有阳，人类社会有处置有分辨，所以“新故相除”，也就是新旧交替。新的代替旧的，这是天（即代表自然）人（即代表社会）共同的法则。

2. 五行相克关系认识的演进

五行相克，又称五行相胜。中国古代哲学史上也有几种颇具代表性的关于五行相克关系的论述，可以粗线条地勾勒出五行相克关系认识演进的过程。

（1）《左传》五行相胜说

《左传·昭公三十一年》记载史墨预测吴国这次能否攻入楚国都

城郢时说："庚午之日，日始有谪。火胜金，故弗克。"《左传·哀公九年》记载史墨预测晋国是否救助郑国时说："盈，水名也。子，水位也。……炎帝为火师，姜姓其后也。水胜火，伐姜则可。"按照晋国太史蔡墨（即史墨）的说法，庚干配金，午支配火，火胜金；盈姓配水，子支配水，水不能胜水，但炎帝配火，水胜火。可见，春秋时期，五行不仅与天干、地支、方位、五官相配合，而且具有完整的五行相胜的体系，只是《左传》没有相关的具体记述罢了。

（2）《孙子兵法》五行无常胜说

孙武是春秋时祖籍齐国乐安的吴国将军，与蔡墨处于同一时代，而且还有活动交集。《左传·昭公三十一年》所记载的史墨预测吴国是否能攻入楚国都城郢的战争，发生于公元前511年，当时吴国的军事将领就是孙武。孙武所著《孙子兵法》是中国现存最早的兵书，被誉为"兵学圣典"。《孙子兵法·虚实》说："故五行无常胜，四时无常位。"木、火、土、金、水五行之间没有固定的常胜，春、夏、秋、冬四时更替没有固定的位置。这说明，春秋时期，不仅已经具有完备的五行相胜说，而且也具有明确的五行无常胜说，二说并行不悖。

（3）《墨经》五行毋常胜说

冯友兰著《中国哲学史新编（第二册）》所引《墨经·经下》说："五行毋常胜，说在宜。"意思是五行没有固定的制胜关系，说谁制胜谁，要根据具体情况来定。又引《经说下》："火铄金，火多也。金靡炭，金多也。"火熔化金属，这是火数量众多；金属压灭炭火，这是金属数量众多。此条原文有脱误，不可全懂，此处仅录可懂的几句，可知这一条是批判当时五行家的"五行相胜"说的。五行家认为木胜土、金胜木、火胜金、水胜火、土胜水，并认为在任何条件下，水总是胜火、土总是胜水等，这就是所谓“常胜”。《墨经》则提出：“五行毋常胜。”五行之间的竞争，哪种多则哪种胜，如火多可以把金熔化为液体，金多则可以把炭火压灭。

（4）邹衍五行相胜说

战国末期邹衍主张“五德终始”说。其原著作久已佚失。唐代李善《文选注》所引数条，列如下：①左思《魏都赋》注引：“《七略》曰：邹子有终始五德，从所不胜，木德继之，金德次之，火德次之，水德次之。”李善“注”引西汉刘歆撰《七略》说，邹衍有终始五德说，遵从五行所不胜的次序更替，如土德之后，木德继之，其次是金德，再次是火德，又次是水德。②沈约《齐故安陆昭王碑文》注引：“《邹子》曰：五德从所不胜，虞土，夏木，殷金，周火。”李善“注”引《邹子》说，五德遵从所不胜次序，虞代属于土，夏代属于木，殷代属于金，周代属于火。从这些佚文看，邹衍认为，历史的变化受“五德转移”支配，朝代更替遵从五行“所不胜”的次序。五行中，木胜土，金胜木，火胜金，水胜火，土胜水，为“五行相胜”。当某一“德”衰败的时候，胜过它的那一“德”就支持另一个朝代来代替它，这就是所谓“从所不胜”。至于“虞土”所说舜“以土德王”，“夏木”所说夏“以木德王”，“商金”所说商“以金德王”，“周火”所说周“以火德王”，则是以五行相胜之说附会人类社会的朝代更替，以虚构的联系代替了真实的历史演进。

（5）董仲舒五行相胜说

董仲舒《春秋繁露·五行相胜》提出金胜木、水胜火、木胜土、火胜金、土胜水。他还从社会政治的角度解释五行相胜的理由，《春秋繁露·五行相胜》中说：木相当于司农，司农为奸，民众叛乱，则命令司徒诛杀叛民中的领头者，因此说金胜木；火相当司马，司马为谗，蛊惑君主，则执法诛杀他，执法属于水，因此说水胜火；土相当君主之官，其相辅为司营，司营为神，奢侈无度，则民众叛乱，君主就困穷了，因此说木胜土；金相当司徒，司徒为贼，不能统率军队，则司马诛杀他，因此说火胜金；水相当司寇，司寇为乱，附党不平，则司营诛杀他，因此说土胜水。在国家治理体系中，各种官职在设置上具有相互制约的关系，这对于后世政治哲学具有重要启迪。但以五种官职之间的相互克制来论证五行相胜，则略显牵强，因为五行与五官之间没有实际联系，只是一种主观类推。《春秋繁露·五行相生》总结五行“间相胜”的规律是：“五行者，五官也，比相生而间相胜也。”按照《礼记·月令》所述“木、火、土、金、水”四时五行循环之序，金胜木，中隔水；水胜火，中隔木；木胜土，中隔火；火胜金，中隔土；土胜水，中隔金。此所谓“间相胜”。

（6）扬雄五行相胜说

《太玄经·玄告》认为，由“玄”的一“刑”而形成五行相克，五行相克而不相互违逆，不相违逆于是能够相互管治，相互管治就是君臣之道。这种说法没有摆脱董仲舒的影响，仍然是用社会伦理来解释五行相克。

（7）《白虎通》五行相胜说

董仲舒对五行相胜的理由说明得不够充分，《白虎通》在继承其五行说的基础上，从物理性能方面具体阐述了五行相胜的理由。《白虎通·五行更王相生相胜变化之义》认为：五行之所以相克，是因为天地运行的规律是众多战胜寡少、精细战胜坚固、刚强战胜柔弱、专一战胜松散、充实战胜空虚。水数量众多，火数量寡少，众能胜寡，所以水胜火；火质地精细，金质地坚固，精能胜坚，所以火胜金；金形体刚强，木形体柔弱，刚能胜柔，所以金胜木；木结构专一，土结构松散，专能胜散，所以木胜土；土内容充实，水内容空虚，实能胜虚，所以土胜水。从这些论述来看，《白虎通》对董仲舒的观点有具体的发挥，表现得更为完整。

（8）李觏五行相克说

北宋李觏《删定易图序论·论六》对于“五行相克则凶”提出异议：比如，水克制火，但用之又可以救火灭灾；火克制金，但用之又可以锻铸金属器具；金克制木，但用之又可以加工木材建造房屋；土克制水，但用之又可以防止水患。这些事例说明“相克未必凶”“用之得其宜，虽相克而吉”。这说明五行“相克为凶”不是绝对的，关键在“用之得宜”。人们应该按照事物本身的性质及其变化规律来加以利用，如此行事则虽“相克”，亦能带来利益。

（9）王安石五行相克说

北宋王安石《洪范传》说：五行相互克制，所以可相互治理。讲具体器物时依据其间的相互治理，因此，《尚书·大禹谟》《左传·文公七年》排列“水、火、金、木、土、谷”六府时，按照的是五行相克次序。王安石认为，金和木也是两个对立面，金能克木，所以木材可以经过金属器具加工而制成器械。这种一方制裁另一方，就是“相克”。因为相互克制，所以五行之间可相互治理。

三、五行学说史要点述略

五行学说，相传始作于黄帝时期，其后每个时代都有学者研究论述，或阐发之，或批判之，今据手边资料，按照历史次序，对其中有益于现代人们思考的内容加以整理分析，以揭示五行学说的演进轨迹。

（一）黄帝时期的五行学说

根据史料记载，对于五行学说而言，黄帝时期有两件事意义极为重大。

1. 建立五行

《史记·历书》记载太史公曰："盖黄帝考定星历，建立五行，起消息，正闰余。""星历"是星术与历法的合称，简言之即是天文历法。黄帝考定天文历法，建立五行，开启阴阳消（消减）息（滋长），确定一岁闰余。历法，是根据太阳、地球、月亮三者相互运动的规律来确定年、月、日的长度和它们之间关系的法则。古今中外的历法概括起来不外三类：阳历、阴历、阴阳合历。《史记》虽然没有明确说黄帝所考定的星历是哪一类，但有一点是肯定的，那就是“考定星历”不可避免地需要考虑回归年和朔望月，而回归年是太阳中心自西向东沿黄道从春分点到下一次通过春分点所经历的时间，可以由天文学家根据太阳运行规律提前计算出来。因此，古人“考定星历，建立五行”，五行必然与太阳光能的消（消减）息（滋长）密切相关。

2. 始作干支

东汉蔡邕《月令章句》说：“大挠探五行之情，占斗纲所建，于是始作甲乙以名日，谓之干，作子丑以名月，谓之枝，枝干相配以成六旬。”黄帝时大挠搜集五行运行状况，判断北斗斗柄所指的方位，据以制作“甲、乙、丙、丁、戊、己、庚、辛、壬、癸”十个名称来称呼日，谓之“干”；制作“子、丑、寅、卯、辰、巳、午、未、申、酉、戌、亥”十二个名称来称呼月，谓之“枝”，即“支”。“支”和“干”相互配合为六十花甲子用来纪日以成就六旬。这条记载，似乎说明黄帝时所制定的历法是阴阳合历，兼顾回归年和朔望月，需要考虑五行的情况，也需要考虑北斗斗柄的指向方位，根据北斗斗柄所指方位制定十二月，那么，参考“黄帝考定星历，建立五行”的说法，这儿的“五行”应该指太阳视运动年周期的情况，所以据此“始作甲乙以名日”。

尚有数条关于黄帝与五行的记载，详见于后文。

（二）夏商周时期的五行学说

五行学说在夏商周时期得到较大发展，已经上升为哲学层面，并记载于众多典籍之中。

1.《尚书》五行说

《尚书》，初名为《书》。“尚”即“上”。《尚书》就是上古的书，记载中国上古历史文献和部分追述古代事迹著作，是我国最早的一部历史文献汇编。其五行思想载于《大禹谟》《甘誓》《洪范》诸篇中。

（1）《大禹谟》所说“六府”

“水、火、金、木、土”始见于《尚书·大禹谟》。《大禹谟》记述了大禹、伯益和舜谋划政事的上古事迹，所以叫《大禹谟》。大禹是舜的臣子，他以治理洪水建立大功，后人尊称为大禹。《大禹谟》中提到大禹说，所谓德者唯是善于治政，治政之所为，在于养民。怎么养民？“水、火、金、木、土、谷，唯修；正德、利用、厚生，唯和”。水、火、金、木、土、谷，称为“六府”；正德、利用、厚生，称为“三事”。养民就是使水、火、金、木、土、谷这六事得到修治，正身之德、利民之用、厚民之生这三事唯当和谐。因此，舜帝说，大禹所言很对，治水平土，使地平天成，六府三事确实都得到治理，万世长所恃赖，这都是大禹的功绩。其中，水、火、金、木、土的排序，是按照相克的次序，水克火，火克金，金克木，木克土，土又克水，故有此序。

（2）《甘誓》所说五行

“五行”二字最初见于经典，是在《尚书·甘誓》。这是夏启在与有扈氏战于甘之前，召集左右高级官吏申明纪律约戒的誓师词，故称《甘誓》。《甘誓》说：“有扈氏威侮五行，怠弃三正，天用剿绝其命，今予唯恭行天之罚。”这几句话颇为难解，一是“五行”指什么，怎么能“威侮”？二是“三正”指什么，怎么能“怠弃”？如果顺着“黄帝考定星历，建立五行”的思路来看，五行应指木、火、土、金、水，按照五时依次运行；“威”是自仗威势，“侮”是轻慢，有扈氏自己仗着有威势，轻慢五行运行规律；“三正”指以建子或建丑或建寅为正月，作为一年的开始；“怠”是轻慢，“弃”是舍去，有扈氏轻视“三正”之说，舍弃依据“三正”建立的夏代历法。总之，夏启的意思是：有扈氏不按天道运行规律行事，所以上天要断绝他们的国运，我只有奉行上天对他们的处罚。

（3）《洪范》所说五行

五行成为哲学范畴，是在《尚书·洪范》。按照传统说法，这篇著作是周武王战胜殷商之后，被俘的商朝贵族箕子接受周朝的封地，前来朝拜时同武王的对话，为西周初期所作。《洪范》直接讲到五行的文字共有三条：“箕子乃言曰：我闻在昔，鲧堙洪水，汩陈其五行。”“初一曰五行”“水曰润下，火曰炎上，木曰曲直，金曰从革，土爰稼穑。润下作咸，炎上作苦，曲直作酸，从革作辛，稼穑作甘。”第一条是箕子讲述五行的历史。鲧用堵塞的方法治理洪水，五行次序错乱陈列，所以失败。第二条是箕子将“五行”列为九畴第一，以五行为九畴之总纲。第三条讲了三层意思：一是五行生出之序，即五行与五行生数相互配合；二是五行功能，即水的功能是润下，火的功能是炎上，木的功能是曲直，金的功能是从革，土的功能是稼穑；三是五种功能产生五种味道的物质，即：水润下产生咸的味道，火炎上产生苦的味道，木曲直产生酸的味道，金从革产生辛的味道，土稼穑产生甘的味道。唐代孔颖达《尚书正义·洪范》疏引《书传》云："水火者百姓之所饮食也，金木者百姓之所兴作也，土者万物之所资生也，是为人用。"并继续说："'五行'即五材也。襄二十七年《左传》云：'天生五材，民并用之'，言五者各有材干也。谓之'行'者，若在天则五气流行，在地世所行用也。"所引《书传》即《尚书大传》，这是对《尚书》经的解释性著作。旧本题为西汉伏生（名胜）撰，但有异议，其作者和成书时间目前均无法完全确定。《尚书正义》的这段话有三层意义：其一，《洪范》所说五行的"行"有两种含义，在天空是五种气（能量）的流行，在大地则是五种材质的利用；其二，在大地而言，"五行"就是五材，是说：水、火、金、木、土各有材用，水火是百姓所赖以饮食的物质，金木是百姓所赖以兴作的物质，土是万物所赖以资生的物质，因此，五材能够成为人们的日常应用，民众都要用它们；其三，天生五材，五行在天空为五气流行，五气流行产生大地上万物，万物成为五材，这就是天生五材的真正含义。因此，《尚书·洪范》所说"五行"，已经不是单纯的五种具体物质，而是五种气象，即第八畴庶征中的"雨、旸、燠、寒、风"五征，并由气象这一线索将其他八畴串联为一个完整的体系。详细分析见前文，此不赘。

2.《国语》五行说

《国语》是春秋时期左丘明所撰的一部国别体著作。其五行思想见载于《鲁语上》展禽说、《郑语》史伯说等。

（1）《国语·鲁语上》所说五行

展禽，名获，字季，又字禽，因食采（享用封邑的租赋）于柳下，故称柳下惠。春秋时为鲁国士师，掌管法典刑狱。展禽给祭祀做了一个新的解释。他认为，祭祀是为了“崇德报功”，祭祀的对象或者是有利于百姓的自然界的东西，或者是有功于百姓的历史人物。据《国语·鲁语上》记载，前者如“及天之三辰，民所以瞻仰也；及地之五行，所以生殖也；及九州名山川泽，所以出财用也”。这里把“天之三辰”“地之五行”“九州名山川泽”并列，都是指自然界的具体事物。“天之三辰”指天上有日、月、星三辰，供人们瞻仰；“地之五行”指大地上有五材为五行，用来产生、繁殖万物；“九州名山川泽”指九州有名山、有河流湖泽，所以出产财货日用。因为它们有利于民，所以成为祭祀的对象。

（2）《国语·郑语》所说五行

史伯，本名伯阳父，是西周末期思想家，其生卒年不可考。因任西周末年周朝太史，故称史伯。据《国语·郑语》记载，西周末年，周幽王当政，王朝衰败，时任司徒的郑伯友（即后来的郑国开国之君郑桓公）找史伯商量对策，史伯说：“夫和实生物，同则不继。以他平他谓之和，故能丰长而物归之。若以同裨同，尽乃弃矣。故先王以土与金、木、水、火杂，以成百物。”两种相和的事物实际能产生新物，两种相同的事物不能产生新物。用他物来平衡他物称为“和”，因此，能够有大成而万物归属于它。如果用“同”来补助“同”，到最后只能放弃了。因此，古代帝王用土与金、木、水、火杂合，用以成就各种事物。这段话有三个要点：一是五行指土、金、木、水、火；二是五行是不同的物质元素，“以土与金、木、水、火杂”，就能够“以他平他”实现“和”，“和”就能产生新的事物；三是突出五行中“土”的功用，土可以与“金、木、水、火”其他四行“杂”合在一起，生成百物。

3.《左传》五行说

《左传》，相传为春秋末年左丘明为解释孔子的《春秋》而作。原名为《左氏春秋》，汉朝改称《春秋左氏传》《左氏》，汉朝以后多称《左传》。其五行思想散见于《文公七年》郤（xì）缺说、《襄公二十七年》子罕说、《昭公二十五年》子产说、《昭公二十九年》《昭公三十一年》及《哀公九年》史墨说等。

（1）《左传·文公七年》所说“六府”

《左传·文公七年》记载，晋国郤缺对赵宣子说：“六府、三事，谓之九功。水、火、金、木、土、谷，谓之六府。正德、利用、厚生，谓之三事。”水、火、金、木、土、谷，称为“六府”，这里的水、火、金、木、土，都是指实体的物质本身。

（2）《左传·襄公二十七年》所说“五材”

《左传·襄公二十七年》记载，宋国大夫子罕说：“天生五材，民并用之，废一不可，谁能去兵？”“五材”就是指金、木、水、火、土。子罕认为，自然界在大地上产生五种具体物质，人们经常一并使用它们，废除任何一项都不可以。

（3）《左传·昭公二十五年》所说“五行”

《左传·昭公二十五年》记载，子太叔引用子产的话，说：“则天之明，因地之性，生其六气，用其五行。气为五味，发为五色，章为五声，淫则昏乱，民失其性。”子太叔就是春秋时期郑国正卿游吉，子太叔是他的字。游吉听闻先大夫子产说，效法天空的光明，依据大地的特性，自然界产生此六种气候（阴、阳、风、雨、晦、明），利用木、火、土、金、水五行。五行在大地上产生的具体物质，进入口中表现为五种味道（酸、咸、辛、苦、甘），发现于眼睛为五种颜色（青、黄、赤、白、黑），彰显于耳朵为五种声音（宫、商、角、徵、羽），味道用于养口，色彩用于养目，声音用于养耳。但五行不可用之过度，用之过度就会昏乱，使人民失去常性。这段话有三层意义：其一，关于五行的来源。由“天之明”“地之性”而“生其六气，用其五行”，五行源于太阳视运动状态，这是很清楚的。其二，关于五行养人。所谓“用其五行”就是利用金、木、水、火、土以养人。怎么养人？就是味道入口以用于养口，色彩入眼以用于养目，声音入耳以用于养耳。其三，关于过度的危害。“淫则昏乱”，就是人利用五行不得过度，过度必然导致昏庸错乱，使人失去常性。

（4）《左传·昭公二十九年》所说五官

《左传·昭公二十九年》记载，秋季，龙出现于绛郊，魏献子问于蔡墨，蔡墨在回答中说，物物有其官，官修其方，“故有五行之官，是谓五官。……木正曰句芒，火正曰祝融，金正口蓐收，水正曰玄冥，土正曰后土”。大意是，五行是五种物质，各类物质都有其管理的官员，官员各自管理相应方位，因此有管理五行的官员，这就称为五官。主管木的官员称为句芒，主管火的官员称为祝融，主管金的官员称为蓐收，主管水的官员称为玄冥，主管土的官员称为后土。

（5）《左传》所说五行相胜

《左传·昭公三十一年》记载：鲁昭公三十一年（公元前 511 年）十二月辛亥日朔（初一），发生日食，晋国太史蔡墨就日食进行预测说：辛亥日日食，亥为水，其数六，因此，六年后（公元前 506 年、鲁定公四年、周敬王十四年）也是此月（指十二月，鲁定公四年十一月二十九日庚辰日入郢,《长历》闰十月，合计为十二月），吴国会攻入楚国都城郢，但楚国最终得到秦国（秦哀公）帮助，打败吴国并复国，所以说“终亦弗克”。吴国攻入楚国的都城郢，时间必定是庚辰日，苍龙七宿的房、心、尾三宿称为大辰，日月交会于大辰之尾而再发生日食。“庚午之日，日始有谪。火胜金，故弗克。”日食虽然发生于辛亥日，但太阳出现变异是在四十一天之前庚午之日，因此，以开始出现变异的时间进行卜测。午是南方之辰火，楚是南方之国，庚是西方之日金，庚午之日，太阳发生变异，庚为金，午为火，火克胜金，因此这次吴国不能攻入楚国都城郢。

《左传·哀公九年》记载：晋国赵鞅（赵简子）用龟甲卜测是否救助郑国，遇水适火，救助郑国则必须征伐宋国，晋国太史蔡墨说：赵鞅姓盈，水盈坎乃行，盈是属水的名称；宋国，姓子，子位在北方，是属水的方位。盈的名称与子的方位都属于强盛的水，二者匹敌，不可干犯。炎帝为掌管火事的火师，姜姓是他的后人，“水胜火，伐姜则可”。赵鞅姓盈，属于水。姜姓属于火，水克胜火，征伐姜姓则可以。

以上说明，春秋时期，五行已经与天干、地支、方位、数目、官职、姓氏等相互配合，并用于纪日，五行已经构成体系，并已有五行相胜的观念。

4.《越绝书》五行说

《越绝书》，又名《越绝记》，是记载古代吴越地方史的杂史，作者历来有争议。其五行思想主要见载于《计倪内经》。计倪，何许人也？史书记载春秋时期越国有“计然”。据《史记·货殖列传》记载：“昔者越王句践困于会稽之上，乃用范蠡、计然。”句践，即勾践，是春秋时期越国君主。勾践被困于会稽（会稽因绍兴会稽山得名，是绍兴的别称，故吴越地）之上，于是起用范蠡、计然，可见，计然，是同范蠡一样重要的谋士，此人《越绝书》作计倪。《越绝书·计倪内经》载有计倪五行说。一是五行与五方配合。计倪对越王说：我听闻炎帝拥有天下，以天下传予黄帝，黄帝于是对上侍奉天，对下治理地，因此，少昊治理西方，蚩尤辅佐他，使他们主管金；玄冥治理北方，白辨辅佐他，使他们主管水；太皞治理东方，袁何辅佐他，使他们主管木；祝融治理南方，仆程辅佐他，使他们主管火；后土治理中央，后稷辅佐他，使他们主管土。黄帝由此一并拥有五方，以此作为纲纪。这说明在春秋时期，就以西方配合金，北方配合水，东方配合木，南方配合火，中央配合土，并明确有“五方”的概念。二是五行更胜。计倪对越王说：阴阳万物，各有各的纲纪，“金、木、水、火、土更胜”。认为金、木、水、火、土五行交替制胜。三是用之不患无功。计倪对越王说：从太阳周日视运动来看，日出于寅，寅至未为阳，因此，从寅岁至未岁，这属于阳气，太阴在阳，岁德在阴，岁美（一岁之美好）在于此。圣明之人的行动适应这一规律，控制收购、发籴（dí）的时机。常常以太阴在阴而发籴，阴气将要行尽的年岁，急切卖出六畜、货财，增益收购五谷，以适应阳气的到来。阳气将要行尽的年岁，急切发籴，以收购田宅、牛马，积敛货财，聚累棺木，以适应阴气的到来。此皆有十倍的利润。其次则有五倍的利润。自然界运行的规律是有时会向外发散，因此，圣明的人反用阴气的刑，顺从平衡的规律，收聚而不散。又说：“审金木水火，别阴阳之明，用此不患无功。”认为，审察金、木、水、火的情况，判别阴阳消息的年岁，用此货殖，不患无功。

5.《墨子》五行说

《墨子》中有《经上》《经下》《经说上》《经说下》《大取》《小取》六篇，性质相同，前后相承，可能就是《庄子·天下》篇所说的《墨经》。这六篇是后期墨家所用以跟别家辩论的“手册”，也称《墨辩》。《墨经》中有批评五行家的论点。今本《墨子·经（下）》说：“五行毋常胜，说在宜。”今本《墨子·经说（下）》说：“五合水土火。火离然，火烁金，火多也。金靡炭，金多也。合之府水，木离木。”其意很难理解，或有脱误，不可全懂。仅就可看懂的几句来讲，应是批驳当时的“五行相胜”说的。

6. 邹衍五行说

邹衍是战国末期五行家的一个重要“领袖”。《史记·孟子荀卿列传》记载：驺衍（即邹衍）深入观察阴阳的消减与增长而著述怪异迂阔的变化，有《终始》《大圣》等篇共十余万字。他的话宏博广大而不合常道，必定先验证细小的事物，再推广到较大的事物，以至于辽阔而无边际。先记述当今，再往上溯至黄帝，黄帝是学者们所共同讲述的，大体依据世代的盛衰，因而记载其祈禳求福的制度，再上溯以至遥远的过去，直至天地尚未产生之时，深远渺茫不可稽考而推究其本源。他称述时引证天地开辟以来，土、木、金、火、水五德依次转移，历史上朝代更替的社会政治与之各自正相适宜，而且上天显示的祥瑞与人事相应就是如此。《汉书·艺文志》记载：邹子，名衍，战国末期齐国人，为燕昭王的老师，居于稷下，号为“谈天衍”。著有《邹子》四十九篇、《邹子终始》五十六篇。这些记载说明，邹衍曾著书十余万言，但现在都已经不存在了。他“深观阴阳消息而作怪迂之变”，对天文有丰富的知识，当时人称他为“谈天衍”。他提出的“五德转移”说，在当时很受各国统治者的重视。邹衍关于历史观的著作，叫《主运》，也已佚失。唐代李善《文选注》所引数条、《吕氏春秋·应同》所述内容，均另述，此不赘。

《史记·秦始皇本纪》说：秦始皇推考终始五德的传承，认为周朝得到火德，秦朝代替周朝，五德转移遵从所不胜次序，当今正是水德的开始，于是改变纪年的开始，向君王朝拜祝贺都自十月初一朔日开始。衣服、旄旌、节旗皆崇尚黑色。数量以六作为纲纪，符节以及御史、使节和执法官的冠帽皆为六寸，而车舆（车厢）为六尺，六尺为一步（步为中国旧制长度单位，旧制一步等于五尺），乘用六匹马。将黄河改名为“德水”，以作为水德的开始。各级官员刚强坚毅、暴戾严酷，国家事务皆取决于法，为政苛刻、严酷，不要仁恩和义，做到这些，然后就认为符合了五德的气数。于是秦王朝把法令搞得极为严酷，罪人犯了法，久久不能得到宽赦。这说明，秦朝统一中国后，秦始皇自以为是“得水德”“以水德王”，于是照着“水德”施政，以黑色为正色，“数以六为纪”“事皆决于法，刻削毋仁恩和义”，结果却是二世而亡，这也是对“五德终始”说的莫大讽刺。但是，过去的皇帝都自称为“奉天承运皇帝”，“奉天”就是奉天的意旨，“承运”就是承继五德的运行，可见，这种历史观，对后世封建王朝的统治者有很大影响。

7.《吕氏春秋》五行说

《吕氏春秋》，又称《吕览》，是战国末期秦国丞相吕不韦集合门客们编撰的一部著作。包括孟春纪、仲春纪、季春纪、孟夏纪、仲夏纪、季夏纪、孟秋纪、仲秋纪、季秋纪、孟冬纪、仲冬纪、季冬纪这十二纪，有始览、孝行览、慎大览、先识览、审分览、审应览、离俗览、恃君览这八览，开春论、慎行论、贵直论、不苟论、似顺论、士容论这六论。因博采众家学说，并无统一之中心思想，《汉书·艺文志》将其列入杂家。

（1）十二纪

《吕氏春秋》有十二纪，十二纪按照五行学说阐释天子一年中不同月令应知应作之事，总体内容按照春生、夏长、秋杀、冬藏的自然变化逻辑排列。例如，分配在春季下的论文有《本生》《重己》《贵生》《情欲》《尽数》《先己》等，以养生为主，对应春生；分配在夏季下的论文有《劝学》《尊师》《大乐》《侈乐》《适音》《古乐》《音律》《音初》《制乐》等，以教育和音乐为主，对应夏长；分配在秋季下的论文有《荡兵》《振乱》《禁塞》《论威》《决胜》《爱士》《顺民》《知士》《审己》等，以军事为主，对应秋杀；分配在冬季下的论文首先编入了《节丧》《安死》，试图调和儒家的“孝亲”和墨家的“节葬”，对应冬藏。但实际上，其十二纪的纲领同下面所附的论文没有内容上的联系，没有一个中心思想，这是它被称为“杂家”的原因。

十二纪中每一纪的首篇，都专讲当月的天文、气候和其他方面的情况，根据这些情况确定当月相应的天干、音律、数目、车舆、服饰，以及当行或当戒之事、政事和农业生产之事等。其中，五时和数目的配合与《管子》同，春“数八”，夏“数七”，季夏“数五”，秋“数九”，冬“数六”。十二纪综合起来，就成为一年十二个月的月历。

（2）五德终始说的遗存

《吕氏春秋·应同》提出，凡是帝王将要兴起，上天必定先现出祥瑞以兆示下民。黄帝时期，上天先现出大蚓、大蝼，黄帝说“这是土气胜”，因此，其颜色崇尚黄，其事务效法土。等到大禹时期，上天先现出草木在秋冬时节不枯萎，大禹说“这是木气胜”，因此，其颜色崇尚青，其事务效法木。等到商汤时期，上天先现出金刃产生于水，商汤说“这是金气胜”，因此，其颜色崇尚白，其事务效法金。等到周文王时期，上天先现出火，赤乌口衔丹书聚集于周社，文王说“这是火气胜”，因此，其颜色崇尚赤，其事务效法火。代替火德的朝代必将是水德，上天将显现出水气胜，因此，其颜色崇尚黑，其事务效法水。水气来至而人们不知道，天数俱备，五德将徙于土德。邹衍所撰“五德终始说”的原始材料已经佚失，这一段所说可能就是保留比较完整的“五德终始说”。

8. 子思、孟子五行说

荀况在《非十二子》篇里，对于当时的重要学派都提出了批评。对子思、孟子五行说的批评也载于《荀子·非十二子》中：大略效法先世帝王而不知道他们的要领，然而还是自认为才智多、志向大，见闻杂多而不纯，“案往旧造说，谓之五行”。指子思、孟轲按照往古旧说来臆造新说，称之为“五行”，这是非常乖僻违理而不伦不类、幽微隐秘而难以言说、闭塞不通而无法解释的，于是粉饰其言辞而大为恭敬地说：“这真是先师孔子的言论。”这种说法由子思倡导、孟子附和，社会上那些愚昧无知的儒者更是一片喧嚣，根本不知道他们说法的错误，于是就接受了这种学说而传播它，还以为孔子（仲尼）、子弓作此学说来厚惠于后世，这就是子思、孟子的罪过了。荀子所说子思、孟子五行说，究竟指什么？幸得 1973 年湖南马王堆三号汉墓出土了一批帛书文献，其中有所谓《五行》篇；1993 年湖北荆门郭店一号楚墓又出土了一批竹简，其中有一篇自题为《五行》，内容基本同于马王堆帛书《五行》篇的经部。文中以仁、义、礼、智、圣为“五行”，揭开了子思、孟子五行说的神秘面纱。

9.《管子》五行说

《管子》大约成书于战国时代至秦汉时期，是先秦时期各学派的言论汇编。其五行思想散见于《幼官》《幼官图》《四时》《五行》《水地》等篇中。

（1）黄帝作立五行

《管子·五行》说：从前，黄帝根据声音的缓急制作宫、商、角、徵、羽五声，用来校正五钟。使五钟，一为青钟大音，二为赤钟重心，三为黄钟洒光，四为景钟昧其明，五为黑钟隐其常。五声既已协调，黄帝“然后作立五行以正天时”，作立五官用以端正人位，人位与天时协调，然后天地间的美好就产生了。按照《管子·五行》这段记载，可以分析出四层意义：其一，先作五声，后立五行。黄帝首先制作宫、商、角、徵、羽五声，五声协调以后，才制作建立五行用以端正天气运行的时序。其二，作立五行用以正天时。天时就是天气运行的时节，就是四时季节，这说明，五行的建立是用来端正四时季节的。其三，五官以正人位。五官是五种官职，五官设立效法五声、五行，五种官职用以端正人们的职位。其四，人与天调。这是指人事与天时相互协调。人事与天时协调以后，天地间如甘露醴泉之类美味就产生了。

（2）春、夏、秋、冬将何行

《管子·四时》认为只有圣明的人知道四时。不知道四时，就会失去国家的根基。不知道五谷生长的原因，国家就会败坏。又说，阴阳是天地运行的大道理，四时是阴阳的大常道，刑德是符合与违反四时的反应。刑罚与恩赏符合四时就会产生福祐，违反四时就会产生祸殃。在这种认识的前提下，《管子·四时》提出“春夏秋冬将何行”的问题，并回答说：“东方曰星，其时曰春，其气曰风，风生木与骨。其德喜嬴，而发出节时。其事号令，修除神位，谨祷獘梗，宗正阳，治隄（同‘堤’）防，耕芸树艺，正津梁，修沟渎，甃屋行水，解怨赦罪，通四方……南方曰日，其时曰夏，其气曰阳，阳生火与气。其德施舍修乐。其事号令，赏赐赋爵，受禄顺乡，谨修神祀，量功赏贤，以动阳气……中央曰土，土德实辅四时入出，以风雨节，土益力。土生皮肌肤。其德和平用均、中正无私，实辅四时：春嬴育，夏养长，秋聚收，冬闭藏……西方曰辰，其时曰秋，其气曰阴，阴生金与甲。其德忧哀、静正、严顺，居不敢淫佚。其事号令，毋使民淫暴，顺旅聚收，量民资以畜聚，赏彼群干，聚彼群材，百物乃收……北方曰月，其时曰冬，其气曰寒，寒生水与血。其德淳越、温怒、周密。其事号令，修禁徙，民令静止，地乃不泄，断刑致罚，无赦有罪，以符阴气。”

《管子·四时》上述文字有七层意义：其一，此篇讲春、夏、秋、冬四时王者施政应该如何行事，其中列举“东方曰星”“南方曰日”“中央曰土”“西方曰辰”“北方曰月”，并非讲东、南、中、西、北五方产生五行；其二，明确认为五气生五行，文中“风生木”“阳生火”“阴生金”“寒生水”，风、阳、阴、寒皆是气候；其三，明确五行相生之序，文中按“风生木”“阳生火”“中央曰土”“阴生金”“寒生水”次序排列，是木生火、火生土、土生金、金生水之序；其四，明确五行与人体相配合，文中“风生木与骨”“阳生火与气”“土生皮肌肤”“阴生金与甲”“寒生水与血”，骨、气、皮肌肤、甲、血皆是人体组织，是以木与骨配合，火与气配合，土与皮肌肤配合，金与甲配合，水与血配合；其五，明确提出五德内涵，邹衍讲五行为“五德”，但没有说明“五德”的内容，这里明确讲春木“其德喜赢”、夏火“其德施舍修乐”、中土“其德和平用均、中正无私”、秋金“其德忧哀、静正、严顺”、冬水“其德淳越、温怒、周密”；其六，明确概括四时生化特点，文中说“春赢育，夏养长，秋聚收，冬闭藏”，春季主管赢育，夏季主管养长，秋季主管聚收，冬季主管闭藏；其七，对王者如何顺应四时施行政事进行了阐述，其中有科学的成分，也有臆想的成分。

（3）五行四时历

《管子》中有《幼官》《幼官图》，“幼官”或为“玄宫”之误，意指“明堂”。明堂是古代统治者举行礼教仪式和发号施令的地方。“明堂”代表一种具有宗教意义的社会、政治制度。按照五行学说，明堂有许多房间，四面都有门，一年四季中，每个季节，王者应该住在哪个房间，走哪个门，穿什么颜色的衣服，吃什么味道的饭，饮哪口井的水，听什么样的音乐，发布什么样的号令，施行什么样的政策，都是按照五行归类，具有一定的规则。如果违反这些规则，就要影响自然界，引起自然界的异常变化，成为灾害。《管子》的《幼官》《幼官图》就是这样的五行四时历，两篇都包括中方本图、中方副图、东方本图、东方副图、南方本图、南方副图、西方本图、西方副图、北方本图、北方副图等内容。其中提到中方“用五数”、东方“用八数”、南方“用七数”、西方“用九数”、北方“用六数”，将五方与五行生数、成数相互配合。《礼记·月令》吸收了其中的一些内容。

（4）水地为万物本源

《管子·水地》说："地者，万物之本原，诸生之根菀（wǎn）也，美恶、贤不肖、愚俊之所生也。水者，地之血气，如筋脉之通流者也。"又说："水者，何也？万物之本原也，诸生之宗室也，美恶、贤不肖、愚俊之所产也。"地即是土，地是万物的本原，是各种生物的根本，人的美和丑、贤和不肖、愚笨和俊彦也是从地生出来的。水则是大地的血气，如同人体筋脉一般在大地上通流。水和地具有同样的功用，也是万物的本原。又说："准也者，五量之宗也；素也者，五色之质也；淡也者，五味之中也。是以水者，万物之准也，诸生之淡也，违非得失之质也。"《水地》篇特别强调水的重要。它认为"准"（水之平）是用水作标准的，而"准"是"五量（权、衡、规、矩、准）之宗"，"素"是"五色之质"，"淡"是"五味之中"，而水就是万物的"准"（水之平），众多生物（诸生）的"淡"，各种是非得失的"质"，这是从各方面论证水的重要。《水地》的哲学意义在于，从哲学的高度强调水和地的重要。它所说的地，相当于五行中的土。五行学说的起源很早，而《管子·水地》明确地肯定五行或其中的某些"行"是万物的本原，具有重要意义。

（三）两汉三国时期的五行学说

两汉三国时期，五行学说得到进一步发展，五行体系更加系统完备。

1.《黄帝内经》五行说

《黄帝内经》包括《素问》《灵枢》两部分，其书从周、秦历经数百年至西汉始得以完成，是中国最早的医学典籍。《黄帝内经》成书非一时，作者非一人，但其通篇贯穿阴阳五行学说，涉及气象、生理、心理、社会等多个方面。

（1）气为万物的本原

《黄帝内经》认为气是万物的本原。《黄帝内经·素问·天元纪大论》记载鬼臾区对黄帝说：“臣积考《太始天元册》，文曰：‘太虚廖廓，肇基化元，万物资始，五运终天，布气真灵，总统坤元。’”一般多认为，这段话是讲宇宙论，“太虚”就是天空，“廖廓”就是高远空旷，是说，天空高远空旷，是一切生命的最根本的源头，万物都凭借“太虚”而得以发生、开始；“五运”指木、火、土、金、水五行，“终天”指涵盖整个永久无穷的天空，是说五行涵盖整个天空，永久无穷地运行；“布气”是散布阳和之气，之所以“阳和”，是因为太阳光使之温暖和畅，这种阳和之气散布在具有精神的人身体之中，总理统摄大地产生万物之德。至于九星、七曜、日月、寒暑之类，皆围绕太阳光的散布而展开，“生生化化”，万物都彰显出来。

（2）五行体系

《黄帝内经》认为五行既然统领大地上万物的生长变化，人的身体与四时季节就有密切的联系，四时季节的变化可以影响人的生理变化，如健康与气候变化有关，人体内五脏、六腑、五官等也由此联系起来，体现着阴阳五行的相互作用，构建起一套严密的五行学说体系。《黄帝内经·素问·金匮真言论》说：“五藏应四时，各有收受。”就是五脏各有“收”于五行的能量而“受”之。据其所说，可以列出五行体系表。

《黄帝内经·素问·金匮真言论》五行体系表

五时	春	夏	长夏	秋	冬
五方	东	南	中央	西	北
五色	青	赤	黄	白	黑
五藏	肝	心	脾	肺	肾
开窍	目	耳	口	鼻	二阴
病在	头	五藏	舌本	背	谿
病之在	筋	脉	肉	皮毛	骨
五味	酸	苦	甘	辛	咸
五类	草木	火	土	金	水
五畜	鸡	羊	牛	马	彘
五谷	麦	黍	稷	稻	豆
五星	岁星	荧惑	镇星	太白	辰星
五音	角	徵	宫	商	羽
其数	八	七	五	九	六
五臭	臊	焦	香	腥	腐

这就将五时与五方、五色、五藏、开窍、病在、病之在、五味、五类、五畜、五谷、五星、五音、其数、五臭等联系起来，建立起了中医学的理论基石。

从阴阳五行理论出发，《黄帝内经》在养生方面也有“月令”之说。《黄帝内经·素问·四气调神大论》认为，春季三个月，人们应该遵循“养生之道”；夏季三个月，人们应该遵循“养长之道”；秋季三个月，人们应该遵循“养收之道”；冬季三个月，人们应该遵循“养藏之道”。人们若是能按照“月令”行事，就可以祛病延年，养生全形。

《黄帝内经》的理论对于现代中医临床实践仍然具有非常重要的指导意义。《内经》所确立的人体生理功能及病理变化并未发生根本改变，如肺主气、司呼吸，心藏神、主血脉，脾主升清、主运化，肝藏血、主疏泄，肾藏精、主气化。《内经》所确立的养生防病之道，不仅为中华民族繁衍生息做出了巨大贡献，而且，还将继续为人类的健康事业保驾护航。《黄帝内经》代表着中国古代医学发展进入一个新的阶段，在中国科学史上占有重要地位。

2.《礼记》五行说

《礼记》，又称《小戴礼记》《小戴记》，据传为孔子的七十二弟子及其学生们所作，为西汉戴圣所编撰，书中内容主要是先秦的礼制。其五行思想主要见载于《月令》《礼运》。

（1）《礼记·月令》所说五行

《月令》按一年十二月，逐月记载每月的天文、气候、物候特征，以及五行与万物的对应关系，值此月令，天子所宜居处、车马、衣服、饮食及所当实行的政令，违反月令所可能招致的灾异等。以孟春之月为例，内容包括，太阳运行到二十八宿哪一宿位置、“昏”“旦”时哪一星宿位于中天，所对应的“日”“帝”“神”“虫”“音”“律”“数”“味”“臭”“祀”“祭”，气候、物候特征，天子“居”“乘”“驾”“载”“衣”“服”“食”“器”，天子及百官适宜做什么、不适宜做什么、做不适宜的事有什么危害，以及此月气候异常，若行其他时令如孟春“行夏令”“行秋令”“行冬令”，会有什么灾异。

《月令》中直接提到“五行”的只有五句话。孟春之月，在立春前三日，太史谒见天子说某日立春，“盛德在木”。孟夏之月，在立夏前三日，太史谒见天子说：“某日立夏，盛德在火。”季夏之月后，另列“中央土”一节。孟秋之月，在立秋前三日，太史谒见天子说：“某日立秋，盛德在金。”孟冬之月，在立冬前三日，太史谒见天子说：“某日立冬，盛德在水。”后世从中解读出：一是五行配合四时，即木为春，火为夏，土为季夏，金为秋，水为冬；二是五行相生之序，即春木生夏火，夏火生季夏土，季夏土生秋金，秋金生冬水；三是五行“盛德所在”之说，表明五行在四时有盛衰变化。

《月令》将五行与天文、气候、物候等联结成为一个体系。有按照因果关系归类的，如孟春之月是由于“日在营室”，太阳视运动所处的天文位置决定了地球上一年四季的更替。有按照强相关原则归类的，如孟春之月“昏参中”“旦尾中”，黄昏时参宿位于中天，平旦时尾宿位于中天。有按照气候对事物的影响归类的，如孟春之月“其虫鳞”“其音角”“律中大蔟”“其数八”“其味酸”“其臭膻”“其祀户”“祭先脾”等，以及东风吹起，大地解冻，蛰虫开始苏醒，鱼从深水向上游至冰层下，水獭将捕到的鱼如祭祀般摆放在岸边，鸿雁从南方飞来等物候特征。有按照异常气候对事物的影响归类的，古代学者多认为孟春“行夏令”“行秋令”“行冬令”之类是施行政令不合时节，现在看来，或许是气候异常所致时令不合时节，如孟春时节，如果气温较常年偏高，如同施行夏季时令，就会导致雨水不时，草木早早凋落，国都时常发生惊恐之事；如果气温较常年偏低，如同施行秋季时令，就会导致民间流行大疫，狂风暴雨常至，各种野草都很茂盛；如果气温较常年过低，如同施行冬季时令，就会水涝成灾，雪霜大至，最先播种的庄稼歉收。

《月令》从五行体系推演开来，天子按照每月月令安排衣食住行，施行政事。这其中有顺应自然的成分，如：孟春之月，天子居住在东向明堂的左侧室，食用麦与羊；天子亲自载着耒、耜等农具，诏命布置农事，命令田官住在东郊，督促人们都修治封疆，妥善考察丘陵、坡地、原隰各种土地适宜种植的作物，用五谷种植的知识教导人民，必定亲身施行；祭祀的牺牲（祭品）不许用雌性畜禽，禁止砍伐树木，不许捣毁鸟巢，不许杀害幼虫、已怀胎的母畜、刚出生的小兽、正学飞的幼鸟。不许捕捉小兽，不许掏取鸟卵；不许聚集很多民众，不得修建城郭，要掩埋枯骨尸骸，不可以举兵；不许违背自然变化的规律，不许扰乱人伦仁义的纲纪。有的则属于主观类推，如：孟春之月，天子乘坐饰有鸾凤的大辂，驾驶青色大马，车载青色旗子，身穿青色衣服，佩戴青色玉饰，所用器具纹理粗疏而通达。天子于是斋戒，迎接春天于东郊，在朝中赏赐公卿、诸侯、大夫，命令官员发布德教、宣布和令，实行褒奖，施予恩惠，下及万民，祈求五谷丰登于上天，犒劳酒宴，于是修正祭祀法典，下令祭祀山林川泽等，这些政事可根据实际情况做出时间安排，不一定非得施行于孟春之月。

《月令》的主要观点有五个方面。一是认为，四时五行的变化决定人们的生产活动。如“盛德在木”时，“东风解冻”“草木萌动”，人们应该布置农事，“禁止伐木”，不要猎杀幼虫、幼鸟之类；“盛德在火”时，万物都在“继长增高”，人们不可以兴土功，不要砍伐大树，不要大肆田猎；“盛德在金”时，“凉风至，白露降”“鸿雁来”，人们应该及时收获农作物，按时种麦，教民田猎；“盛德在水”时，河水结冰，大地封冻，人们应该筹划春耕事宜，修理农具，砍伐树木、制取竹箭。二是认为，人的日常生活，特别是天子的生活，也应随着四时五行的变化而有所不同。如天子在某一个月，应该住什么样的房间、乘什么样的车辆、驾什么样的马匹、载什么样的旗帜、穿什么样的衣服、佩什么样的饰品、吃什么样的食物、用什么样的器具、祭祀什么、用什么东西祭，都有明确的规定。三是认为，天子施行赏罚应与四时五行同类。如天子的庆赏跟阳气是同类的，最好在阳气盛的时候举行；刑罚跟阴气是同类的，最好在阴气盛的时候举行。四是认为，天子施政措施要合乎天时，这对于自然界有所帮助。如在仲冬之月，可以罢黜官员中闲散无事的，去除器具中没有用途的，涂抹楼阙庭院、城门与里门，修筑监狱，人们要把各种东西收藏起来，减少活动，以“助天地之闭藏”。五是认为，异常气候会引发自然灾害。如果春季“行夏令”“行秋令”“行冬令”，夏、秋、冬三季亦然，四时不按照时令运行，则会出现气候异常变化，引发事物异常变化，招致灾害。总起来看，《月令》通过对四时季节的变化和农业生产知识的总结，丰富和发展了阴阳五行的学说，标志着阴阳五行学说发展到了一个新的阶段。

（2）《礼记·礼运》所说五行

《礼记·礼运》认为，人是天地孕育的盛德、阴阳二气的交集，是如鬼神一般神秘未知力量的会合，是五行的顶端，所以，天空秉持阳气，垂照日和星之光；大地秉持阴气，开窍于山陵川河。播散五行于四时，日、月、地协和而后产生月相变化。因此，三个五共十五日而月相盈满，三个五共十五日而月相亏缺。五行的运行，相互更迭于衰竭之时。五行、四时、十二月，循环往复，互为根本。五声、六律、十二管，循环往复，互为宫声。五味、六和、十二食，循环往复，互为质地之味。五色、六章、十二衣，循环往复，互为质地之色。因此，人是天地的中心、五行的顶端，依靠饮食五味、辨别五声、穿着五色而得以生存。因此，圣人制定法则，必定以天地作为根本，以阴阳作为端序，以四时作为权柄，以五行作为本质。

以五行作为本质，因此，事物可以循环往复。这里，有五方面意义值得关注：其一，人为“五行之秀气”。所谓“天地之德”与“天地之心”意思相同，“五行之秀气”与“五行之端”意思相同，均讲同万物相比，唯人得五行之全体。其二，“播五行于四时，和而后月生也”。播散五行于四时，然后产生十二月。其三，“五行之动，迭相竭也”。五行在年周期中的运行，相互更迭于衰竭之时。其四，“五行、四时、十二月，还相为本也”。五行、四时、十二月，均是循环往复，互为根本。其五，“五行以为质，故事可复也”。五行作为事物的本质，因此，事物可以循环往复。

3.《尚书大传》之《洪范五行传》

《尚书大传》，旧本题西汉初年伏生撰，实际上可能出自其弟子，即张生和欧阳生诸人之手。《钦定四库全书总目提要·书类二》说其“又特撰大义，因《经》属指，名之曰《传》”。因其又特别撰写大义，根据《经》作释文，故名为《大传》。全书仅《洪范五行传》首尾完备。《洪范五行传》推演《尚书·洪范》“五行”“五事”与灾异的联系，虚构了一套五行系统。《钦定四库全书总目提要·书类二》评其中《洪范五行传》说：“其第三卷为《洪范五行传》，首尾完具。汉代纬候之说，实由是起。然《月令》先有是义，今列为经，不必以董仲舒、刘向、京房推说事应，穿凿支离归咎于胜之创始。”认为《尚书大传》第三卷为《洪范五行传》，首尾完备，汉代谶纬之学实际由此篇而兴起，然而《礼记·月令》先有这种意义，现在《礼记·月令》被列为经典，不必以为董仲舒、刘向、京房推演灾异、述说事物征应，实际上“穿凿支离”应归于伏生的创始。

4.《淮南子》五行说

《淮南子》，又名《淮南鸿烈》《刘安子》，是西汉皇族淮南王刘安主持，召集门客集体编写的一部著作。其五行思想散见于《原道训》《精神训》《泰族训》《本经训》《天文训》《地形训》《诠言训》《时则训》诸篇中。

（1）五行所指

《淮南子》对五行具体所指，约有两说。

首先，五行为气。《淮南子》认为五行是气。《淮南子·原道训》说："泰古二皇"即中国远古时代的伏羲、神农，他们掌握了"道"的根本，立身于天地中央，其精神活动与自然造化相互交流，以此安抚天下四方。因此，"其德优天地而和阴阳，节四时而调五行"。其德性可以优化天地而协和阴阳，可以节制四时而调和五行。《淮南子·精神训》说：天人相互适应，相互协调，"天有四时五行九解三百六十六日，人亦有四支五藏九窍三百六十六节"。天有四时、五行、九解、三百六十六日，人体也有四肢、五脏、九窍、三百六十六气穴。这里说"节四时而调五行""天有四时五行"，四时是一年四季的农时，五行与四时联系起来讲，五行也应该指"气"。《淮南子·泰族训》更明确说："五行异气而皆适调。"指出五行虽是不同气而都能够适当协调。

其次，五行为材。《淮南子》还认为五行是材。《淮南子·本经训》说："夫天地之生财也，本不过五。圣人节五行，则治不荒。"古代"材"通"财"，意为财物。天地所产生的财物，本来不超过五数。圣明的人节制五行，则社会治理就不会物资严重缺乏。《淮南子·地形训》认为，音乐有五声，宫声为五声之主；颜色有五色，黄色为五色之主；味道有五变，甘味为五味之主；方位有五材，土为五材之主。又认为以水调和土，以土调和火，以火熔化金，以金治理木，以木反制土。五行之间相互制约，所以制成器具便于民用。这里明确提到“位有五材”，但其含义应是五材（木、火、土、金、水）配合五方（东、南、中、西、北），土居中央，为五材之主。

（2）五行相生相胜

《淮南子》认为五行具有相生相胜关系，水生木、木生火、火生土、土生金、金生水，木胜土、土胜水、水胜火、火胜金、金胜木，并认为这是某些自然事物在特定季节生死的原因，如禾于春季发生，秋季枯死；菽（豆）于夏季发生，冬季枯死；麦于秋季发生，夏季枯死；养（一说为“荠”，指荠菜）于冬季发生，中夏（即长夏）枯死。

《淮南子》认为不同时间中，五行具有生、壮、死不同状态，并与地支配合。《淮南子·天文训》说：五行木生于亥，壮于卯，死于未，亥、卯、未这三辰皆属木；火生于寅，壮于午，死于戌，寅、午、戌这三辰皆属火；土生于午，壮于戌，死于寅，午、戌、寅这三辰皆属土；金生于巳，壮于酉，死于丑，巳、酉、丑这三辰皆属金；水生于申，壮于子，死于辰，申、子、辰这三辰皆属水。

《淮南子》认为同一时间内，五行具有壮、老、生、囚、死不同状态。《淮南子·地形训》按照五行相生相胜的关系，认为五行虽同时并存，而有壮、老、生、囚、死之不同。木壮，则水老、火生、金囚、土死；火壮，则木老、土生、水囚、金死；土壮，则火老、金生、木囚、水死；金壮，则土老、水生、火囚、木死；水壮，则金老、木生、土囚、火死。

（3）四时时则

《淮南子》提出了一种四时形成的说法。《淮南子·诠言训》说："阳气起于东北，尽于西南；阴气起于西南，尽于东北。阴阳之始，皆调适相似，日长其类，以侵相远，或热焦沙，或寒凝水。"按照《中国哲学史新编》中冯友兰先生的解释，阳气从东北兴起，向南运行，行到东方与木结合，形成春天；行到南方与火结合，形成夏天；行到西南，阳气的作用就尽了。阴气接着从西南兴起，向北运行，行到西方与金结合形成秋天，行到北方与水结合，形成冬天；行到东北，阴气的作用尽了。阳气接着又从东北兴起。这样反复交替运行，便形成了一年四季的变化。阴阳二气刚开始的时候，都协调适宜、状态相似，随着时日延长，阳气经东方木至南方火，阴气经西方金至北方水，日日增长其同类的力量，以至渐渐相去很远，或者炎热能使沙变焦，或者寒冷能使水凝结。这是用阴阳二气的消长来说明四时形成，后来成为一般的说法。

《淮南子》提出十二月的"时则"。《淮南子·天文训》说："帝张四维，运之以斗，月徙一辰，复反其所。正月指寅，十二月指丑，一岁而匝，终而复始。"认为北斗七星斗柄每月迁徙一辰，循环往复，正月斗柄指寅，二月斗柄指卯，至十二月斗柄指丑，一岁而周匝，终而复始。《淮南子·时则训》首先将十二月与地支相互配合，认为孟春之月招摇指寅，招摇在北斗杓的尖端，泛指北斗七星，是说孟春之月配合寅。余月据此类推，则：仲春之月配合卯，季春之月配合辰，孟夏之月配合巳，仲夏之月配合午，季夏之月配合未，孟秋之月配合申，仲秋之月配合酉，季秋之月配合戌，孟冬之月配合亥，仲冬之月配合子，季冬之月配合丑。并且，孟春之月曰"盛德在木"，孟夏之月曰"盛德在火"，季夏之月曰"盛德在土"，孟秋之月曰“盛德在金”，孟冬之月曰“盛德在水”，将五时与五行对应起来。《淮南子》还按照五行学说，将天文、方位、中星、天干、五虫、五音、六律、其数、五味、祭祀，乃至天子穿衣、乘车、服饰、旗帜、饮食、兵器、用畜，以及相应的政事、相违的灾异等，都进行了详细说明，有些符合自然规律，有些则纯属臆造。

（4）五星五官

《淮南子》记载了许多类别的五行配合，如《天文训》：“甲乙寅卯，木也；丙丁巳午，火也；戊己四季，土也；庚辛申酉，金也；壬癸亥子，水也。”兹不细述，仅举天文、人事各一例，以窥其貌。

《淮南子·天文训》阐述了何谓五星。东方属于木，其帝为太皞，其辅佐为句芒，执掌规而治理春，其神为岁星，其兽为苍龙，其音为角，其日为甲乙。南方属于火，其帝为炎帝，其辅佐为朱明，执掌衡而治理夏，其神为荧惑，其兽为朱鸟，其音为徵，其日为丙丁。中央属于土，其帝为黄帝，其辅佐为后土，执掌绳而制约四方，其神为镇星，其兽为黄龙，其音为宫，其日为戊己。西方属于金，其帝为少昊，其辅佐为蓐收，执掌矩而治理秋，其神为太白，其兽为白虎，其音为商，其日为庚辛。北方，水也，其帝为颛顼，其辅佐为玄冥，执掌权而治理冬，其神为辰星，其兽为玄武，其音为羽，其日为壬癸。这是按照五行学说，将五帝、五佐、五量、四时、五星、其兽、五音、天干等归类纳入五行体系之中。《天文训》指出五行与五星配合关系是：木为岁星，火为荧惑，土为镇星，金为太白，水为辰星；但又将五星称为“其神”，似乎指五大行星主管春、夏、秋、冬四时，或者说四时与五大行星的运行有一定关联。

《淮南子·天文训》指出，东方为田官，南方为司马，西方为大理，北方为司空，中央为都官。细究其理，不过由五行按照归类法则类比推演，称之“五官效法五行”尚可，称之“五行推及五官”则牵强。

5. 董仲舒五行说

西汉董仲舒所撰《春秋繁露》中，标题含“五行”的篇目有《五行对》《五行之义》《五行相生》《五行相胜》《五行逆顺》《治水五行》《治乱五行》《五行变救》《五行五事》，以上九篇，皆论五行。

董仲舒认为，天是万物的最高主宰，但天主宰万物的作用是通过阴阳和五行之气而表现出来的。他在《春秋繁露·五行相生》中说，自然界有天气、有地气，天地之气结合起来成为一个统一的系统，系统的运动变化“分为阴阳，判为四时”，排列出来就是五行。《春秋繁露·天地阴阳》又说：“天意难见也，其道难理，是故明阳阴入出、实虚之处，所以观天之志。辨五行之本末、顺逆、小大、广狭，所以观天道也。”这是说，天的意志难以被显现，天的道理难以被理清，因此明确阴阳之气入出、实虚的位置，可以用来观察天的意志；辨别五行的本末、顺逆、小大、广狭，可以用来观察天的道理。阴阳和五行之气，都是用来体现天志、天道的途径。按照这种说法，阴阳五行就是气，在阴阳五行之气之上还有一个“天”，这个天是“气”之上的主宰，因其“难见”“难理”，只能通过阴阳、五行体现出来。

董仲舒认为，元为万物之本，在天地之前。

《春秋》的第一句话是：“元年，春，王正月。”这是鲁国国史对于鲁隐公即位的记载。本来就是一种照例的记载，但是董仲舒等公羊家认为，“元”字大有深意。归纳董仲舒本人及后世公羊家的解释，“元”字约有如下三种意义。

其一，据《汉书·董仲舒传》记载，董仲舒在对策中说："臣谨案《春秋》谓一元之意，一者万物之所从始也，元者辞之所谓大也。谓一为元者，视大始而欲正本也。"《春秋》称"一"为"元"的意义，"一"是万物所从兹开始的数量，"元"是文辞中所谓"大"，称"一"为"元"，是重视事物最大的开始而想要端正它的根本。这说明，元年的意思是第一年，《春秋》所以不书"一年"而书"元年"，是因为重视事物的开始，要在开始时就端正它的根本。

其二，《春秋繁露·玉英》说："是以《春秋》变一谓之元，元犹原也，其义以随天地终始也。……故元者，为万物之本，而人之元在焉。安在乎？乃在乎天地之前。"因此，《春秋》改变"一"谓之"元"，"元"犹如本原，它的意义是随同天地终始。因此，元是万物的根本，而人的元就在于此。在哪里呢？就在于天地产生之前。照这种解释，元不仅是事物的开始，而且是事物所据以开始的东西，存在于天地之前。那这又是什么呢？据汉代何休注、唐代徐彦疏《春秋公羊传注疏·隐公卷一》，何休在此句的"注"译解出来即："改变'一'成为'元'，元是气，没有形体以兴起，具有形体以分别，造化出天地，是天地的开始。"徐彦在此句的"疏"译解出来即："解云：《春秋说》说：'元是开端。气的源泉。'注云：'元为气的开始，如同水之有源泉，泉水流动的起源，没有形体以兴起，具有形体以分别，窥察它而看不见，闻听它而听不到。'然而如此，有形与无形，皆产生于元气而来，因此说'造化出天地，是天地的开始'。"这是把"元"解释成"气"或"元气"。当然，这种解释主要是依据后来公羊学家的说法，在董仲舒的著作中没有直接的材料可以证明。

其三，《春秋繁露·玉英》又说："故人虽生天气，及奉天气者，不得与天元本、天元命而共，违其所为也。”认为人虽然产生于天气，及至遵奉天气的君主，不得与“天元本”（天元之根本）、“天元命”（天元之赋命）而混为一谈，以为包括普通人和君主在内的人能够违背天元的作为。这里，“天元”二字联用，“天”指天空，天空非真空，有气充盈其间，因此，天应指天气，则“天元”应指“天之始”或“天气之始”，那么，作为“气之始”的“元”就意指宇宙自然的能量之源，这是不可违背的。

董仲舒采纳了战国以来的阴阳五行学说并加以改造，构建了一个世界图式。这个世界图式由四个层级构成：最高层级是人格之天，第二层级是自然之天，第三层级是生物的人，第四层级是人间社会。人格之天，是具有意志的天，这个“天”具有主宰性、意志性、目的性。但人格之天是虚构的，不可能对自然界和人类社会真正发挥作用，必须借助自然之天。自然之天由十大因素构成，称为“十端”。《春秋繁露·官制象天》说：天有十端，达到十端就不再增加了（因为天数以十为极限），天为一端，地为一端，阴为一端，阳为一端，火为一端，金为一端，木为一端，水为一端，土为一端，人为一端，共有十端而完毕，这是天之数。天之十端并不是平列的，而是具有层级的。这段话将十端的层级讲得非常清楚。首先是天与地，其次为阴与阳，再次为五行，最后为人。其中，四时是五行运行的时间架构，所以不列入其中。无论是生物的人还是社会的人，都需要遵从天地自然的规律，其尊卑等级和伦常制度更是天的阴阳五行在人世间的推演，因此，人列于最后。在这个世界图式中，五行运行次序是“天次之序”。《春秋繁露·五行之义》说：天有五行，按照一木、二火、三土、四金、五水的次序运行，木为五行的开始，水为五行的终结，土为五行的中央，这是自然界年周期运行中五行的次序，五行相生相胜是自然规律。《春秋繁露·五行对》中提出了五行相生的顺序与四季的关系，《春秋繁露·五行相生》中又说，按照“天次之序”相比邻的五行相生、相间隔的五行相克。在这个世界图式中，天人相通，不仅人的情感、意志、行为要遵循五行运行的规律，社会的官职、祭祀、治政、制度等也都需要遵从五行运行的规律。但其实质，如他在《春秋繁露·阴阳义》中所说“以类合之，天人一也”，则纯粹出于“天人同类”的类比思维，缺乏依据。

6. 刘向、刘歆五行说

刘向与其子刘歆都是西汉末年的大学者。刘向著有《洪范五行传论》，刘歆著有《五行传》。

《汉书·楚元王传》记载：刘向，字子政，本名更生。汉成帝时，成帝的大舅阳平侯王凤为大将军，把持朝政，倚靠太后，专掌国家权力，兄弟七人都封为列侯。当时有数次大的异象，刘向认为这是外戚尊贵强盛、王凤兄弟用事的祸咎，而这时汉成帝正在研读《诗经》《书经》，观看古代的典籍文字，下诏让刘向领衔校勘宫禁之内收藏的《五经》秘书。刘向见到《尚书·洪范》，里面记载箕子为周武王陈述五行阴阳吉凶祸福的征应，于是搜集上古以来，历经春秋战国，以至秦汉有关符瑞（吉祥征兆）、灾异（反常灾祸）的记录，推究事情的经过，附加对祸福的解释，昭明其占卜的应验，按照类别进行排列，各有按内容分列的细目，共有十一篇，号为《洪范五行传论》，上奏给汉成帝。刘向所作《洪范五行传论》，在《汉书·艺文志》记载为“刘向《五行传记》十一卷”。刘向作这部书的目的，是警诫汉成帝，让他不要过于信任王凤兄弟，这是有为而发的议论。《洪范五行传论》，把人们可能犯的政治方面的错误分成许多类，又把自然界可能发生的灾异分成许多类，然后把这两类现象联系起来，主观上认为如果自然界出现了某类灾异，那就是由于政治方面出现了某类错误，他还把从上古以来，历经春秋战国至秦汉，历史上所记载的灾异和当时政治方面的错误联系起来，作为对照，以证明其说法的正确。刘向的《洪范五行传论》，把本来不相关的事物硬拉扯在一起，臆想出种种联系，从而成为汉朝“天人感应”思想的百科全书。

刘向有三子，最小的儿子刘歆最为知名。据《汉书·五行志》所说，刘歆的《五行传》，跟刘向的《五行传》又颇为不同。但是按照《汉书·五行志》的有关记载，这些不同似乎都是细节方面的不同，并不是原则性的不同，刘歆也是宣扬“天人感应”的。

《汉书·五行志》收录了刘向《洪范五行传论》和刘歆《五行传》的主要内容。《五行志》中有“经曰”“传曰”“说曰”，又有“刘向以为”“刘歆以为”。“经曰”是《洪范》原文，“传曰”是汉初经学家伏生所作《洪范五行传》，“说曰”是当时“博士”的解释，“刘向以为”就是刘向所作《洪范五行传论》的主要内容，“刘歆以为”则是其子刘歆所作《五行传》的推论比附。

7. 扬雄《太玄经》五行说

西汉扬雄的五行思想主要体现在《太玄经》中。

扬雄为五行及其生数和成数，规定了时间和方位。五行为木、金、火、水、土，五行生数为一、二、三、四、五，五行成数为六、七、八、九、十，《太玄经·玄数》将十数分为五对，每对与五行、方位、四时相配合，即：三八为木，为东方，为春；四九为金，为西方，为秋；二七为火，为南方，为夏；一六为水，为北方，为冬；五五为土，为中央，为四维。并在《太玄经·玄图》中编为歌诀：“一与六共宗，二与七共朋，三与八成友，四与九同道，五与五相守。”这可能就是后来宋代刘牧所谓《洛书》、朱熹所谓《河图》的早期来源。

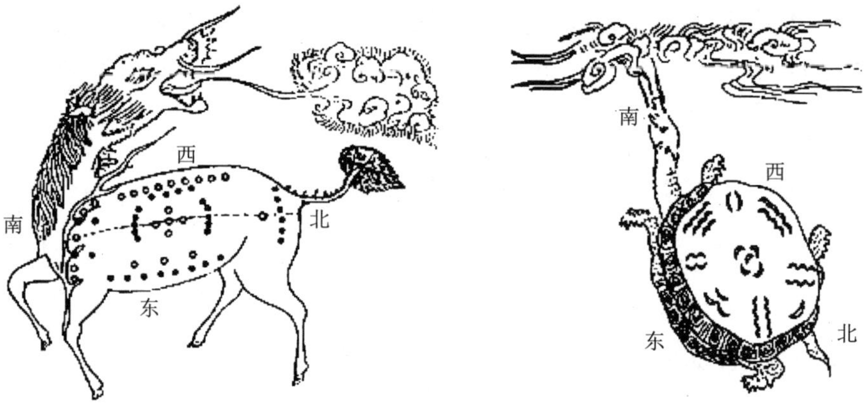

河图洛书

《太玄经·玄告》说：“五行迭王，四时不俱壮。……南北定位，东西通气，万物错离乎其中。玄一德而作五生，一刑而作五克。五生不相殄，五克不相逆。不相殄乃能相继也，不相逆乃能相治也。相继则父子之道也，相治则君臣之道也。”这段话是说，五行在年周期中更迭用事为王，在四时并不全部壮盛，是有盛衰变化的。南北确定位置，东西通达气息，万物错综于其中。“玄”的一种德而形成五行相生，“玄”的一种刑而形成五行相克。五行相生而不相互断绝，五行相克而不相互违逆。不相断绝于是能够相互继续，不相违逆于是能够相互治理。相互继续则相当于人伦中的父子之道，相互治理则相当于人伦中的君臣之道。按照五行生克的说法，《太玄经·玄数》又明确了同一季节内五行的王相关系，他说：“五行用事者王，王所生相，故王废，胜王囚，王所胜死。”五行中每时（季节）用事当令的一行为王，王所生的一行为相，故（意为“旧”）王的一行为废，克胜王的一行为囚，王所胜的一行为死。这些说法是用人事来比拟五行之间的关系，将五行伦理化，仅仅当作一个比方似乎没有错，如果将其作为五行体系的内容，则缺乏五行和人事的必然联系作为依据。

《太玄经·玄数》说：“子午之数九，丑未八，寅申七，卯酉六，辰戌五，巳亥四。”又说：“甲己之数九，乙庚八，丙辛七，丁壬六，戊癸五。”但为什么这样配置？扬雄在《太玄经》中并没有给予解释。萧吉在《五行大义》中作了一种解释，可参考拙著《〈五行大义〉白话全解》。

《太玄经·玄棿》说：“天地作函，日月固明，五行该丑。”“丑”意为类、相同。这句话是说，天覆于上，地载于下，天地如同一个大盒子，日月在其中固然常明，五行包括了其中全部事物的类别。所以，《太玄经·玄数》按照“三八为木……四九为金……二七为火……一六为水……五五为土”五行相克的次序，将万事万物都归类于五行，但他并没有解释为什么如此归类。

8.《白虎通义》五行说

先看《白虎通义》的由来。东汉建初四年（79 年），为了减省当时经学中的“章句烦多”，汉章帝在白虎观亲自召集主持了一个会议，“讲议五经同异”，称为白虎观会议。参加会议的有许多官员、诸儒和诸生，历时数月，形成了两个文件，即《白虎议奏》和《白虎通义》。《白虎议奏》记录当时会议讨论发言的情况，已经失传。《白虎通义》，又名《白虎通德论》，或简称为《白虎通》，是汉章帝命班固编辑整理他对《白虎议奏》所做裁决的定论。《白虎通》继承和发展了董仲舒的天人感应论，直接引用纬书的文字作为立论的根据，使经学进一步神学化。其五行思想集中体现在《白虎通义·五行》中。

《白虎通义·五行》说："五行者，何谓也？谓金、木、水、火、土也。言行者，欲言为天行气之义也。"五行具体说什么？说的是金、木、水、火、土。说"行"，是想说五行为天运行气的意义。这说明，五行"为天行气"。"天"是什么？《白虎通义·天地》说："天"的意思是镇，居于高位，治理下界，起到为人事之常镇的作用。其实，这并没有讲清天到底是什么？其后文继续说"太初""太始""太素"等概念，亦不易解，但《白虎通义·天地》说："混沌相连，视之不见，听之不闻，然后剖判清浊。既分，精出曜布，度物施生。精者为三光，号者为五行。"在模糊一团的混沌之时，天地相连，融为一体，视之不见，听之不闻，混沌开辟，分为清浊，既分清浊，则精曜开始发挥作用，度量万物的情况，施予生命能量，精华部分称为日、月、星三光，称号为五行。这里值得玩味的是"度物施生"之前，所谓"精出曜布"的"精"，如果从下文"精者为三光"看，"精"应指光，所谓"曜"本义是日光，如此看来，五行应指太阳光，所谓"为天行气"就是为天之气"运行"太阳光能而已。

《白虎通义·五行》分七章论述：总论五行、五行之性、五味五臭五方、阴阳盛衰、十二律、五行更王相生相胜变化之义、人事取法五行。"总论五行"主要讲五行总的含义、各自的含义；"五行之性"主要讲五行的性能；"五味五臭五方"主要讲五行与五味、五臭、五方配合的理由；"阴阳盛衰"主要讲年周期中阴阳之气的盛衰变化；“十二律”主要讲五行与十二律、十二支的配合；“五行更王相生相胜变化之义”主要讲五行更王（即王、相、死、囚、休）、五行相生、五行相胜的理由。

关于人事取法五行，这里具体介绍一下。“人事取法五行”主要讲人事怎么取法于五行，所涉及人事繁多，如“天子所以内明而外昧，人所以外明而内昧何”“行有五、时有四何”“子不肯禅何法”“父死子继何法”“男不离父母何法”“女离父母何法”“娶妻亲迎何法”“臣谏君何法”“子谏父何法”“臣谏君不从则去，何法”“人目所不更照何法”“王者监二王之后何法”“明王先赏后罚何法”，几乎遍及社会生活的各个方面。其取法内容非常具体，仅举数例。如：“行有五、时有四何”，是取法四时为时间、时序，五行为节制、节令，因此，木王就称为春时，金王就称为秋时，土尊贵，不担任具体职务，君主也尊贵，不任职于部门，因此，时序有四；“男不离父母何法”，是取法五行木能生火，火不离木，因此，男子和父母终生合居；“女离父母何法”，是取法五行金能生水，水流去远离金，因此，女子会嫁去别家，离开父母；“娶妻亲迎何法”，是取法太阳到黄昏时由天上“落”于地下，天空在上为阳，大地在下为阴，因此，男子娶妻要去女方家迎亲；“臣谏君不从则去，何法”，是取法五行水性润下，向下即达于土，土不受水之润泽，则离土而去，因此，《礼记·曲礼》说“为人臣者，三谏而不听则去”；“人有五藏六府何法”，是指人体内有五脏，取法五行数五，内有六府，取法十二支可组成六合；“人目何法”，是取法天空有日月照明，日照亮白昼，月照亮黑夜，因此，人有双目视物，取法日月；“人目所不更照何法”，是取法天空中太阳更替用事，有昼夜之分，人目乍视乍瞑，如同昼夜。再如《白虎通义·爵》说：“爵有五等，以法五行也。”《白虎通义·五祀》说：“祭五祀所以岁一遍何？顺五行也。”《白虎通义·五刑》说：“刑所以五何？法五行也。”认为爵禄有五等、祭祀有五祀、刑法有五刑，都是取法五行之数有五。从上述分析可以看出，君臣、父子、兄弟、夫妇、朋友五种人伦关系中遇到的各种事务，都要效法五行以确立怎么做的规则，可以说，人间万事，从生到死，事事都要遵循五行，都要从五行中寻找答案，五行成为人们行为合理性的准则。这就使国家治理中所实行的各种制度和法令具有了不能违抗的神圣意义和永恒性质，对人们的思想具有极强的束缚性。

9.《人物志》五行说

汉朝末年三国时期的思想家刘劭的五行思想见于《人物志》中。

刘劭《人物志·九征》认为，人之所以成为有才能的人，出自他的情感和本性。但人的情感和本性非常微妙而玄奥，怎么才能观察出来呢？《人物志·九征》说：“凡有血气者，莫不含元一以为质，禀阴阳以立性，体五行而著形。苟有形质，犹可即而求之。”凡是有血气的生命之物，没有不包含元一以作为质地，禀受阴阳以确立性能，“体五行而著形”，即体现五行而著明形式。如果具有形式和质地，就可以从它上面而进行探求。

人有五物、五性、五德。刘劭在《人物志·九征》中认为，如果要衡量人体材质的优劣，就需要稽考人体五物，五物就是五行，这五物的特征在人的身体各部分中体现出来，“木骨、金筋、火气、土肌、水血”即木体现为骨，金体现为筋，火体现为气，土体现为肌，水体现为血，这就是五物的形象。人体骨、筋、气、肌、血五物具有恒常不变的特性，《人物志·九征》说：骨骼有弘毅的特性，气息有文理的特性，肌体有贞固的特性，筋有勇敢的特性，血色有通微的特性，这些特性恒常不变就是五常，即：弘毅为仁，文理为礼，贞固为信，勇敢为义，通微为智。五常分别为五行，就是五德。《人物志·九征》说：温直而扰毅是木之德，刚塞而弘毅是金之德，愿恭而理敬是水之德，宽栗而柔立是土之德，简畅而明砭是火之德。在论述了五常和五行的关系之后，刘劭在《人物志·九征》中总结说：人的品质、性格、才能在人身上的体现，虽然有很多的变化，但是都依赖于五行的质地。人所具有的刚柔、明畅、坚贞这些特征，是会通过容貌、声音、颜色和情味表现出来的。这就为观察和发现人才找到了理论依据和实践的切入点。

（四）唐宋时期的五行学说

唐宋时期，五行学说一方面得到了继承和发展，另一方面也受到了批判和质疑。

1. 柳宗元对《月令》的批评

唐代著名的文学家和唯物主义哲学家柳宗元的五行思想主要体现在《时令论》对《月令》的批判中。《时令论》有上下两篇，载于《柳河东集卷三·论》。《时令论》关于《礼记·月令》内容的分析，揭示了柳宗元批判《礼记·月令》的基本思路，即天人相分。从天时角度讲，《月令》所讲每年有十二个月，每月有六种物候，一年共计七十二候，用来迎接太阳的南北回归运动，推步四时气候变化，以遵循寒暑更替的次序。七十二候的候应有三类，一类为植物候，如植物的萌芽、开花、结实等；一类为动物候，如动物的始振、始鸣、交配、迁徙等；一类为自然景观候，如自然界的水始冰、地始冻、东风解冻、雷乃发声等。根据这些植物、动物、非生物的候应，就可以预知春、夏、秋、冬四时天气节令的变化，对应每种变化，人们在生产、特别是农业生产方面，应该预先准备些什么，这是正确的，是合乎圣人之道的。从人事角度来讲，圣人之道，不穷究奇异之事以表示神秘，不凭借上天意志以表示高贵，它所讲的，仅只是于人有利、于事有备，如此罢了。这就说明，《礼记·月令》所讲的，用国君的貌、言、视、听、思这五事，配合水、火、木、金、土五行，以此来决定国家在政治上的措施和号令，这就离圣人之道不远了。

2.《太极图说》说五行

北宋周敦颐的五行思想尤其体现于《太极图说》一篇中。

（1）无极而太极

《太极图说》开篇说："无极而太极。"此语，人们大多从宇宙论解读，但如果从系统论讲起，似乎更合理。太极是一个原始的阴阳统一体，是一个系统，所谓"极"的意思是中。"中"即中心，这个中心可以是实体的、也可以是虚拟的，各要素围绕这个中心形成一个系统、一个统一体。系统未形成之前，其各要素处于散乱、无序状态，这就是无极；系统形成之后，其各要素处于整体、有序状态，这就是太极。

（2）阴阳生五行

《太极图说》说："太极动而生阳，动极而静，静而生阴。"太极作为一个系统，运动就产生阳性，运动至极，能量消耗完毕而转化为静止，静止就产生阴性。《太极图说》又说："阳变阴合，而生水、火、木、金、土。五气顺布，四时行焉。"阳性所主导的变化，加上阴性的配合，就产生水、火、木、金、土五种能量运行形态，五种形态在年周期中顺次排布，就形成四时季节的变化。从这个系统运行过程逆推之，则是《太极图说》所谓"五行一阴阳也，阴阳一太极也。太极本无极也"。正因为"五行是一个阴阳"，所以阴、阳二气交互感应，而化育生成万物。

（3）人得五行秀气而最灵

《太极图说》说："二气交感，化生万物。"阴阳二气交互感应，化育生成万物。因为"五行是一个阴阳"，所以《太极图说》又说："五行之生也，各一其性。"五行所产生的万物，各自的性能与其所禀受的五行本性是一致的。但人有所不同。《太极图说》说："唯人也得其秀而最灵。形既生矣，神发知矣，五性感动而善恶分，万事出矣。圣人定之以中正仁义而主静，立人极焉。"这就是说，唯有人是得到五行的优秀材料而产生的，是万物之中最有智识的。人的身体既然已经生成了，精神活动就发生了，就有知识了。由所禀受的五行本性形成的五种品性相互感应，而善恶等道德行为就区分开来，人间万事则层出不穷。因此，圣人必须建立一个最高标准，叫作"人极"，这个人极的内容就是"中正仁义"，而以"静"为主导。

3. 李觏说五行

宋代李觏的五行思想主要反映在《删定易图序论》之中，包括六篇论文，载于《盱江集·卷四》，本来是他批驳当时流行的刘牧《易数钩隐图》的，但其中有些五行思想值得重视。

（1）阴阳合而生五行

《删定易图序论·论一》认为，太极作为一个系统，从空间构成上分为天和地，天因为属阳而高居于上，地因为属阴而卑居于下，天气和地气各自亢盛于所处空间，那么五行万物从何产生？天气虽然下降，地气虽然上升，而犹然各居一位，未曾会合，也不能产生五行。“天降阳，地出阴，阴阳合而生五行。此理甚明白”。上天降下阳气，大地升起阴气，阴阳相合而产生五行，这个道理非常明白。

（2）相生未必吉，相克未必凶

《删定易图序论·论六》说：有人问，敢问五行相生则吉，相克则凶，这确实可信吗？李觏说：相生未必吉，相克未必凶。用之得宜，则虽然相克而吉利；用之失宜，则虽然相生而凶咎。从事物的自然属性来看，水克制火，则焚烧之火可以拯救；火克制金，则金属器具可以铸造；金克制木，则房屋木材可以加工；木克制土，则草木萌芽可以出现；土克制水，则漫溢之水可以防止。这就是“用之得其宜，虽相克而吉也”。反之，水滋生木，如果用水浸泡木，木就会腐烂；木滋生火，如果将木放进火中，木就会被焚毁；火滋生土，如果把火加于土，土就会被烧焦；土滋生金，如果用土埋没金，金就会锈蚀；金滋生水，如果将金投入水中，金就会沉没。这就是“用之失其宜，虽相生而凶”。从人类伦理看，父亲之于儿子，能够生养他而不能教育他，则是相生之恩妨害于义；君主之于臣下，能够赏赐他又能够刑罚他，则是相克之威克制了爱。恩妨害义则家庭法度混乱，威克制爱则国家事务修治。李觏因此得出结论说五行“相生未必吉，相克未必凶”。值得注意的是，李觏并不仅将五行生克限于事物的自然属性，也引申到了人类社会事务之中。

4. 王安石说五行

北宋王安石的五行思想主要见于《洪范传》《原性》中。《洪范传》载于《临川文集卷六十五・论议》,《原性》载于《临川文集卷六十八・论议》。

（1）五行起源说

王安石关于五行的起源的说法有两种：一是太极生五行。《原性》中说:“夫太极者，五行之所由生。”太极是五行产生的本原，而五行不是太极。性，是五常的太极，而五常不可以称为“性”。又认为“夫太极生五行”。太极产生五行，然后利与害产生于此，而太极不可以利与害来谈论。这说明，他只是认识到太极产生五行，但对太极究竟指什么，并没有明确的认识。用“性”比拟太极，用“五常”比拟五行，仍没有摆脱将五行伦理化的影响。如果结合《洪范传》关于五行起源的解释，其所理解的太极也可以解释为自然系统。二是天生五行。他在《洪范传》中说:“五行，天所以命万物者也。”“天”就是自然界的天，“命”就是给予，五行是“天”所给予万物的东西。那“天”如何产生五行呢？他认为，“天”通过阴阳产生五行。《洪范传》又说:“北方阴极而生寒，寒生水。南方阳极而生热，热生火……东方阳动以散而生风，风生木。……西方阴止以收而生燥，燥生金。……中央阴阳交而生湿，湿生土。土者，阴阳冲气之所生也。”这是说，北方常常光照不足，阴气至极而产生寒，寒气产生水；南方常常光照充足，阳气至极而产生热，热气产生火；东方常常太阳升起，阳性运动以发散而产生风，风气产生木；西方常常太阳落下，阴性静止以收敛而产生燥，燥气产生金；中央常常冷暖交汇，阴阳二气相互交汇而产生湿，湿气产生土。土是阴阳冲和之气所产生的。

（2）五行为物及其相生相克

《洪范传》说:“盖五行之为物，其时、其位、其材、其气、其性、其形、其事、其情、其色、其声、其臭、其味……其相生也，所以相继也；其相克也，所以相治也。语器也以相治，故序六府以相克；语时也以相继，故序盛德所在以相生。”王安石认为五行具有物质属性，并进一步认为，五行作为物质，可以与时节、方位、材质、气象、性能、形状、人事、情感、色彩、声音、嗅味、味道相互配合。王安石还对五行相生相克的关系进行了论述，他认为，五行相生，所以相互继续；五行相克，所以相互治理。说器物时按照相互治理排序，因此《尚书·大禹谟》《左传·文公七年》排列水、火、金、木、土、谷六府时按照五行相克的次序；说时节时按照相继循环排序，因此《礼记·月令》排列每个季节“盛德所在”时按照五行相生的次序。

（3）五行往来天地之间

《洪范传》说:“五行也者，成变化而行鬼神，往来乎天地之间而不穷者也，是故谓之行。”“鬼神”意指神秘莫测如同鬼神一般。五行，能够形成运动变化而且施行起来神秘莫测，往来运行于天地之间而没有穷尽，因此被称为“行”。

那么，五行具体如何变化呢？王安石认为有五种，即：木变、土化、水因、火革、金从革。《洪范传》说：所谓“木变”，是说木具有“渐变”的性能，如灼烧后而渐变为火、腐烂后而渐变为土；所谓“土化”，是说土具有“化新”的性能，如能干燥，能湿润，能铺开，能收拢；所谓“水因”，是说水具有“因依”的性能，如因依甜味的东西而甜，因依苦味的东西而苦，因依苍色的东西而苍，因依白色的东西而白；所谓“火革”，是说火具有“改革”的性能，如改革生的东西成为熟的，改革柔的东西成为刚的，改革刚的东西成为柔的；所谓“金从革”，是说金具有“顺从改革”的性能，也就是说经过“火革”以后，金可以成为圆的，也可以成为方的、平的、直的、弯的，等等。金，是纯粹的阴性物质的精华，因此，它不能自己化新。

王安石认为，大概天地运用五行生化万物，就是靠的这五种变化，水能够施予万物，火能够改变万物，木能够使万物生长，金能够成就万物，土能够中和万物。用柔弱来施予、生长，用刚强来变化、成就，因此，木挠曲而水软弱，金坚固而火悍猛，悍猛、坚固而调济以中和，万物因此得以成就，为什么老子学说把柔弱看成事物最终归宿而想要收获成就万物的功绩呢？这就用运动的观点说明了五行的变化乃至万物的生成化育。

（4）道立于两

《洪范传》说：“道立于两，成于三，变于五。”他认为，道是五行运动变化的总规律，道确立于两，形成于三，变化于五。大概五行具有物质性，它所概括的时节、方位、材质、气象、性能、形状、人事、情感、色彩、声音、嗅味、味道等，都各自具有对偶，也就是五行具有对立统一的特征，把这种特征推广而扩散开来，没有什么事物不能通达，比如一个柔弱一个刚强、一个晦暗一个明亮，因此，人们的道德品质就有正气有邪气、有美善有罪恶、有丑陋有良好，万物天赋秉性的道理、人们行为准则规范的意义全都在于此了。对偶之中又有对偶，万物的变化于是至于无穷。

5. 朱熹说五行

南宋朱熹有关五行论述散见于其平生著作之中。

（1）太极不外乎阴阳五行

朱熹《晦庵集·答赵子钦》说："盖太极虽不外乎阴阳五行，而其体亦有不离乎阴阳五行者。"认为太极不外乎阴阳五行，其所存在的形体也不离阴阳五行，这说明太极与阴阳五行是统一的。这一点，朱熹在周敦颐图书的起首，就已经揭示表明出来了。《朱子语类·太极图》说："所谓太极者，只二气五行之理，非别有物为太极也。"所谓太极，只是阴阳二气、五行之理，并非别有事物作为太极。

（2）阴阳生五行

朱熹在解释《太极图》"阳变阴合而生水、火、木、金、土"时说："阴阳，气也，生此五行之质。"朱熹认为，阴阳的物质形态是气，质是质料，也可以理解为素质、禀性，而阴阳二气的变化、融合可产生五行质料或禀性。就阴阳产生五行的次序而言，水、火为先。《晦庵集·答吕子约》说："阴阳成质，水、火为先，故《洪范》一曰水，二曰火。"阴阳之气产生五行之质，五行按照水一、火二、木三、金四、土五的次序依次形成，这就是"水、火为先"，也即是《尚书·洪范》所说"一曰水、二曰火"的原因。五行既然产生于阴阳，那么，五行就与阴阳是统一的。《四书或问·孟子》说："而五行实一阴阳也。"指出五行实际就是一个阴阳。《四书或问·孟子》又对五行的阴阳作了进一步区分，朱熹说："盖以阴阳五行而言，则木、火皆阳，金、水皆阴，而土无不在。"以阴阳五行而言，则木、火皆属于阳，金、水皆属于阴，而土则是阴阳中和。《晦庵集·答黄商伯》对五行的阴阳分析更为详细，朱熹说："阴阳之为五行，有分而言之者，如木、火阳而金、水阴也；有合而言之者，如木之甲、火之丙、土之戊、金之庚、水之壬，皆阳，而乙、丁、己、辛、癸，皆阴也。以此推之，健顺五常之理可见。”认为阴阳之成为五行，有分开而言的，如木、火为阳而金、水为阴；有综合而言的，如属木的甲、属火的丙、属土的戊、属金的庚、属水的壬，都属于阳，而属木的乙、属火的丁、属土的己、属金的辛、属水的癸，都属于阴。以此类推，则健顺五常的道理由此可见。

（3）天以阴阳五行化生万物

朱熹在《中庸章句集注》注《中庸》首句“天命之谓性”时说：“天以阴阳五行化生万物，气以成形。”是说，天气按照阴阳五行的运行规律化育生成万物，气态能量转化成为形体。《朱子语类·太极图》又说：“天地生物，五行独先。地即是土，土便包含许多金木之类。天地之间，何事而非五行？五行阴阳，七者滚合，便是生物底（同‘的’）材料。”是说，天地产生万物，五行唯独先于万物。大地即是五行中的土，土便包含许多金、木之类。天地之间，有什么事物而不属于五行呢？木、火、土、金、水五行与阴、阳二气，七者滚动相合，便是产生万物的材料。朱熹在他处只是反复申说这一道理，没有其他新的观点。如在《四书或问·大学》《四书或问·孟子》《论语精义·阳货》《晦庵集·答李尧卿》《晦庵集·赠徐端叔命序》《晦庵集·江州重建濂溪先生书堂记》等文中，都只是论述说明天通过阴阳五行的运动变化产生万物，万物充塞于天地之间。

（4）人禀五行之秀以生

《论语精义·雍也》说：“曰：天地储精，得五行之秀者为人。”天地间储藏着精华物质，得到五行秀气的成为人。《孟子精义·孟子曰形色天性也章》引北宋程颢说：“明道曰：唯圣人可以践形者，人生禀五行秀气，头圆足方以肖天地，则形色天性也，唯圣人为能尽人之道。”程颢，字伯淳，又称明道先生，他说，唯有圣明的人可以体现人所天赋的品质，人生来禀受五行秀气，头部圆、足部方以肖形天地，则人的形体和容貌都是天赋的性能，唯有圣明的人能够完全体现做人的道理。

“人之道”是什么呢？就是五常之德。《中庸》开头一句说：“天命之谓性。”朱熹《中庸章句集注》注说：“命，犹令也；性，即理也。天以阴阳五行化生万物，气以成形，而理亦赋焉，犹命令也。于是人物之生，因各得其所赋之理，以为健顺五常之德，所谓性也。”天即天之气，天之气按照阴阳五行之理化育生成万物，而阴阳五行之理也便赋予万物，这就如同上天的命令。人与物都具有自然属性，人和物的产生，因而各自得到自然所赋予的阴阳五行之理，以此成为健顺五常之德，这就是所谓“性能”。《晦庵集·答汪清卿》则直接说：“所喻五常，即是五行之性。”所说五常，就是五行的性能。

这种五行的性能如何在人身上体现为五常呢？《四书或问·论语》说：人禀受五行秀气而产生，因此，他的心，未发动时则具有仁、义、礼、智、信的性能以作为本体，已发动时则具有恻隐、羞恶、恭敬、是非、诚实的情感以作为功用。木的精神称为仁，就是爱的道理，而其发动则为恻隐；火的精神称为礼，就是敬的道理，而其发动则为恭敬；金的精神称为义，就是宜的道理，而其发动则为羞恶；水的精神称为智，就是别的道理，而其发动则为是非；土的精神称为信，就是实有的道理，而其发动则为忠信。这都是自然运行的规律本来如此，人的心灵因此得以巧妙。朱熹进一步突出了五常中信的作用。《四书或问·孟子》说：“盖信之于五常，犹土之于五行也。五行非土不立，而土无定位；五常非信不有，而信非一端。”认为信对于五常而言，如同土之于五行。五行没有土不能成立，而土没有固定的方位；五常没有信不能具有，而信并非拘泥于一个方面。朱熹认为人兼备五常，无有不善。《晦庵集·答黄道夫》说：“五行谓水、火、木、金、土耳，各一其性，则为仁、义、礼、智、信之理，而五行各专其一，人则兼备此性，而无不善。”五行指水、火、木、金、土，它们各自具有一种性能，对人而言就是仁、义、礼、智、信之理，而五行各自专有一种性能，人则兼备五种性能，没有不完善之处。

（5）五行配合之说

《晦庵集·答袁机仲（枢）》说：“夫五行、五常、五方、四时之相配，其为理甚明，而为说甚久，非熹独于今日创为此论也。”朱熹认为，五行、五常、五方、四时的配合，其道理非常明白，作为学说由来已久，并不是他独创。《仪礼集传集注·乐制》还说：“声五音八何？声为本，出于五行。音为末，象八风。”声有五种，音有八种，这是为什么？因为声为根本，出自五行，而音为末节，取象于八风。

（6）三纲取法于五行

三纲，指君臣、父子、夫妇之道，即君为臣纲，父为子纲，夫为妇纲。《仪礼经传通解·学义》说：“所以谓三纲者何？一阴一阳之谓道，阳得阴而成，阴得阳而序，刚柔相配，故人为三纲法天地人。君臣法天，取象日月屈伸，归功也。父子法地，取象五行转相生也。夫妇法人，取象人合阴阳，有施也。”“三纲”所以称为三纲，这是什么原因呢？一阴一阳称为道，阳性得到阴性而成就，阴性得到阳性而序列，刚强与柔弱相互配合，因此，人制定三纲取法天、地、人三才。君臣效法天，取象太阳和月亮屈伸变化，归其功绩于天；父子效法地，取象四时五行轮转相生；夫妇效法人，取象人会合阴阳，有所施予，为化育的开端。这与《白虎通义·三纲六纪》之说相同。

（五）明清时期的五行学说

明清时期，随着近代科学思想的启蒙，对五行学说进行批判和质疑的声音渐多，也有学者尝试结合当时科学知识对五行学说进行传承和发展。

1. 王廷相对五行说的批判

王廷相（1474—1544 年），字子衡，号浚川，明代中期“气学”代表人物，其批判五行的观点主要记载于《雅述·五行篇》《五行辩》等著述中。

（1）五行始于民用

《五行辩》说：“谓此五者流行于天地之中，切于民用，不可一日而缺；治天下国家，其政所宜先者。”认为上古时代讲五行是从“民用”角度开始论述的，木、火、土、金、水五者散布于天地之中，紧密贴合民用，不可一日而缺乏，因此，治理天下国家，其政事所适宜首先考虑，比如整修水利设施是水政，按季节钻木取火是火政，划分田亩是土政，冶炼金属是金政，按季节砍伐木材是木政。

（2）五行难为根本

《五行辩》又说：“且夫天地之初，唯有阴、阳二气而已，阳则化火，阴则化水，水之渣滓便结成地，渣滓成地即土也，金木乃土中所生。”认为天地产生的初期，唯有阴、阳二气罢了，阳气转化为火，阴气则转化为水，水中的渣滓便凝结成大地，渣滓形成大地就是土，金、木是从土中所产生出来的，因此，金、木是不能和水、火、土相配的。从这个意义上讲，五行不能作为一切自然现象和社会现象的根源。

（3）五行假合附会

《五行辩》认为，有人“以五行分配十二支于四时”“以五行配五脏六腑”“以五行名星纬”“以五行论造化生人物”等，这都是“假合附会，迷乱至道”的“怪诞之谈”，都是错误的。《雅述·五行篇》进一步阐述说：有人问，天开辟于子，地开辟于丑，人产生于寅，必须等待一万零八百年，有这种事吗？王廷相说，万物的产生形成固然有一定次序，但其数目哪里会拘泥如此，又哪里会如此整齐，这不是将十二支之序数勉强附会过来吗？地一旦开辟，生物就会产生，如陆地上的草木昆虫，水里面的蛟螭鱼鳖，人也与之俱生。大概元气生化的规律就是如此，哪里能有一万零八百年之久？中国的历史自尧帝至于明，只有三千多年罢了，当时看来都已经很远了。有人说万物一万零八百年才开始产生，有这样的道理吗？

《雅述·五行篇》又说:《礼记·礼运》说，播散五行于四时季节，而后十二月产生，因此，三五十五天而月盈，三五十五天而月缺。王廷相批驳说，月光的产生与月相的盈缺，是由于太阳远近所造成的，与五行的播散有什么关涉呢？按照实际情况来讲，日月往来运动，于是形成春、夏、秋、冬四时，现在说“而后月生”，是认为四时产生月亮，可以吗？“五行家之谬论，类如此”。

《雅述·五行篇》又说：孔颖达说，万物生成形体，以从微小至显著作为渐变次序。五行的先后次序，也以从微小至显著作为次序，因为水最微小所以排为一，火渐渐显著所以排为二。王廷相认为，这是附会《尚书·洪范》的说法。五行的性能，火具有虚气而没有实质，应当排在最先；水有实质而不凝结，排第二；土有形体而不坚固，再次之；金形体坚固而不销烁，应当排在最后。即使是五行生成的先后次序，也不外如此。孔颖达的说法违背事物的实际情况。

2. 方以智说五行

方以智（1611—1671 年），字密之，别号愚者大师，明末清初思想家、哲学家、科学家，其五行思想主要见载于《物理小识》中。

（1）五行可谓二行，二行只是一气

《物理小识·四时五行说》中有一大段话对此进行论述，大约有四层意义：一是，中外关于构成世界的物质元素的说法有所不同。有人问，中国讲五行，西方讲四行。方以智认为，不止别的国家有不同说法，就是中国也有不同说法。宋代邵雍曾经讲“水火土石”而略去“金木”，这是认为大地中藏有水、火，又将柔土、刚土分为土、石。元末明初朱隐老（字子方，号潜峰）撰《皇极经世书说》认为“四为形体，五为功用”，金与石同一形体，说“金”则“石”隐于其中。北宋周敦颐作《太极图说》，尊水、火于上方，次表示中央土，下方乃排列金、木，这是认为金、木是从土中产生出来的。现在所可以作为根据的，是大地的五材，金为土的骨骼，木为土的皮毛。还有《黄帝内经·灵枢·阴阳二十五人》说“六合之内，不离于五”，但既说五运，又分六气，不自相矛盾吗？《礼记·礼运》说“播五行于四时”，这不是用四吗？《周易》说“一阴一阳之谓道”，这不是用二吗？二是，五行是五种气。方以智认为，水为润气，火为燥气，木为生气，金为杀气，因为金为坚气，土为冲和之气，因此称五行。三是，五行可谓水、火二行。方以智认为，五行可以称为水、火二行，也可以称为虚气、实形二者。四是，二行直是一气。方以智认为，虚空中本来就是气，实形也是气所凝结形成，只是一气而水、火二行亦气所凝成者，是一气而二行相互补益罢了。

（2）凡运动皆火之为

在水、火二行中，火更为重要。《物理小识·火》认为，“天气”运行的规律是以阳气为主导，人的身体也是以阳气为主导。阳气统率阴气和阳气，“火运水火”，即火运动水与火。《物理小识·水》又说：“凡运动，皆火之为也。”认为凡是运动都是火的作为，火是一切运动的根源。《物理小识·火》引元代著名医学家朱震亨的话，认为天气经常运动，人的生命经常运动，“皆火之为也”，这都是火的作为。那火具体指什么呢？《物理小识·火》引李时珍的话说：“时珍曰：天之阳火二：太阳真火也，星精飞火也。天之阴火二：石油之火、水中之火也。”认为自然界的阳火有二，即太阳真火、星精飞火；自然界的阴火有二，即石油之火、水中之火。方以智虽然重视火的作用，但他认为火也是属于气的，因此，他的哲学还是气一元论，可以称为“火—气”一元论。

3. 王夫之说五行

王夫之（1619—1692年），字而农，号姜斋，后人称为王船山，明末清初思想家，其五行思想见载于《尚书引义》中。

（1）五行是行于人而修五行之政

王夫之认为，所谓五行，是施行于人民而修治的五种政事。《尚书引义·洪范一》说《洪范》“初一曰五行，行于人而修五行之政”。

五行是指施行于人民而修治五行的政事。“次二曰五事”，是人们所从事而且竭尽五事的才能。没有才能的人扰乱五行而行为招致过失。如果燧人氏不钻木则火不会炎上，如果后稷不播种则土不会稼穑。没有出息的子孙荒弃五事而事业必然废止，眼睛不能辨别善恶称为瞽，耳朵不能知晓取舍称为聩。五事这一畴是以人事效法天道。因此，《尚书引义·洪范一》说：“五行作而五用成。”是说五种政事兴起而五种作用成就。王夫之进一步解释五行、五用、五政的关系，《尚书引义·洪范二》说：“五行者何？行之为言也，用也。天之化行乎人，以阴骘下民，人资其用于天，而王者以行其政者也。”认为五行是指什么呢？行就是说的用。自然造化施行于人，用以默默惠及下民，人们利用自然造化，而王者用以施行政事。

那么，王者施行的五种政事是什么呢？《尚书引义·洪范二》认为，圣人讲“彝伦之叙”，就是所谓“务民之义”，包括“修火政”“导水利”“育林木”“制五金”“勤稼穑”，这就是他所谓五行。做好这五件政事，就可以用美味养育人民，用物质让人们受益，养民的道理实现了，其他各种事务就都可以成就了。因此，《尚书引义·洪范二》说：“故五行者，不可以区天之化，不可以统物之同，天唯行于人，人唯用以行，盖人治之大者也。”五行不可以区分天气的造化，不可以统率事物的同类，天气唯能施行于人，人民唯能利用以行，这大概是执政者治理国家中的大事。《尚书引义·洪范二》又说：王者要恭敬地利用五行，谨慎地修治五事。又说：“因天之化，成人之能，皆五行之用也。”因循自然的变化，成就人们的才能，这都是五行的功用。王夫之认为，《尚书·洪范》“初一曰五行”，其意义全部在于此了。

（2）邪说侮五行

首先是五材说的缺陷。《尚书引义·洪范二》说：金也是土，经过炼制才能成为金属；火隐藏于木中，摩擦可以生热，经过钻木才能得到火。水遇冷凝结成为冰，则坚固相当于金；木材腐烂变成壤，则本来相同于土；这些都不可以区别它们而使之不同。极北之地有坚硬的冰而没有水，大海纯流而没有木，山中没有金属者可以万计而有金属者只占其一，火在无人的区域本来就没有，这些都不可以统率天地之间使之相同。这说明五行作为五种具体物质，既不能截然分开，也不能概括同类。《尚书引义·洪范二》又说：鱼的生命不凭借于土，蚯蚓的生命不凭借于木，蠹鱼（又称白鱼，是衣服、书籍中的一种蛀虫）的生命不凭借于水，凡是鸟兽虫鱼都不凭借于火与金。这说明，金、木、水、火、土五种具体物质不能作为万物的根源，有些事物的生存与五种具体物质无关。

其次是取象比类法的缺陷。《礼记·月令》说："凡举大事，毋逆大数，必顺其时，慎因其类。"这是说，凡是举行政治和社会方面的大事，不要违反阴阳消息的大数，必定顺应天时，谨慎地依据其同类。这就是"取象比类"法的最初来源。取象是取用某事物之征象，比类是整理归纳、按类排比。《尚书引义·洪范二》说：用貌、言、视、听、思五事来配属水、火、木、金、土五行，就是用了比拟的说法，看起来相似而实际则不然。想要为之寻找理由，又何患无辞呢？比如，以貌配合水而可以有其说法，以貌配合木、火、金、土，未尝不可以有其说法。取象比类的情况约有四种，即"似而似之""不必似而似之""于此不似而他求以似之""终不似而武断以似之"。因此，"以凿智侮五行，则诬道以诬民，咎不容诿矣"。用穿凿附会的聪明来侮辱五行，则不仅诬蔑天道而且诬蔑民众，其咎责是不容许推诿的。阴阳五行家就是企图用“类”的观念解释事物之间这种虚构的联系，为巫术思想提供理论根据，其危害甚烈。《尚书引义·洪范二》说：邪说侮辱五行，无所不至。如京房用五行配合卦气，将乾与兑同属于金而使天维分裂，将震与巽合归于木而使阳德衰微；医者以五行配合五脏，而言其生克，则是心肾肺肝每日交战于人身之中；黄冠指道士，用五行配合神气魂魄，则是无形之中而充塞着繁多物质。

（3）始以为胎孕，后以为长养

《尚书引义·太甲二》说：“二气之运，五行之实，始以为胎孕，后以为长养。”阴阳二气的运行，五行的果实，在人生命之初始作为胎孕的材料，在人生命之后期作为长养的材料。从这个意义上，我们可以加深对中医“肾为先天之本，脾胃为后天之本”观念的理解。

4. 戴震说五行

戴震（1724—1777年），字东原，清代中期著名学问家，其五行思想主要散见于《孟子字义疏证》《原善》《绪言》《孟子私淑录》《中庸补注》等著作中。

（1）阴阳五行为道之实体

戴震在这方面的论述大多简略而且重复，归结起来，约有三个方面的意思。

其一，“道”即气化。《原善》说：“道，言乎化之不已也。”认为道是讲变化不已。这个变化就是自然变化，称为“天道”。《孟子字义疏证·天道》说：“道，犹行也。气化流行，生生不息，是故谓之道。”认为，“道”的意思是行。自然变化流行，万物生生不息，因此称为“道”。《周易》说“一阴一阳之谓道”。《周易》列举阴阳包括五行，阴阳各自具有五行;《尚书·洪范》列举五行则包括阴阳，五行各自具有阴阳。其他，如《孟子字义疏证》《绪言》《孟子私淑录》尚有多处，都是讲，在天地，就是自然变化流行，万物生生不息，因此称为“道”。

其二，“阴阳五行，气化之实”。《中庸补注》提及“子曰:‘鬼神之为德，其盛矣乎！’”补注曰:《尚书·洪范》:“初一曰五行。”《周易》说:“一阴一阳之谓道。”这都是推本于天道来讲的。“阴阳五行，气化之实也”。阴阳五行，是自然变化的实体。《孟子字义疏证》说:“在气化曰阴阳，曰五行。”在自然变化来说，称为阴阳，称为五行。

其三，天道就是阴阳五行，阴阳五行是道之实体。《孟子字义疏证》说:“天道，阴阳五行而已矣。”《孟子字义疏证》又明确说:“阴阳五行，道之实体也。”《绪言》进一步说:“分于道者，分于阴阳五行也。”人和物分受于道，就是分受于阴阳五行。此外，如《孟子字义疏证》《绪言》《孟子私淑录》等有关文字尚有多处，戴震反复申说，天道就是阴阳五行罢了，阴阳五行就是天道，阴阳五行是道的实体，所谓“分于道”就是分于阴阳五行。

（2）阴阳五行为万物之本

戴震在这方面的论述大多简略而且重复，归结起来，约有四个方面的意思。

其一，人和万物的产生都推本于天道，天道就是阴阳五行，阴阳五行就是人和万物生生不息的根本。《孟子私淑录》说:“人物之生本于天道。”人和万物的产生本源于天道。《绪言》说:“下而就男女万物言之，则阴阳五行乃其根基，乃其生生之本。”此外，如《孟子私淑录》《原善》等的有关文字，只是反复申说此理。

其二，天道就是自然变化，自然变化可以分为阴阳，分为五行，阴阳五行杂糅而产生万物。《绪言》说：“阴阳五行之运而不已，天地之气化也，人物之生本乎是，由其分而有之不齐，是以成性各殊。”阴阳五行运行不已，就是天地之间自然的变化，人和万物的产生本源于此，由阴阳五行分配人与万物各自禀受的成分，因此，形成各自不同的性质。《绪言》又说：“在气化，分言之曰阴阳，又分之曰五行，又分之，则阴阳五行杂糅万变，是以及其流形，不特品类不同，而一类之中又复不同。”在自然变化而言，分言之则为阴阳，再进一步分言之则为五行，再进一步分言之，则阴阳五行相互杂合而产生万千变化，因此，及其变化成形，不仅品类不同，而一类之中又有不同。《中庸补注》为“天命之谓性”所作补注说：“人与百物各以类滋生，皆气化之自然。”人与万物各自按照自己的类别而滋生，都是自然造化的规律。此外，如《孟子私淑录》中有关文字只是反复申说而已。

其三，人和万物都分于阴阳五行，因为所分受成分、多少不同，而形成不同的性质。《孟子字义疏证》说：“人物之性，咸分于道，成其各殊者而已矣。”所谓“分于道”就是分于阴阳五行。《孟子字义疏证》说，“分于道”称为“命”，成形于一体称为“性”。“分于道”就是“分于阴阳五行”，而人与万物各自限于所分受的阴阳五行以形成其本性。既然人与万物都分受于阴阳五行而形成的本性各自有别，那么其材质因此而也有所区别。《原善》说：“五行之成形质者，则器也；其体物者，道也；五行阴阳，得之而成性者也。”五行形成形体与质料，就是器；其体现的规律，就是道；五行阴阳，是人与万物得到它而形成本性的原因。《孟子私淑录》说：“如五行水、火、木、金、土，有质可见，固形而下也，器也；其五行之气，人物咸禀受于此，则形而上也。”水、火、木、金、土有质料可以看见，固然是“形而下”之器；其中所包含的五行之气，人与万物都禀受于此，则是“形而上”。《孟子私淑录》又说：“人物分于阴阳五行以成性，成是性斯为是材以生，可以原始而知也。”人与万物分受于阴阳五行而形成本性，形成这种本性就具有相应的材质，据此可以推原本始而得以知晓。此外，《孟子私淑录》《绪言》等还有多处文字，只是反复申说此理。

其四，人的血气、心知都来自于阴阳五行，用以形成人的性能，而人得到的阴阳五行最为全面。《中庸补注》为“天命之谓性”所作补注说：“凡分形气于父母，即为分于阴阳五行。”凡是人分受形体和生命于父母，就是为分受于阴阳五行。《孟子字义疏证》说：“性者，分于阴阳五行以为血气、心知、品物，区以别焉。”性，是分受于阴阳五行的，以此形成血气、心知、品物，区分而有别。《原善》说：“五行阴阳之成性也。纯懿中正，本也。”五行阴阳所形成的本性，“纯懿中正”，这是根本。《原善》说：“五行阴阳者，天地之事能也，是以人之事能与天地之德协。”五行阴阳，这是天地的功能，因此，人的功能与天地的品德相互协和。《绪言》说：“性原于阴阳五行，凡耳目百体之欲，血气之资以养者，皆由中达外。”人的本性原于阴阳五行，凡是耳目及身体的各种欲望，都是由血气的物质以资养的，都由中心送达于外部。《孟子私淑录》说：“人之生也，分于阴阳五行以成性，而其得之也全。”人的产生，分受于阴阳五行以形成本性，而人得到的阴阳五行最为全面。此外，《原善》《绪言》还有其他相关记述，反复申说。

（3）五行有生克

戴震在这方面的论述也是简略而且重复，归结起来，约有四个方面的意思。

其一，人和万物所分得阴阳五行不同，利用各殊，这是产生五行相生相克的原因。《原善》说："由天道以有人物，五行阴阳，生杀异用，情变殊致。"由天道而产生人与万物，五行阴阳，生与杀不同作用，依据情理的变化而出现特异的景致。《绪言》说："人物分于阴阳五行，成性各殊，故形质各殊，则其形质之动而为百体之用者，利用不利用亦殊。"人与万物分受于阴阳五行，形成的本性各自不同，因此，形体和性质也各自不同，那么，其形体与性质的变动而成为各种物体之间的相互作用，利用与不利用也有所分别。正是由于人和万物成性各殊，才会导致五行相生相克。此外，《孟子私淑录》《孟子字义疏证》也有类似说法。

其二，五行生则相得，克则相逆。《绪言》说："五行有生克，生则相得，克则相逆。"五行之间有相生相克，相生则相互得到，相克则相互违逆。《绪言》又说："五行有生克，遇其克之者则伤，甚则死，此可知性之各殊矣。"五行之间有相生相克，遇到克制它的一行则必然受伤，甚至就会死亡，由此可以知道事物性质各自不同。此外，《孟子私淑录》也有类似说法。

其三，五行相生相克关乎养生之道。《绪言》说："五行有生克，生则相得，克则相逆，血气之得其养，失其养系焉，资于外是以养其内，此皆阴阳五行之所为，外之盈天地之间，内之备于吾身，外内相得无间而养道备。"五行之间有相生相克，相生则相互获得，相克则相互违逆。人体血气之得到资养、失去资养都系于此。资借于外部环境，因此得以营养其内部器官，这都是阴阳五行的所为。在人体外部充盈于天地之间，在人体内部完备于我们身体，外部与内部相互获得没有间隙而养生之道就具备了。《孟子字义疏证》说：

“或感于外而病，或受损于内身之阴阳五气胜负而病，指其病则皆发乎其体，而曰天与以多病之体，不可也。”有时感受外部邪气而生病，有时受损于体内的阴阳五行之气的胜负而生病，这是指人的疾病都发源于自己的身体。如果据此说，天给予他一个多病的身体，这是不可以的。此外，《孟子私淑录》也有类似说法。

其四，声音、颜色、气味、味道之间相合相畏的分别，都是五行相生相克所导致的。《孟子字义疏证》说：“声色臭味之爱畏以分，五行生克为之也。”

5. 龚自珍对五行说的批判

龚自珍（1792—1841 年），号定庵，清代杰出思想家，其对五行说的批判可见于《与陈博士笺》《与江子屏笺》。

《与陈博士笺》，是龚自珍写给陈博士的一封信，陈博士即清代天文学家陈杰，时任钦天监博士。龚自珍在信中认为，自古以阴阳五行学说占测应验自然界的异常灾害，与推算天象历法（日月运转于天，如人之行步，可推算而知，故称推步）的方法绝对不相同，不能够合并为一家学说。又说：“自珍最恶京房之《易》、刘向之《洪范》，以为班氏《五行志》不可作也。”龚自珍最厌恶京房的《易传》，刘向的《洪范五行传论》，认为班固《汉书·五行志》不可创作，可谓对西汉以来利用阴阳五行理论宣扬神秘的天人感应说深恶痛绝。

《与江子屏笺》是龚自珍读了江藩（字子屏）所撰《国朝汉学师承记》之后，给江子屏的回信，信中认为汉朝人有一种风气，与《经》没有关涉的内容，而附录于《经》，错误地将禆灶（春秋时郑国大夫）、梓慎（春秋时鲁国大夫）的话作为《经》，因而以混乱陈列五行、假借上帝以行诬罔来解说《经》，搞得《周易》《尚书·洪范》体无完肤。

6. 严复对五行说的批判

严复（1854—1921年），原名宗光，后改名复，清朝末年生人，近代向西方寻找真理的著名代表人物，其对五行说的批判可见于《穆勒名学》《名学浅说》。

严复在《穆勒名学·部乙》按语中说："五行者，言理之大诟也，所据既非道之真，以言万物之变，乌由诚乎？"认为，五行为说理的一大诟病，所依据的既然不是科学真理，用以描述万物的变化，怎么可能符合实际情况？《名学浅说》提出，中国远古时期的人们，已经将一切事物都分为五行了。五行指金、木、水、火、土。意图以五行来完全概括事物，那么试问空气应当归于何类？有人说空气动则形成风，应当属于木类，《周易》说巽为木，也为风。然而，严复实在想不明白空气与木有什么相类似的地方。又如矿物质中金与石相互掺杂，动物血肉角骨各自为身体的部分，凡是这些事物都将归于何类呢？如果说原始的行不收录杂质，那么五行之中有三四行都包含有杂质。因此，如此分别事物，确实成为呓语。最后得出结论说："中国人不通物理，五行实为厉阶。"厉价，指肇祸之源。《名学浅说》说："是为最浅易之思辨，其名曰：以类为推。以类为推者，固时时误。"认为最浅易的思辨方法是以类为推。而以类为推的结果，本来就时时出现错误。我们知道，传统五行说的推演方法就是以类相推，其多误也就可想而知了。

7. 梁启超对五行说的批判

梁启超（1873—1929年），字卓如，号任公，又号饮冰室主人，中国近代思想家，其对五行说的批判主要体现在《阴阳五行说之来历》一文。

《阴阳五行说之来历》最初发表于1923年《东方杂志》上，后来收录于《饮冰室文集》。为了批判阴阳五行说，文中分三部分详细考证了此学说的来历，即："阴阳"二字语意之变迁、"五行"二字语意之变迁、阴阳家之成立及阴阳五行说之传播。文中认为，由此观之，春秋战国以前，所谓阴阳、所谓五行，其语言非常罕见，其含义极为平淡，且阴阳与五行二事从未曾并为一谈。各种经典，及孔子、老子、墨子、孟子、荀子、韩非子诸位大哲，都未曾言及。然而如此，制造此等邪说以蛊惑世人、诬罔人民的人有谁呢？阴阳五行学说的始源大概起自于燕国、齐国的方士，而建设它、传播它并为之担负罪责的有三个人：即邹衍、董仲舒、刘向。他总结说：总之，西汉、东汉这两汉时期"所谓今文家经说，其能脱阴阳五行臭味者，什无二三，大率自仲舒启之"。文章最后质问：祈禳求福、灾异警示之类迷信，深刻影响于士大夫之流，智慧日渐以昏愦，志向日渐以苟且，这是谁的过错啊？

四、五行学说演进小结

总体看来，中国古代五行学说大多散见于历代众多学者的只言片语、篇章条目之中，根据这些短论微言，大致可以勾勒出五行学说的脉络，约略可概括如下。

第一，将五行的本原归结为气，并进而归结为火。虽然先秦《管子·四时》讲:“其时曰春，其气曰风，风生木与骨。”“其时曰夏，其气曰阳，阳生火与气。”“其时曰秋，其气曰阴，阴生金与甲。”“其时曰冬，其气曰寒，寒生水与血。”但明确将气归结为五行本原的是西汉董仲舒,《春秋繁露·五行相生》讲:“天地之气，合而为一，分为阴阳，判为四时，列为五行。”后世，凡言“气生五行”者，不脱离其说。唯明清之际方以智将五行归结为水、火二行，又将水、火二行归结为火之一行，他在《物理小识·火与元气说》明确讲:“火即真阳之元气矣。”

第二，将五行的内涵由五材归结为五气，并进而归结为五种运行形态。最初，春秋时哲人大约是主张五材说的,《左传·襄公二十七年》说“天生五材，民并用之”，可为代表。应该是从《尚书·洪范》开始，五材说转变为五气说。按照唐代孔颖达《尚书正义》之

“疏”:“谓之‘行’者，若在天则五气流行，在地世所行用也。”《尚书・洪范》所说五行，已经不仅是地之五材，而且是天之五气，并且具有“流行”之意。西汉董仲舒《春秋繁露・五行相生》说:“行者，行也，其行不同，故谓之五行。”五行已经被归结为五种运行形态。《白虎通义・五行》说:“言行者，欲言为天行气之义也。”这不过是阐述董仲舒之大义而已。

第三，将五行与道、太极等概念联系起来，尝试构建贯通诸家的哲学体系。北宋周敦颐最先将太极与五行明确联系起来，其《太极图说》说:“太极动而生阳，动极而静，静而生阴。”又说:“阳变阴合，而生水、火、木、金、土。”北宋李觏、王安石所谓“太极生五行”，与周敦颐也是一样的说法。北宋王安石《洪范传》说:“道立于两，成于三，变于五。”“五”指五行，已经将道与五行联系起来。清代戴震则将“道”与“五行”明确为一体，其《孟子字义疏证》说:“天道，阴阳五行而已矣。”“阴阳五行，道之实体也。”这就使太极、道之类概念变得有迹可循，不再虚无缥缈，为五行贯通诸家哲学打通了关节。

第四，将五行与天干、地支联系起来，尝试构建统一的时间与空间体系。按照东汉蔡邕《月令章句》所说，黄帝时，“大挠探五行之情，占斗纲所建，于是始作甲乙以名日，谓之干，作子丑以名月，谓之枝，枝干相配以成六旬”。干支从此用于标记时间与空间。《左传・昭公三十一年》《左传・哀公九年》所记载的晋国太史蔡墨所做的两次卜测，都运用了五行与干支配合的理论，说明春秋时五行干支体系已经完备，并用于实践。《淮南子・天文训》说:“正月指寅，十二月指丑，一岁而匝，终而复始。”以及《淮南子・时则训》“招摇指寅”之说、《淮南子・天文训》“其日为甲乙”之说，则将五行干支建立的时间空间体系清楚展示出来。

第五，将五行之间关系用相生相克概括出来，尝试解释世间万物的辩证关系。如果说，西汉之前的五行相生相胜记载尚且零散而不系统，如前所述，西汉《淮南子》一书则明确提出了五行相生相胜的关系。西汉董仲舒进一步发展了这一思想，并试图用社会伦理来解释它。《白虎通义》对五行相生相胜的论述更加系统完备。北宋王安石则探讨了五行相生、相胜怎么用于解释世界万物。

第六，将五行上推至天文、历法，下推至地理、万物，试图用五行构建一个统一的天地系统。这里有两部标志性的著作：一是《尚书·洪范》，从五行表示天气开始，进而因观察天意而上推至天文、历法，扩及九畴，构建出一个完整的天地体系。二是《黄帝内经》，从五行理论出发，将人体外的四时、五方、五色、五味、五类、五畜、五谷、五星、五音、其数、五臭，与人体内的五脏、开窍、病在、病之在等联系起来，建立了一个天、地、人统一的理论体系。《黄帝内经》作为中医经典著作，所论述的五行体系经过千余年的医疗实践验证，有其可信的一面。

第七，明确提出"人得五行秀气而最灵"，人区别于万物。《礼记·礼运》说，人为"五行之秀气"。三国时期刘劭《人物志·九征》认为人有五物、五性、五德。北宋周敦颐《太极图说》认为"唯人也得其秀而最灵"。南宋朱熹《论语精义·雍也》认为"天地储精，得五行之秀者为人"。清代戴震《孟子私淑录卷中》认为"人之生也，分于阴阳五行以成性，而其得之也全"。这些都说明，中国古代哲人已经认识到人不同于万物，认为人得到五行秀气而且最有智慧，所得五行最为全面。

第八，明确"人事取法五行"，尝试从五行学说中汲取人生智慧。如果说邹衍、董仲舒、刘向的错误在于将五行与人事混为一谈，那么，《白虎通义》对此似乎有清醒的认识。《白虎通义·五行》中明确列出“人事取法五行”一章，将人事与五行的关系界定为“取法”，并从五行中汲取处理人间诸事的智慧。这对于我们今天创造性吸收和转化五行学说具有重要启示。

五行学说似乎从一开始就伴随着争议，历代学者所非议者，归结起来大略如下。

第一，五材不能涵盖万物，更不能成为万物本源。反对五材说的人，不在少数，但言之有物者，似乎以明末清初的王夫之最有代表性。他在《尚书引义·洪范二》中论述五材说的缺陷，明确说五行作为五种具体物质，既不能截然分开，也不能概括同类，金、木、水、火、土五材不能作为万物的根源，有些事物的生存与五材无关。

第二，五行相生相胜的关系并不固定，其所导致的吉凶也因事、因时而异。《孙子兵法》《墨子》都提出了“五行无常胜”，但只有一条结论，没有具体论述。唯有北宋李觏在《删定易图序论·论六》明确提出：“相生未必吉，相克未必凶。”并认为用之得宜，则虽然相克而吉利；用之失宜，则虽然相生而不利。

第三，五行推及万物、人事的思维方法存在缺陷，类比推理具有或然性，本来就时时出错，怎么可能推出必然的结论？《礼记·月令》最初提出：“慎因其类。”应该包括两层意思：一是“取象比类”，即通过取用事物征象，归纳排列出同类；二是“取类比象”，即通过取用类似事物，比拟事物征象。明末清初的王夫之对“取象比类”方法的错误之处分析得非常详尽。他在《尚书引义·洪范二》中把“取象比类”分为“似而似之”“不必似而似之”“于此不似而他求以似之”“终不似而武断以似之”四种情况。清末严复

《名学浅说》则对“取类比象”的错误讲得很清楚:“以类为推者，固时时误。”“取类比象”只是类推而已，并不能得出必然结论。这就将阴阳五行家用“类”来解释万物之间联系的荒谬之处暴露无遗。

然而，无论是五行学说的支持者还是反对者，都不否认一个基本事实，即“播五行于四时”。五行可用于四时，这是人们的共识，也应该是我们解开五行学说之谜的金钥匙。

五行基础篇

五行作为中国古代系统哲学的重要学说，有其内在含义；依据五行，建立天干、地支，支干也有其基本内涵；五行不仅仅是一种能量运行形态，还可以转化为具体事物，因而，五行具有基本的形质和功用，同具体的生数、成数相互配合；五行之间存在相生相克的辩证关系，具有借助阴阳建立起来的一套表象体系。这些都是构成五行学说的理论基础。本篇既阐述古代学理，又兼顾现代意义，试图从现代视角来揭示五行的内在奥秘。

一、“五行”的基本内涵

五行，从中国古代系统哲学角度看，有其基本意义，这是理解五行学说的基础。

（一）“五行”释义

解释五行，需要先将“五”与“行”分开来讲，以便更好地理解“五”与“行”合起来的意义。

1. 何谓“五”

“五行”之所以称为“五”，这是由于组成自然系统的万物虽然包罗万象，不计其数，但是中国五行学说思考的不是这散为万物的数量的总和，而是从其最终能量来源意义上将其加以概括归纳，总括为五种气（能量），并利用五种气（能量）将天下万物串联其内，涵盖其中。

古人认为，天下万物虽然数量众多，但天、地、人系统概括起来，数量各自不会超过五。太阳系行星虽多，但对地球纪时系统发挥主要作用的只有木、火、土、金、水五大行星；从地理方位系统来看，方位虽杂，不外东、南、中、西、北五方；从中国地域内的山岳系统来看，山峦虽众，但占据东、南、中、西、北五方的只有五岳；从人体内部的生理系统来看，器官虽异，但与春、夏、秋、冬四时密切联系的只有肝、心、脾、肺、肾五脏；从人体内部生理系统在面部的表现来看，情状虽乱，但与肝、心、脾、肺、肾五脏密切相关的只有目、舌、口、鼻、耳五官。

2. 何谓“行”

先看“行”字本义。《说文解字》说：“行，人之步趋也。”“步”是行走，“趋”是快跑，一快一慢，都表示行的意思。“行”字，《康熙字典》说：“《韵会》：从彳，左步。从亍，右步也。左右步俱举，而后为行者也。”两只脚交替着一步一步前进就是行。

“五行”之“行”意为运行。中国古代甲骨文和金文中的“行”字字形，好像交叉的两条路，又像告诉人们前、后、左、右、中五个方向都可以行动。因此，“行”字与“五”实有某种天然联系。《康熙字典》说：“《韵会》：五行，运于天地间，未尝停息，故名。”就是说，五行即运动变化于天地间的五种状态，从来没有停止之时，所以叫“行”。《五行大义·论五行及生成数》则将这种运行变化讲得更加清楚：“五行递相负载，休王相生，生成万物，运用不休，故云行也。”木、火、土、金、水五行相互更替，轮转休王，相互延续，相互推动，生成天地万物，在自然系统中运行不息，所以称为“行”。

总之，五行就是气（能量）在天地之间推动万物运动的五种运行形态，“递相负载，休王相生，生成万物，运用不休”。

（二）“五行”释名

五行各有名称，即木、火、土、金、水。名称，一般而言，可以体现不同类事物的形状和本质，具有区分不同类别事物的作用。诚所谓“名正则言顺”，了解五行，就要从五行正名开始。在古人看来，五行作为推动万物运动的基本能量形态，形成于万物产生之先，是万物产生、成长、收敛、伏藏的动力之本。必须首先确立其各自名称，然后才能阐明其各自的本质与功用。

1. 木的运行形态是由内向外透出、自下向上升起

“木”字释义。东汉许慎《说文解字》说：“木……从屮，下象其根。”“木”字上半部分从屮，“屮”音 chè，意为草木初生的样子。“木”字下半部分像草木的根。如果我们把“木”字的一横看作地的标志，“木”字就非常像表现一颗草木的种子在土地中向上发芽生长的过程。植物的种子发芽之后，生出细小的根系，这就是“木”的下半部分。“木”字中间有一竖，象征种子生根之后向上生长，必然要触碰到地表，从地表冒出头来，这就在地表之上形成了一个小尖。

“木”行释名。《说文解字》说：“木，冒也，冒地而生，东方之行。”认为“木”的意思是冒出，是说从地面上冒出来。《春秋元命苞》则说：“木者，触也，触地而生。”认为“木”的意思是触碰，触碰地面而生。《说文解字》“冒地而生”和《春秋元命苞》“触地而

生”都生动地描述了草木自下向上、自内向外生长变化的过程。在这一过程中，木从土中由内向外透出、自下向上升起。所以，五行之“木”的意义就是“触也”“冒也”，体现了事物的一种运行形态。

2. 火的运行形态是只上行、不下行

“火”字释义。《说文解字》说：“火……炎而上，象形。”“火”是一个象形字，形状是炎热而向上，象征火的华焰。

“火”行释名。《说文解字》说：“火，燬也。南方之行。”“燬”就是“毁”，意思是毁坏。火能毁坏被燃烧物，使之发生变化。《白虎通·总论五行》说：“火之为言化也。阳气用事，万物变化也。”认为火的意义是“化”，是变化。变化既有性质上的，也有形态上的，如性质由阴变阳、由阳变阴，方位自下变上、自上变下，形态从无变有、从有变无，等等，都是化。“火”所谓的“化”是指万物由阴变阳，阳气用事，阳性上行，万物形态随之发生的各种变化。因此，隋代《五行大义·释五行名》说：“许慎曰：‘火者，炎上也。’”《五行大义》把东汉《白虎通》和《说文解字》对“火”行的解释用一个词“炎上”概括了起来。“炎”是火光旺盛，“上”是说火只能上行，不能下行。因此，火的运行形态是只能上行、不能下行。

3. 土的运行形态是吐生万物、繁衍万物

“土”字释义。《说文解字》说：“土……二象地之下、地之中，物出形也。”“土”字中间有两横，像一个“二”字，上面一横代表地面，下面一横代表地之中。据考，“土”字在甲骨文与金文中就像大地上堆放着一堆土的样子，“一”横是大地最通用的象征符号，后来古文“土”字中的一堆土向左右延长成线形，就形成了现在的“土”字。

“土”行释名。《说文解字》说：“土，地之吐生物者也。”“土”字中间的一竖象征万物从土地中喷出，如同人从口中将物吐出一样。因此，土，表示大地吐生万物。所谓“大地”，就是土。《五行大义·释五行名》说：“王肃云：‘土者，地之别号，以为五行也。’”王肃是三国时期魏国的儒家学者、经学家，其所注经学在魏晋时期被称作“王学”。他认为土是地的别名，是五行之一。“土”本来是“地”最初的文字，汉代以后，“土”与“地”才分化为二，土为泥土，地为天地。但二者的造字原因相似。古人造“地”字之时，将“土”与“也”联系起来，“也”字篆书本义就是女性生殖器的象形字，这就说明土与女性生殖有某种联系。女性生殖促使人类繁衍，土地为植物生长提供基础，所以古人又将地尊为“地母”，将土地当作万物之母。《春秋元命苞》说：“土之为言吐也，含吐气精，以生于物。”《元命苞》认为土的意义有三：其一，土的意义是吐。吐必须有口，有口才能吐，没有口怎么能吐呢？比如，火山喷发是“吐火”，有火山口；喷泉是“吐水”，有泉眼。其二，土中含有气之精华，这是吐出气之精华的前提。如果腹中没有气的精华，拿什么吐？既然腹中有气的精华，说明土中就包含万物。其三，土所吐生的是新生事物。《元命苞》说“以生于物”，既然是生出万物，这个万物必然是新生事物，与土不尽相同。上述三种文献相互印证，都在说明，土是万物生长、繁衍的必备基础。其实这种意义，在现代汉语中仍然保留着一些痕迹，如“吐穗”意为谷物长出穗儿、“吐秀”意为谷物扬花等。

4. 金的运行形态是禁止万物向上生长、向外发展

“金”字释义。《说文解字》说金“生于土，从土，左右注，象金在土中形。今声”。金产生于土，字形从土。“金”字上半部分为“今”声旁，下半部分为“土”字之中左右有两个标注的点，象征金属块状物被禁止在土中的样子。“土”字两横“二”，上一横像地之上，下一横像地之中，两个点在地面与地中之间，上不能上，进不能进，正是禁止于土中之象。

“金”行释名。东汉许慎认为，“金”的意义为禁止，因为阴气开始起来运行，万物受到禁止。《释名·释天》说：“金，禁也，气刚毅，能禁制物也。”《白虎通·总论五行》说：“金在西方。西方者，阴始起，万物禁止。金之为言禁也。”也是说，金之气刚毅，能够禁止万物发展。万物向上生长、向外发展是阳气所主宰的，阴气开始起来后，阳主进，阴主退，万物向上生长、向外发展的势头就被禁止了。因此，金就是禁止万物向上生长、向外发展的一种运行形态。

5. 水的运行形态是只下行、不上行

“水”字释义。《春秋元命苞》说：“水……故其立字两人交一，以中出者为水。”古人造“水”字，以中间的弯曲一竖钩作为流动之水。《说文解字》则说：水“象众水并流”。从“水”字字形看，两边像许多条支流并入大河，一同向前流去。

“水”行释名。水作为五行中的一行，有四个方面的意义。

其一，水的意义是“准”，是平。这讲的是静水。《释名·释天》说：“水，准也，准平物也。”《广雅》说：“水，准也。”《白虎通·总

论五行》说："水之为言准也。养物平均，有准则也。"都认为"准"本义就是"平"。因为水只能下行、不能上行，下面的沟壑被水填平，上面没有一滴水往上争，水面因此成为平的，所以水能平准万物。

其二，水的意义是"演"，是长流。这是讲的动水。《春秋元命苞》说："水之为言演也，阴化淖濡，流施潜行也。"又说："水者天地之包幕，五行始焉，万物之所由生，元气之津液也。"认为水的意义是长流。这是讲凡流动之物皆为水，水是动气。因为水只能下行、不能上行，而向下的空间是无穷尽的，水在向下趋势的推动下，就会不停地运动下去，成为长期流动之气。这种长流之水，时常看不见，在暗中冲刷泥淖，改变河道，潜施暗行。但无论看得见，还是看不见，水一直处于流动之中。所以，古人造的"水"字，像阴阳相互交合产生一个新的事物，这个新生事物就是"一"。表明水就是一，是万数之始，五行之始。因为，水只能下行、不能上行，所以水在万物最下面。这与在万数最下面的"一"相同，所以水是一。元气是天地之始、万物之祖，元气所聚集成的液体就是水，所以，水是五行之始，五行是从水开始运行的。

其三，水的意义是大地的血液。这是与人体相比较来说的。《管子·水地》说："水者，地之血气，如筋脉之通流者也。"认为水在五行之中的作用如同血液在人体中的作用一样，河道如同一条条筋脉，在这一条条筋脉中不停流动的，就是水。

其四，水的意义是泉水并流。这是从"水"的字形来讲水的意义。《说文解字》说水"象众水并流，中有微阳之气也"。"水"字两边像许多条支流汇入大河，一同向前流去，中间的一竖也可以表示有深隐在内的阳气。以自然界中的水为例。冬天之时，水的表面会结成厚厚的一层冰，表明水是寒冷的，但凿开冰层，下面的水却有热度，这水的热度就是微阳，潜藏着发展壮大的因子。从阴阳五行学说来看，物极必反，水只能下行、不能上行，下至其极，极则必反，水中必有一点向上运行的微阳，才能反，所以冬天之水外冷内热；火只能上行、不能下行，上至其极，极亦必反，火中必有一点向下运行的微阴，才能反，所以火外热内冷，火的外焰最热，火焰的中心温度最低。

总之，水这四个方面的意义都源于水的运行形态，水的运行形态是只下行、不上行。

（三）五行主导四时

古代五行主导四时更替的思想主要总结于隋代萧吉的《五行大义》中。

1. 木在四时中主春

《五行大义・释五行名》说木，“其时春”。木在四时主管春。《礼记・乡饮酒义》解释说：“春之为言者蠢也，产万物者也。”“春”的意思是“蠢”，是万物产生的时节。而“蠢”的本义是指虫类从蛰眠中苏醒过来后蠕动的样子，春天来临，成千上万条虫子都从冬眠中苏醒过来，一齐蠕动，与此同时，万物复苏，纷纷萌动，急于将自己的头从大地中探出。这种万物生发的景象与木由内向外透出、自下向上升起的运行形态极其吻合。所以说，木在四时节令中主管春季。

2. 火在四时中主夏

《五行大义·释五行名》说火，“其时夏”。火在四时主管夏。《尚书大传》说：“何以谓之夏？夏，假也。吁荼（谓散发出温暖气息）万物养之外者也，故曰南方夏也。”《尚书大传》认为，为什么称为“夏”？“夏”的本意是“假”。“假”意为“非真”，“真”意为“实”，因此，“假”的意思就应该是不实、虚。“实”指内实、心实，“虚”即内虚、心虚。“夏”字的所谓“假”，就是虚，是内虚、心虚。虚则能容物，虚才能给万物留下发展的空间。所以，《释名·释天》说：“夏，假也，宽假万物，使生长也。”《释名》认为“夏”之所以为“假”，就是宽容万物，使其生长壮大。因此，“夏”的意义还可以解作“大”。这种万物在夏天蓬勃发展、生长壮大的图景与火只能上行、不能下行的运行形态极其相合，所以，火在四时主管夏季。

3. 土在四时中主季夏

《五行大义·释五行名》说土：“其时季夏。季，老也，万物于此成就方老，王于四时之季，故曰老也。”土在四时主管季夏。季夏是指每一年夏季的最末一个月，即农历六月。“季夏”这一概念最初是由战国思想家邹衍正式提出来的，它指每一年的夏秋之交，这是有科学依据的。从地球上看，太阳每年都在南北回归线之间来回运动，每年夏至这一天，太阳都会到达北回归线上方附近，这一天，太阳几乎直射北回归线，北半球白昼最长，其后太阳直射位置向南移动，白昼渐短。这一时期万物生长旺盛。大约十五天后，北半球进入夏天的最后一个月，即农历六月。这一时期由于太阳辐射到地面的热量仍然比地面向空中发散得多，所以，短期内气温会继续升高。万物生长从表面上看虽然仍旧旺盛，但实际上已经出现衰老之象。再过大约三十天后，北半球就要开始进入秋天，秋风起，秋声切，万物生长进入肃杀期。所以，《五行大义》说："季，老也。"但与此同时，万物在这一个时期纷纷开始吐穗，为下一个生命周期做准备。所以，《五行大义》又说："万物于此成就。"这种万物在季夏之时行将衰老、产生新物的图景与土孕育万物、繁衍万物的运行形态极其相合，所以，土在四时中主管季夏。

土这一行与其他四行不同。土之所以能孕育万物，是因为其中包含万物，事实上也就是包含有木、火、金、水四行。土虽然与季夏相应，但季夏只是整个夏天的最末一个月，不足应一行之数，那剩余的天数在哪里呢？因为，土中包含有木、火、金、水四行，所以，土王于四时的最后十八天，共得七十二，每一行都王七十二天，五行共得三百六十天，与一年之天数相合。所以，《五行大义》说："王于四时之季，故曰老也。""老"就是最末之意。

4. 金在四时中主秋

《五行大义·释五行名》说金，"其时秋也"。金在四时中主管秋。秋有三种意义：其一，秋的意义为"揫"（收敛、约束）。《礼记·乡饮酒义》说："西方者秋，秋之为言揫也，揫之以时察，守义者也。"认为秋的意义是"揫"，"揫"字注为"敛"，是收敛、约束的意思，收敛的原因可以通过观察秋天之时万物肃杀的生存状况体会出来。秋天来临的时候，色调凄凄惨淡、烟霭弥漫、云气密集；气候寒冷萧瑟、悲风凛冽、刺人肌骨；意境寂寞冷落、川流寂静、山林空旷。秋风到处，草要变色，树要落叶，万物凋零。万物衰老的时候，自然界发出的秋声都这么凄切悲凉，何况是人呢？人亦因万物收敛而悲伤。所以，秋的意义为“愁”（收敛、约束）。其二，秋的意义为“肃”，肃杀、肃敬。《尸子》说：“秋，肃也，万物莫不肃敬，礼之至也。”认为秋的意义是“肃”，“肃”就是肃敬恭庄、战战兢兢。秋天像自然界中主持刑罚的官员，常常以肃杀来表现自己的意志。当此之际，万物敢不肃然恭敬，战战兢兢？其三，秋的意义为天地反物（即收成）。《太平御览·秋上》引《说文解字》说：“天地反物为秋。”“反”的意义是回还。“天地反物”是天地经过一番运行之后，万物重新返回。这种状态就是收成之时。秋天万物成熟，是收获的季节。所以，《说文解字》又解释“秋”为百谷成熟。《礼记·月令》说，孟夏之月，“麦秋至。”是说，虽然在时令上是孟夏，但对麦子来说是秋，是成熟之时，所以叫“麦秋”。可见，秋泛指万物收成之时。秋这种收敛、肃杀、收成的意义与五行金的运行形态一致，所以，金在四时中主管秋季。

5. 水在四时中主冬

《五行大义·释五行名》说水，“其时冬”。水在四时主管冬。“冬”有两种意义：其一，冬意为“终”。《尸子》说：“北方为冬。冬，终也，北，伏方也，是故万物至冬皆伏，贵贱若一，美恶不减，信之至也。”认为在四时节令之中，万物经过春生、夏长、秋收之后，开始进入冬天的储藏期，这是万物一个运行周期的终结。那这与水有什么关系呢？水的运行状态是只能下行、不能上行，每一片区域的水都能寻找到一个最低洼的地方汇集起来，形成一片相对平静的水，这就是池塘、湖泊、海洋，这是水的终结，而且是只有水才能做到的终结。其二，冬意为“中”。《礼记·乡饮酒义》说：“冬之为言中也，中者藏也。”认为冬的意义是“中”，“中”的意义是“藏”。《说文解字》解释“中”为“内”，就是进入里面的意思。比如人到了冬天开始躲在屋中不出来，一些动物比如蛇开始蛰伏在地中进入冬眠等。那水与冬的这种意义有什么关系呢？因为水中一竖为微阳之气，是寒冷中的一点热度，是极阴之中的一点生命之源。万物之所以至冬季入内固藏不出，就是去寻找这一点生命之源。因此，水在四时中主管冬季。

（四）五行位在五方

《五行大义》对五行与五方的对应关系也做了总结。

1. 木的方位在东方

《五行大义·释五行名》说木，“其位在东方”。木的方位在东方。《尸子》说：“东方为春。春，动也。”东方为春季，“春”的意思为动。这是因为东方有震气，“震气故动”。所谓“震气”，就是阳气，东方太阳升起，阳气始动，万物始生，所以东方为“动”。我们知道，站在地球上看，太阳每天的视运动都是从东方升起，到西方落下。每当新的一天到来，太阳从东方升起的时候，万物都随之萌动。阳光为阳，阳气跃动，万物从东方最先接收第一缕阳光，在阳光的照耀下开始新的一天的生长。因此，东方阳气动跃，“东者，动也”。

2. 火的方位在南方

《五行大义·释五行名》说火，“其位南方”。火的方位在南方。《尚书大传》说：“南方者，何也，任方也。任方者，物之方任。”《尚书大传》认为“南”的意思是“任”，南方为任方，任方表示万物方任。“任”字有两种解释：其一，“任”为任随。《说文解字》说：“南，草木至南方有枝任也。”“南”的本义是草木到了南方，南方因为阳光强盛，光照时间长，万物竞相向上生长，枝条任意伸展。所以，才有“万物垂枝”“有枝任也”的景象。这一意义与火只能上行、不能下行的运行形态以及夏宽假万物的情景是一致的，都是一种放任万物自由生长、无拘无束的状态。其二，“任”为怀妊。古代“任”本身就有“妊”的意思。从阴阳消长的方面分析，南方纯阳用事，阳气强盛至极，阳极生阴，阴气已经在南方阳气强盛的外表下潜滋暗长，这不就是怀孕之象吗？所以说“万物怀妊”，将“任”解释为怀孕也能说得通。根据《五行大义》上下文义，将“任”解释为任随，更加符合萧吉思想的原义，文理更加相合。

3. 土的方位在内

《五行大义·释五行名》说土，“其位处内，内，通也。”土的方位处于内，“内”的意思为通。《五行大义·释五行名》引《礼斗威仪》解释说：“得皇极之正气，含黄中之德，能苞万物。”这段话的意思有三个：其一，土是大、中、至正之气。唐初大儒孔颖达将“皇极”这两个字解释为：“皇，大也；极，中也。”“正”字的意义是“无有邪僻”。这说明，土是方位在中央的至大、至正之气，是

“大得其中，无有邪僻”。其二，土有黄中的品德。古代五色与五行相配，黄为中央土的纯正之色。中就是中央。这是进一步解释“极”为中的意义。其三，土包含万物。“皇”字的意义是大。中国有句古话：“有容乃大。”土能包含万物，大至无以形容，所以用“皇”字来形容。正是因为土中包含万物，所以能“吐生”万物，土居位正中，万物因之而生，与万物皆通，因此说“内，通也”。

4. 金的方位在西方

《五行大义·释五行名》说金，“其位西方”。金的方位在西方。《尚书大传》说：“西方者，何也？鲜方也。鲜，讯也。讯者，始入之貌。始入者，何以谓之秋？秋者，愁也。愁者，万物愁而入也。故曰西方者秋也。”认为西方是鲜方，“鲜”是什么意义呢？“鲜”是“讯”，“讯”的意义是刚开始收入的样子。“西”的本义是太阳一下山，鸟儿就进入巢中，刚入巢的鸟儿是最新鲜的，象征万物刚刚收入时都是最稚嫩的。如刚打上来的鱼是最新鲜的，刚收获的粮食也是最新鲜的。万物一理，刚收入的时候都是最新鲜的。那为什么刚开始收入的状态与秋相合呢？秋的意义是“愁”（收敛），而“愁”的意义是万物刚刚收敛而进入的样子。这正是秋天百谷成熟之后，我们将新鲜的谷物开始收纳入仓之象。所以，西方与秋相合。“西”的意义既然是开始收入的样子，就与金为禁止万物向上生长、向外发展的运行形态相合，所以，金的方位在西方。

5. 水的方位在北方

《五行大义·释五行名》说水，“其位北方”。水的方位在北方。《尸子》说：“北，伏方也，是故万物至冬皆伏，贵贱若一。”“北”

字见于甲骨文、金文，像两人相背而立的样子，表示相反，是古代的“背”字。《说文解字》中讲：北，“乖也，从二人相背”。从太阳每天的视运行轨迹来看，太阳从东方升起，到南方光照最强，西方落下，北方伏藏不见，所以北方为伏方，是太阳隐藏的方位，万物皆随太阳的起落来安排自己的作息，所以古人讲：“阳气在下，万物伏藏。”因此，“北”后来引申为北方。北方因为太阳伏藏不见，所以气温最低，而在一年四季之中，冬天气温最低，气候寒冷，万物到了冬天都伏藏不出，无论贵贱都一样，北方与冬季是相合的。所以，水的方位在北方。

二、支干的基本内涵

天干地支，俗称干支，《五行大义》称为支干，顺序不同，或有深义。按照《五行大义·论支干名》的说法：“支干者，因五行而立之。”天干、地支是根据木、火、土、金、水五行确立的。

（一）支干制作

古代先哲普遍认为，是黄帝时期的大挠制作了干支。东汉蔡邕在《月令章句》中说，大挠采集五行的运行状况，判断北斗斗柄所指的方位，开始制作甲乙用以称名日，称为干；制作子丑用以称名月，称为支。如果结合《礼记·礼运》所说“播五行于四时，和而后月生也”来理解，蔡邕这段话可能讲了这样一个历史故事：大挠根据五行的运行状况，制作了“甲、乙、丙、丁、戊、己、庚、辛、壬、癸”用以说明太阳视运行的周期变化；根据北斗斗柄所指星次，制作了“子、丑、寅、卯、辰、巳、午、未、申、酉、戌、亥”用以说明月相周期变化；然后将太阳回归周期与月相周期结合起来，形成了四时十二月。

五行作为推动万物在四时运行的五种运行形态，各分阴阳，就是十种运行形态，古人命名为甲、乙、丙、丁、戊、己、庚、辛、壬、癸。地球围绕太阳的公转运动，在天球上表现为太阳在黄道上的周年视运动。太阳视位置连续两次经过春分点就标志着一次太阳回归运动，回归年是太阳回归运动的周期。在一个回归年中，北斗斗柄围绕北极星旋转历经十二辰（即十二星次），对应月相变化十二个周期，地球上经历了十二个月，古人命名为子、丑、寅、卯、辰、巳、午、未、申、酉、戌、亥。

正是因为干的产生与太阳视运行有关，所以，处理与天文有关的事务的时候，需要用日；正是因为支的产生与北斗斗柄所指的方向有关，所以，处理与土地有关的事务的时候，需要用辰。“辰”指北辰（北极星），因为北斗七星围绕北极星旋转而依次指向十二星次，故称十二辰。

太阳自己可以发光，故为阳；月亮自己不发光，需要反射太阳光，故为阴。天在上为阳，地在下为阴。天与地、日与月阴阳有别，所以，就有支与干两种不同的名称。干与日、与天有关，所以习惯称为天干；支与月、与地有关，所以习惯称为地支。天干地支总起来称为支干，是为总名。天干有十，即甲、乙、丙、丁、戊、己、庚、辛、壬、癸；地支有十二，即子、丑、寅、卯、辰、巳、午、未、申、酉、戌、亥，这就是别号。总名与别号各自有其特定的含义，所以先论述总名，次论述别号。

（二）支干总名

天干、地支总名为支干，意义因“干”字不同而有三种解释。其一，“干”字解作“幹”，“幹”为济、成，“支”为支任，支干表示周济万物，成就万事。“幹”字本义为事物的主体，如树幹（干）、骨幹（干）等。《康熙字典》说：“《玉篇》：幹，体也。”《易·乾卦》“文言”说：“贞者，事之幹也。”都把“幹”解为事物的主体。事物的主体决定着事物的成败，所以，“幹”就有“济”的意思，“济”意为成。《康熙字典》说：“《类篇》：幹，能事也。”《易·蛊卦》初六说：“幹父之蛊。”都指“幹”具有能成就其事、担当其任的意思。“支”与“幹”相互配合，自然也就有担当、承受的意思，所以《五行大义·论支干名》说“支者，支任为义”。从这个意义上说，表示日的干与表示辰的支配合成为支干，其意就是周济万物，成就万事。其二，“干”字解作“簳”，“簳”意为主干，“支”意为枝条，支干表示事物的分支与主干。“簳”字本义为“小竹”，竹子由主干与枝条组成，《五行大义》认为“干支”如同树木的主干与分支。其三，“干”字解作“干”，“干”意为竿，“支”意为枝，支干表示事物的分支与主干。古代“干”通“竿”。《康熙字典》说，干“《韵会》：通作竿”。“竿”字本义为竹子的主干。竿，就是竹竿，与“簳”同义。物体出现在竿上，如同高悬空中一样，非常醒目，让人可以一目了然。“干”字的这三种解释，后来在流传过程中都被简化了，各种书籍大多把“幹”“簳”“干”直接写作“干”。

（三）天干别号

地球上的季节变化可以通过万物的生长状态反映出来，古人将其变化划分为十个阶段，用十天干描述每个阶段的主要特征，并有五行相对应。

天干与五行配合表

天干	甲、乙	丙、丁	戊、己	庚、辛	壬、癸
季节	春	夏	季夏	秋	冬
五行	木	火	土	金	水

1. 甲

东汉《说文解字》说甲“从木戴孚甲之象”。甲字字形像草木生芽后所戴的种皮裂开的形象。因此，甲字本义就是种子萌芽后所戴的种壳。

《说文解字》又说：“甲，东方之孟，阳气萌动。”甲，位于东方，东方既是一日太阳始出之方，又是一年春风始起之方，因此称“孟”。这一方位，旭日初升，阳气萌动，如同孟春之月草木生芽，突出种壳。甲干有两种意义。其一，“甲”意为押。《诗推度灾》说：“甲者，押也，春则开也，冬则阖也。”“甲”的意思是押，春天则开启，冬天则关闭。“押”的意思是拘押，植物果实的外面大都会形成一层硬壳，这种硬壳对里面的果实而言，就如同管拘、关押一样。到春天时甲壳开启，冬天时甲壳关闭。以气而论，外壳对果实形成束缚是阴气，阴气强大，阳气在内发生，阴气对阳气的作用如同拘禁、关押，但发生之阳气萌动，终会冲开束缚而抽芽。其二，“甲”意为抽。郑玄注《礼记·月令》“其日甲乙”说：“乙之言轧也。日之行，春东从青道，发生万物，月为之佐，时万物皆解孚甲，自抽轧而出，因以为日名焉。”“乙”的意思为轧。太阳视运行到春季时，在东方天空遵从青道，令万物发育产生，月亮辅佐它，这时万物都摆脱甲壳的束缚，自甲壳中抽轧而出，因此，用甲乙来称名日。“乙”的意思为“轧”，则“甲”的意思为抽。“抽”字本义是把夹在中间的东西取出、拔出，其意思是“出”，因此，甲干指万物从甲壳中抽出。有一点尤其需要注意，《说文解字》所谓“甲，东方之孟”，就是说，甲表示太阳最初从东方升起，这正是干支配合纪时的天文依据，后文将会详述。

2. 乙

《说文解字》说：“乙，象春艸木冤曲而出，阴气尚强，其出乙乙也。与丨同意。”冤，本义为屈，这是说“乙”像春天草木蜷曲生长冒出地面，此时阴气强大，草木生长困难。“乙”与牵引向上行的“丨”意义相同，都是自下通上。所不同的是“丨”上行得顺畅，“乙”上行得艰难。

万物初出艰难到何种程度呢？郑玄注《礼记·月令》“其日甲乙”说：“乙之言轧也。”“乙”的意思是轧。春天的时候，植物全都抽轧而出。植物从土中生出的艰辛就如同车轮辗地一样滞涩。

从上述分析来看，甲、乙都是指植物从内向外透、从下往上升的运行形态，都是木，都属于春天，代表了春天万物生长的两种状况。总之，春天，万物都像草木种子一样裂壳发芽，自己抽芽屈曲生出。

3. 丙

《说文解字》说丙“从一入冂。一者，阳也”。“丙”是由“一”“入”“冂”组成的会意字，“一”代表阳气，“内”为物的底座，阳气发越，事物的阳气已经到了台面之上，可以显著表现。

《说文解字》又说：“丙，位南方，万物成炳然，阴气初起，阳气将亏。”丙，位在南方。万物炳然显著，阴气刚刚生起，阳气即将亏损。丙干有两种意义。其一，“丙”意为柄。“柄”的意思是权柄。《左传·襄公二十三年》：“既有利权，又执民柄。”柄，即权力。万物的生长，各自执掌自己的权柄，万物自己有充分的自主权，可以任凭生长。其二，“丙”意为炳，“炳”的意思是光明强大。郑玄注《礼记·月令》“其日丙丁”说：“丙之言炳也。日之行，夏南从赤道，长育万物，月为之佐。时万物皆炳然著见而强大，又因以为日名焉。”太阳视运行，夏季时在南方天空遵从赤道，照耀万物，月亮辅佐它，这时万物都炳然光明、显著呈现而强盛壮大，因此，用内丁来称名日。

4. 丁

《说文解字》说：“丁，夏时万物皆丁实，象形。”丁，夏时植物皆果实下垂，茁壮生长。“丁”字字形像夏时万物如草木干上果实下垂的样子。

“丁”意为停。当植物生长到果实下垂之时，是其最强盛之时。但达到最强盛之时，植物的生长也就将要停止了。《五行大义·论支干名》说：“丁者，亭也，亭犹止也。”“亭”同“停”，即“止”。

从上述分析来看，丙、丁都是指万物只能向上行、不能往下走的运行形态，都是火，都属于夏天，代表了夏天万物生长的两种状况。总之，夏天，万物都像草木一样恣意生长，到达最强盛时，也就将要应该停止了。

5. 戊

《说文解字》说："戊，中宫也。象六甲五龙相拘绞也。"戊，位于中宫。六甲即甲子、甲戌、甲申、甲午、甲辰、甲寅。龙即辰支，每一甲都有一组与辰龙相配合而组成的干支，即戊辰、庚辰、壬辰、甲辰、丙辰，共五组，称为五龙。五龙来自五方，相互拘绞形成"戊"字，戊位中央，象征中央是五龙（即五行）汇聚之所。从中央来看，是中央包含着五行。中央为土，是土中包含着五行。能包含才能吐，吐出的是果实。

戊干有两种意义。其一，"戊"意为贸，"贸"的意思是贸易。《说文解字》说："贸，易财也。""贸"是交易财物。《五行大义·论支干名》说："生长既极，极则应成，贸易前体也。"植物生长达到极盛之后，必然要开花结果，所结的果实与当初的种子相似但不相同，好像发生了交换，即发生了贸易。其二，"戊"意为茂，"茂"的意思是茂盛。郑玄注《礼记·月令》"其日戊己"说："戊之言茂也。己之言起也。日之行四时之间从黄道，月为之佐。至此，植物皆枝叶茂盛，其含秀者抑屈而起，故因以为日名焉。"戊，意思是茂；己，意思是起；秀，意为草类结实。按照宋代卫湜撰《礼记集说·卷四十三》对郑玄此注所加"案"引《考灵耀》的说法，太阳视运行的轨迹，春季日依常行在黄道之东，夏季日依常行在黄道之北，秋季日依常行在黄道之西，冬季日依常行在黄道之南，但季春、季夏、季秋、季冬则日依常行黄道，这就是春夏之间、夏秋之间、秋冬之间、冬春之间日从黄道，因此，太阳视运行在四时之间遵从黄道。月之行道与日相同，月辅佐日，这时，植物都枝叶茂盛，其孕育的果实抑屈而起，因此，用戊己来称名日。

6. 己

《说文解字》说："己，中宫也。象万物辟藏诎形也。"己，位于中宫，像万物因回避而藏在土中的弯弯曲曲的形状。比如母亲体内的婴儿正如"己"字一样弯曲于母体之中；植物体内的果实也正如"己"字一样弯曲于母体之中。

己干有两种意义。其一，"己"意为起。郑玄注《礼记·月令》"其日戊己"说："己之言起也。……其含秀者抑屈而起。"己，意思是起，就是新事物产生。其二，"己"意为纪。"纪"的意思是"散丝的头绪"，是条理。《五行大义·论支干名》说："己者，纪也，物既始成，有条纪也。""己"的意思是纪，新生事物刚刚在母体中形成，具有条纪。

从上述分析来看，戊、己都是指吐生万物、繁衍万物的一种运行形态，都是土，都属于季夏，代表了季夏时万物生长的两种状况。总言之，季夏之时，万物都像草木一样生长到达极盛，将要有所吐生，有所结果，这时所生的果实还是弯弯曲曲回避收藏于母体之中的形态。

7. 庚

《说文解字》说："庚，位西方，象秋时万物庚庚有实也。"庚，位于西方，像秋天时万物果实由空虚变为充实的变化过程。

"庚"意为更，"更"意为"更改"，植物到秋天结实，但初结之实还不实诚，其内尚空虚，庚则是由空变实的更改过程。郑玄注《礼记·月令》“其日庚辛”说:“庚之言更也。辛之言新也。日之行，秋西从白道，成熟万物，月为之佐。万物皆肃然改更，秀实新成，又因以为日名焉。”“庚”的意思是更，“辛”的意思是新。太阳视运行到秋季时在西方天空遵从白道，促万物成熟，月亮辅佐它，这时万物都“肃然改更”“秀实新成”，因此，用庚辛来称名日。

8. 辛

《说文解字》说:“辛，秋时万物成而孰；金刚；味辛，辛痛即泣出。从一，从䇂，䇂，罪也。”辛，像秋时万物成熟，金质刚硬，味道辛，辛就感到痛苦，痛苦就会流出眼泪。从“一”，从“䇂”，两者会意。“䇂”是罪恶的意思。

“辛”意为新。《五行大义·论支干名》说:“辛者，新也。……改更复新也。”郑玄注《礼记·月令》“其日庚辛”说:“辛之言新也。……秀实新成。”植物到秋天时，初结的果实经过改更，重新成为新的完善个体，开花结实，新物成就。

从上述分析来看，庚、辛都是指禁止万物向上生长、向外发展的一种运行形态，都是金，都属于秋天，代表了秋天万物生长的两种状况。总之，秋天，万物都像草木一样肃然更改，秀实新成。

9. 壬

《说文解字》说:“壬，位北方也。阴极阳生，故易曰龙战于野，战者，接也。象人怀妊之形。”壬，位于北方。冬天，阴气极盛而阳气已生，所以《易经》说“龙战于野”。“战”字意为交接，指阴阳二气相互交接。壬字字形，像女人怀孕，阴中怀妊着阳。壬字字形，其中的“工”如同“巫”字的“工”一样，都是女人的象征。中间“一”表示女人怀孕的样子。女人为阴，中间一画为阳，是阴中怀妊着阳。

“壬”意为任，“任”为“妊”，指阴气中怀妊着阳气，即阴极阳生之意。《五行大义·论支干名》说：“壬者，任也”“阴任于阳”“万物怀任于下。”“任”字都作“妊”解，是怀孕的意思。郑玄注《礼记·月令》“其日壬癸”说：“壬之言任也。癸之言揆也。日之行，东北从黑道，闭藏万物，月为之佐。时万物怀任于下，揆然萌牙，又因以为日名焉。”“壬”的意思是任，“癸”的意思是揆。太阳视运行到冬季时在北方天空遵从黑道，封闭储藏万物，月亮辅佐它，这时万物都“怀任于下”“揆然萌牙”，因此，用壬癸来称名日。

10. 癸

《说文解字》说：“癸，冬时，水土平，可揆度也。象水从四方流入地中之形。”癸，冬天，水面结冰，土的表面没有地表植物遮挡，水、土情况都可以揆度测量。“癸”字字形，像水从四方流入地中的样子。

“癸”意为揆，指揆度。《五行大义·论支干名》说：“癸，揆也。”水汇聚到中央，形成一片静止的蓄水，水面平静，可以作为平准万物的参照物。所以，“癸”就是揆。冬季成熟的果实经过量度就可以储藏了，因此，《五行大义·论支干名》引郑玄云：“时维闭藏。”植物所结的果实既然已经成熟，就可以作为种子，其中包含着萌芽的契机，根据它现在的状况就可以揆度其萌芽的状况。因此，《五行大义·论支干名》说：“揆然萌牙于物也。”

从上述分析来看，壬、癸都是指万物只能下行、不能上行的一种运行形态，都是水，都属于冬天，代表了冬天万物生长的两种状况。总之，冬天，万物像草木种子一样怀妊于内，可以揆度萌芽的状况。

（四）地支别号

北斗斗柄在一年中所指方位变化，在地球上所对应每月的万物生长状态也不同，古人把斗柄所指方位划分为十二星次，用十二地支和五行描述每个次舍的主要特征。

地支与五行配合表

地支	亥、子	寅、卯	辰、戌、丑、未	巳、午	申、酉
五行	水	木	土	火	金

1. 子

《说文解字》说："子，十一月，阳气动，万物滋。人以为称。象形。……李阳冰曰：子在襁褓中，足并也。"子，为夏历（即农历）十一月，阳气发动，万物滋生。人借用来称呼人之子。"子"是象形字，像孩子两腿并在一起的样子。

"子"意为孳。《五行大义·论支干名》说："子者，孳也。""孳"的意思就是孳生繁殖。每年夏历十一月冬至日夜半子时，太阳到达南回归线正上方，之后将逐渐北移，一阳之气初动，白昼日日渐长，北半球气温逐渐回升，万物重新开始滋生。因此，《五行大义·论支干名》所引《三礼义宗》云："阳气至，孳养生。"

2. 丑

《说文解字》说："丑，纽也。十二月，万物动，用事。象手之形。时加丑，亦举手时也。"丑，意为可解的结。夏历十二月，一方面，寒冷的阴气固重，万物萌发状态的新芽紧紧纽结在一起；另一方面，阳气已经发动，开始用事，这些纽结在一起的萌芽是可以伸展开的。"丑"字形像手举起，但三根手指被连缀起来，象征欲要举手作为，但凓（lì）冽气寒，不得作为。每天丑时，也是人举起手要奋发作为之时。

丑，意为纽结，纽是可解的结。《五行大义·论支干名》说："丑者，纽也。纽者，系也。续萌而系长也。"认为"丑"意为纽，"纽"的意思是系结，万物于此时继续萌芽而所系之结伸展增长。这说明，此时既是阴气固重的终结，又是阳气发动的开始，因此，《五行大义·论支干名》引《三礼义宗》说："言居终始之际，故以纽结为名。"丑居于终始的位置，故以纽结作为名称。

3. 寅

《说文解字》说："寅，髌也。正月，阳气动，去黄泉，欲上出，阴尚强，象宀不达，髌寅于下也。"寅，意为摈弃排斥。夏历正月，阳气发动，万物都想离开地底的黄泉，向地上冒出，但此时阴气还很强大，像房子一样覆盖着，不让阳气上达，把它压抑于地下。

"寅"意为引。尽管正月阴气尚强，但阳气已经发动，植物生长，终会向上引而伸出地面，将萌芽移出地面之上。所以，《五行大义·论支干名》说，"寅"的意思是移动，是引出。《淮南子·天文训》说："指寅，则万物螾。"注释"螾"为"动生貌"。斗柄指寅，则万物动生的样子。螾，意为动生，所谓“动生”就是“萌动、生出”，就是引。《五行大义·论支干名》引《三礼义宗》说：“寅者，引也，肆途之义。”将“寅”解释为“引”。“肆途”就是万物产生之道路，说明“寅”就是万物产生的渡口、道路。

4. 卯

《说文解字》说：“卯，冒也。二月，万物冒地而出。象开门之形。故二月为天门。”卯，意为阳气从地中冒出。夏历二月，植物顶破地皮从土中生长出来。“卯”字形像两户相背，开门之形。因此，二月为天门。

“卯”意为冒。《五行大义·论支干名》说：“卯者，冒也，物生长大，覆冒于地也。”“卯”的意思是“冒”，植物生长强大，顶破覆盖在其上的地皮，从地中冒出来，这是万物茂盛之时。《淮南子·天文训》说：“指卯，卯则茂茂然。”斗柄指卯，则万物茂盛的样子。“卯”意为茂盛。《五行大义·论支干名》所引《三礼义宗》云：“卯，茂也。阳气至此，物生滋茂。”认为“卯”是茂盛之意，阳气发展到这个时期，万物生长滋茂。

5. 辰

《说文解字》说：“辰，震也。三月，阳气动，雷电振，民农时也。物皆生，从乙、匕，象芒达。”辰，意为震动。夏历三月，阳气发动，雷鸣电闪，振动万物，是人们耕种的时令，植物都在此时生长。“辰”字形下部为“乙”“匕”会意，象征草木由弯弯曲曲艰难地生长的形态变化为草芒径直上达。

“辰”意为震。《五行大义·论支干名》说：“辰者，震也。震动奋讯，去其故体也。”所引《三礼义宗》也说：“此月之时，物尽震动而长。”“辰”的意思是震动。初春之时，植物弯弯曲曲艰难生长如同“乙”字形。到三月时，植物的生长全都变化为震动、奋力、快速，径直通达，一改过去弯弯曲曲艰难生长的样子。

6. 巳

《说文解字》说：“巳，已也。四月，阳气已出，阴气已藏，万物见，成文章，故巳为蛇，象形。”巳，意为已经。夏历四月，阳气已经出来，阴气已经藏匿，万物呈现华美的色彩和花纹。“巳”的形象不好象征出来，这时候蛇已经出洞，所以用蛇象征。

巳支有两种意义。其一，“巳”意为已，即已经。《五行大义・论支干名》说：“巳者，已也。故体洗去，于是已竟也。”“巳”的意思是已，阴气旧的形体洗去，于是已经终结了。其二，“巳”意为起。《五行大义・论支干名》引《三礼义宗》说：“巳者，起也。物至此时，皆毕尽而起。”“巳”的意思是起，万物到此时，阴气毕尽，阳气皆起。

7. 午

《说文解字》说：“午，啎也。五月，阴气午逆阳，冒地而出。”午，意为逆反。夏历五月，此时阴气逆犯阳气，顶触地面而出。此时阳气占主导，但阴气始生。

午支有三种意义。其一，“午”意为忤，即逆反。《淮南子・天文训》说：“午者，忤也。”午就是忤，就是抵触、不顺从、逆反。这是指夏历五月，阳气为主，但阴气始生，与阳气逆反，相抵触。其二，“午”意为仵。“仵”的本义是等同、匹敌，《康熙字典》说：

“《玉篇》：偶敌也。”“仵”也有违背的意思，如《管子·心术上》：“自用则不虚，不虚则仵于物矣。”一个事物发展到同另一事物等同、匹敌的程度，可以有所违背，对此一事物而言就是盛大、长大。因此，《五行大义·论支干名》中将“午”解释为“盛大”“长”“大”。《五行大义·论支干名》说：“午者，仵也……仲夏之月，万物盛大。”又引《三礼义宗》说：“午，长也，大也。明物皆长大也。”这都是讲万物到午之时，阳气主导，全都生长盛大。其三，“午”意为萼、花萼。花萼是花的组成部分之一，由若干片状物组成，花未开时包在花瓣外面，花开时托着花瓣。《五行大义·论支干名》说：“午者……亦云萼也。仲夏之月，万物……枝柯萼布于午。”午就是萼，萼指花骨朵、花。午月为仲夏之月，很多植物到午月之时，都长出花骨朵、开出花朵，分布于枝柯之上。

8. 未

《说文解字》说：“未，味也。六月，滋味也。五行，木老于未。象木重枝叶也。”未，意为滋味。夏历六月，万物长成，都有滋味了。五行木墓于未。“未”字形，上曲者像一层枝叶，再加一曲，像再加一层枝叶，两层枝叶象征树木枝叶重叠的样子，表示木已衰老。

未支有两种意义。其一，“未”意为昧，指光线不明。《淮南子·天文训》说：“未，昧也。”未是昧，指光线晦昧。阳光是阳，代表阳气，光线不明则冥昧，阴气已长，阳气渐弱。《五行大义·论支干名》说：“未者，昧也。阴气已长，万物稍衰，体薆昧也。故曰薆昧于未。”“未”的意思是昧。夏历六月，太阳已经在夏至这一天到达北回归线正上方，之后逐渐南移，北半球阳光开始减弱，正是阴气渐长、阳气渐消之时。这时，阴气已经长起来，万物开始稍稍衰弱，阳气的形体被阴气遮蔽，光线不明。薆（ài）的意思是隐蔽，这里指阳气被阴气遮蔽起来。因此说隐蔽、晦昧于未。其二，“未”意为味、滋味。《五行大义·论支干名》引《三礼义宗》说：“时物向成，皆有气味。”植物至六月已成熟，果实都已经有滋味了。

9. 申

《说文解字》说：“申，神也。七月，阴气成，体自申束。从臼，自持也。吏臣晡时听事，申旦政也。”申，意为神明。夏历七月，阴气形成，体态或自伸展，或自卷束。“申”字由“丨”与“臼”会意，“丨”像阴气伸展，“臼”意为自持、自束卷。官吏在吃晚饭时（即申时）听理公事，是为了申明早晨所布置的政务完成情况，为伸展之意的延伸。

申支有三种意义。其一，“申”意为伸。“伸”的意思如同“引”，即伸展、延长。《五行大义·论支干名》说：“申者，伸。伸犹引也，长也。衰老引长。”夏历七月，阴气伸展延长，万物衰老之气延长。其二，“申”意为呻，即吟诵。《淮南子·天文训》说：“申者，呻之也。”官吏在晚饭时申明早晨所布置的政务，就称为“呻”。其三，“申”意为身、身体。《五行大义·论支干名》引《三礼义宗》说：“申者，身也，物皆身体成就也。”夏历七月之时，植物所结的果实身体不断伸展延长，已经长成。

10. 酉

《说文解字》说：“酉，就也。八月，黍成，可为酎酒。象古文酉之形。”酉，意为成就、成熟。夏历八月，黍成熟，可以酿制醇酒。“酉”字形像古文“丣”。酉为秋门，万物已经收入，“一”是关闭门的形象。《说文解字》说：“丣，古文酉。从卯，卯为春门，万物已出。酉为秋门，万物已入，一，闭门象也。”许慎认为，“酉”从古文“丣”字变化而来，“丣”从卯，联其上画，“一”像秋天的门关闭之象。

酉支有四种意义。其一，“酉”意为老、衰老。《五行大义·论支干名》说：“酉者，老也。……万物老极。”秋八月，阴气强大，万物衰老至极。其二，“酉”意为熟、成熟。《五行大义·论支干名》说：“酉……亦云熟也，万物老极而成熟也。”秋八月，植物衰老至极而果实成熟。其三，“酉”意为饱、饱满。《淮南子·天文训》说：“酉者，饱也。”秋八月，植物果实都饱满充实。其四，“酉”意为犹、如同，就像“伦”的意思是“类”一样。《五行大义·论支干名》引《三礼义宗》说：“酉，犹也。犹，伦之义也。此时物皆缩小而成也。”秋八月，植物的果实开始收缩变小，变成很多同一类的事物，比如春天种下一粒谷，秋天收获很多粒谷子。

11. 戌

《说文解字》说：“戌，灭也。九月，阳气微，万物毕成，阳下入地也。五行，土生于戊，盛于戌。从戊含一。”戌，意为灭杀。夏历九月，阳气微弱，万物都已经成熟，阳气向下进入地中。五行土产生于中央的戊，旺盛于戌。“戊”是土，代表大地，“一”横画代表阳气，“戌”字由“戊”“一”会意，代表阳气入于地下。

《五行大义·论支干名》说：“戌者，灭也，杀也。”“戌”的意思是灭、杀。“灭”的意思是消灭，“杀”的意思是杀戮、肃杀。《五行大义·论支干名》说：“九月杀极，物皆灭也。”引《三礼义宗》

说：“此时物衰灭也。”到夏历九月，阴气所形成的肃杀之气已经发展到极致，万物都随之被杀灭。

12. 亥

《说文解字》说：“亥，荄也。十月，微阳起，接盛阴。从二。二，古文上字。一人男，一人女也。从乙，象怀子咳咳之形。”亥，意为根。夏历十月，微弱的阳气产生，承接旺盛的阴气。“亥”字形从“二”，“二”是古文“上”字，“二”下面像一男一女两个人，象征微阳与盛阴之气相接。两人左侧的曲画从“乙”，像女子所怀胎儿腹部蜷曲的样子。

亥支有两种意义。其一，“亥”意为核、阂。“核”的意思是果核，指植物的果仁被封闭在果核之中。“阂”的意思是从门外把门关闭。《五行大义·论支干名》说：“亥者，核也，阂也。十月闭藏，万物皆入核阂。”夏历十月，时当封闭储藏，万物都进入核中封闭起来，都进入门内被从门外将门关闭储藏起来。这就像阳气被封闭储藏于地下一样。其二，“亥”意为劾。《说文解字》说：“劾，法有罪也。”“劾”的意思是“依照法律把罪名施加给有罪的人”，引申为审理、判决。《五行大义·论支干名》引《三礼义宗》说：“亥，劾也。言阴气劾杀万物也。”十月之时，万物闭藏，阴气强盛，阴气正判决克杀万物。

总的来说，天干、地支是中国古代思想家依据五行确立的一套符号体系，通常用来标记时间和空间（方位），在古代广泛应用于天文学、年代学、中医药学以及诗词曲赋和国画、书法等文学艺术中，对中国传统文化产生了深远影响。

三、五行的形质功用

五行的形质，是指事物的形状和本质，古人称谓“体”；五行的功用，是指事物的功能和作用，古人称谓“性”。我们探讨五行的形质与功用，先要从“体”“性”讲起。

（一）何谓体性

何谓体？《五行大义·辨体性》说：“体者，以形质为名。”认为体就是形质。关于“形”，《说文解字》解释为：“形，象形也。”形就是事物的形状、样子；对于“质”，《说文解字》解释为：“质，以物相赘。”质是以物相抵押，引申为事物的本体、质料。因此，所谓体，就是事物的形状和本质。

何谓性？《五行大义·辨体性》说：“性者，以功用为义。”认为性就是功用。关于“功”，《说文解字》解释为：“功，以劳定国也。”功，是以劳绩安定国家，就是事物的劳绩、成效。对于“用”，《说文解字》解释为：“用，可施行也。”用，是可以实施、执行，就是事物的作用、效果。因此，所谓性，就是事物的功能和作用。

（二）五行体性及由来

在古人看来，五行作为气（能量）运行的五种状态不是虚泛的，而是实在的，各自既有一定的形状和本质，又在自然中发挥着不同的功能和作用。

五行体性从阴阳、四时、四方、自然事物四个方面概括而来。

（1）木之体性

从阴阳看，木居少阳之位，阳气方长；从四时看，木应春，春季天气和暖温柔，正所谓“吹面不寒杨柳风”，丝丝暖意隐伏其中；从四方看，木应东，东方是日出之方，一轮红日从东方升起，温暖的阳光洒满大地；从自然事物看，木的特点是向上生长，其中一点微弱的火性向上的特质隐藏其中。所以，木的形质是温柔，功用是曲直。

（2）火之体性

从阴阳看，火居太阳之位，阳气已强；从四时看，火应夏，夏季天气炎热，气温较高，正所谓“骄阳似火”之时；从四方看，火应南方，南方是太阳升到中天之方，一日之中最热之时；从自然事物看，火的特点是炎炽赫烈，向上升腾。所以，火的形质是明热，功用是炎上。

（3）土之体性

从阴阳看，土居位中央，阳衰阴长，阴阳趋于平衡，汇总木、火、金、水四行于一体，包含万物；从四时看，土处季夏之末，白天渐短，夜晚渐长，居一年周期之中，正是植物吐穗的关键时期；从四方看，土居中央，可以总领东、西、南、北四方，四方因中央而确立；从自然事物看，土是由颗粒物积聚成的实体，既然是积聚而成，就彼此间有一定的空隙，因有空隙则土能够含蓄包容，因为是实体，则土能够保持掌握，如地中有火（如火山喷发）、水（如地下暗河、土壤水分）、金（如地下矿藏）、木（如草木之根）。所以，土的形质是含散持实，功用是稼穑。

（4）金之体性

从阴阳看，金居少阴之位，阴气方长，阴主寒凉，少阴则清冷；从四时看，金应秋，秋季天气开始渐渐变凉，正是"秋风萧瑟天气凉"之时，万物开始成就，更新成熟，果实坚强；从四方看，金居西方，一日之中太阳落山之时，气温渐降而变凉，万物归巢而休息；从自然事物看，金属导热性能良好，触之感觉比较冷，且金属大多凝结而有一定强度。所以，金的形质是强冷，功用是从革。

（5）水之体性

从阴阳看，水居太阴之位，阴气已强；从四时看，水应冬，冬季天气寒冷，正是"天寒地冻"之时，万物进入固藏状态，既可固藏，其内必虚；从四方看，水居北方，一日之中正当深夜，气温最低；从自然事物看，水的特点是水往低处流，还可以溶解很多物质。所以，水的形质是寒虚，功用是润下。

五行体性表

体性 \ 五行	木	火	土	金	水
体（形状、本质）	温柔	明热	含散持实	强冷	寒虚
性（功能、作用）	曲直	炎上	稼穑	从革	润下

（三）五行形质的特征

《淮南子・天文训》说："天地之袭精为阴阳，阴阳之专精为四时，四时之散精为万物。"袭，意思是合；精，意思是气。《淮南子・天文训》认为，天地之合气是阴阳，阴阳之专气是四时，四时之散气是万物。因此，可以从阴阳之气的角度，分析五行形质（体）的特征。

水是积阴之寒气。《淮南子・天文训》说："积阴之寒气者为水。"积阴的寒气成为水。水虽然是阴寒之物，但阳气潜伏于其内，所以水体之内是光明的。

火是积阳之热气。《淮南子・天文训》说："积阳之热气生火。"积阳的热气产生火。火虽然是阳热之物，但阴气潜伏于其内，所以火体之内是阴暗的。

木是少阳之气。其形象是内有阴气，阴则空虚，所以，木的内部是空虚的；外有阳气，阳则繁茂，所以，木的外部有花有叶，繁华美丽，可以观看。

金是少阴之气。其形象是外有阴气，阴则肃杀，其形体刚强锋利，肃杀的作用表露于外；内有阳气，阳则光明，其内部光泽明亮，亦可照人。

土是中和之气。土作为五行之一，包含木、火、金、水四种品德。就实体而论，土中包含有木、火、金、水四种物质元素。所以，土的形体可以兼有虚实，就是既虚又实。

（四）五行功用的特征

《五行大义·辨体性》引《洪范》云:“木曰曲直，火曰炎上，土爰稼穑，金曰从革，水曰润下。”这就是五行的性。《五行大义》没有采用《尚书·洪范》五行次序，而是按照木生火、火生土、土生金、金生水之五行相生序列排布，符合四时季节顺次运行的规律。人们依从五行可施行的功用来规范自己的行为，这就有顺应与违背的区别。

木的功用是曲直。曲直，本义是弯曲和平直。“木曰曲直”就是木既可以弯曲也可以平直。“木曰曲直”对应东方。这是因为，我们站在地面上看，太阳每天从东方地平线徐徐升起时，由于阳光受地球大气层的影响而产生折射，使得每天太阳还没有升上地平线之前，人们就已经可以看到日出的景象，霞光满天，但这日出景象只是一种错觉；之后，天色又逐渐暗去，接着又迎来第二次日出，这才是真正太阳升起的时刻。由此看来，东方确实有曲直之象，与木之性吻合。正因为木性曲直，曲折为美，具有观赏性，所以，《易经》中有个观卦，卦象是上巽下坤，巽为木，坤为地，观卦就是地上之木。大地之上可以观看的事物，没有比木更适宜、更合适的了，时时处处都有草木之象可观。所以，“相”字的结构是“目”傍着“木”。古代帝王遵守礼节制度，无夺民时，重视春耕春播，大概就是取法于木的功用。

火的功用是炎上。炎上的本义是炎盛而升上。从方位看，火应南方，南方是一日之内太阳最高的方位；从自然事物看，火焰燃烧所产生的光辉向上升腾散布；从四时看，火在盛夏之时，处于北半球年周期内正午太阳离地面最高的位置；从阴阳之气看，火为太阳之气，阳性向上，太阳是阳气极上。古代统治者向着光明的方位而治理天下，大概就是取法于火的功用。

土的功用是稼穑。“爰”的意思就是“曰”“称为”。“土爰稼穑”就是土称为稼穑。稼是种植谷物，穑是收割谷物。从自然事物看，土代表大地的特征和规律，万物都从土中贯穿而产生，如同稼穑。从四时、四方看，作为参照点的中心就是土，土位在中央，是四时、四方的主宰。人们在建筑布局、人际关系中区别内外，协调中央与四方的关系，就是取法于土的功用。

金的功用是从革。“革”的意思是变更、改变，从革就是顺从变革。从方位看，金对应西方，西方是事物成就之地，肃杀之气很盛；从物候看，秋天之气运行的时候，会经常看见鹰和隼之类凶猛的鸟从空中突然冲向猎物，春天之气运行的时候，却看不见有鹰和隼之类凶猛的鸟猎取食物，鹰、隼捕获猎物就是秋季肃杀之气的体现；从气候看，秋天草木表面上有霜，霜就是自然界肃杀之气的表现。人们进行杀伐攻战之类事，就是取法于金的功用。

水的功用是润下。润下是指水流动向下，可以滋润万物。从方位看，水对应北方，北方是一日之中太阳隐没之地，是至阴之气，如同宗庙祭祀；从四时看，水对应冬季，冬季既是一年之中太阳从北回归线上方向南运动、逐渐变冷的终点，也是一年之中太阳从南回归线上方向北运动、逐渐变暖的开始，是一年之中阴阳二气的终始之处，可以起到治理四时季节的作用。中国古代认为，人是天地阴阳之气结合的产物，阴气化为人的肉体，阳气化为人的精神，人死之后阴阳二气涣散，古代帝王借助宗庙收聚死者分散的魂魄，通过祭祀纪念先人的功绩，就是取法于水的功用。

四、五行的生数和成数

自然之气分为阴阳，列为五行，五行运用不休，生成万物，生、成各有数目就是生数、成数，因此，五行可以配合生数、成数。

（一）天地之数

自然是由很多部分构成的系统，古人称之为太极。《周易·系辞上传》说，日月为易，以象阴阳。自然系统从无到有，从太极到两仪，从两仪到四序，从四序到万物，万物各自滋生繁衍，由此数量愈孳愈繁。但无论数量如何变化，地球上一切生物的最初能量来源都脱离不开阴阳二气的运动变化。所以，《周易·系辞上传》又说："一阴一阳之谓道。"意思是，天有精微之气从上向下流动，大地可以接受、容纳、包含天空下行的气并进行利用转化，用来帮助事物形态的形成，其间阴阳二气会发生数量上减少或增长的变化。阴阳二气相互作用的道理是隐晦难明的，很难用形象的语言表达出来，只有通过数才能探究其中的变化轨迹，因此，阴阳二气的变化之道要依据数来辨析明察。

天地之数分配五行。《周易》对自然数系统与五行的关系进行了详细的分析。《周易·系辞上传》说："天一地二，天三地四，天五地六，天七地八，天九地十。天数五，地数五，五位相得而各有合。天数二十有五，地数三十，凡天地之数，五十有五，此所以成变化而行鬼神也。"天地之数就是天数一、地数二、天数三、地数四、天数五、地数六、天数七、地数八、天数九、地数十。"天数五"指天数为奇数，共五个奇数，即一、三、五、七、九，奇数为阳。"地数五"指地数为偶数，共五个偶数，即二、四、六、八、十，偶数为阴。"五位相得"指水、火、木、金、土五位向前运行就会有所得，在自然数系统中，一向前运行得到二，二向前运行得到三，三向前运行得到四，四向前运行得到五，五向前运行得到六，六向前运行得到七，七向前运行得到八，八向前运行得到九，九向前运行得到十，十向前运行又重新得到一，这就是自然数数量变化的周期规律。这十个数分别表示不同的五行属性，即一与六为水，二与七为火，三与八为木，四与九为金，五与十为土。水、火、木、金、土依次重复得到两次，即一、二、三、四、五，五行相得一圈，再六、七、八、九、十，五行又相得一圈，并循环往复以至无穷。"而各有合"有三层意义：一是自然数系统中天数有五、地数有五，这五数可以相互配合，合成的结果是水、火、木、金、土五行；二是天地之数之间的配合遵循阴阳相合的规律，天数为奇、为阳，地数为偶、为阴，阴阳相合，奇偶相配才能生成新的事物，即合成五行；三是其具体相合的情况是一六合水于北、二七合火于南、三八合木于东、四九合金于西、五十合土于中。

五行与天地之数配合表

五行	水	火	木	金	土
天数	一	七	三	九	五
地数	六	二	八	四	十
合数	一、六	二、七	三、八	四、九	五、十
方位	北	南	东	西	中

（二）五行生数与成数

从一到十，这十个数分成两组五行（即水、火、木、金、土），一组为一、二、三、四、五，一组为六、七、八、九、十，这两组数字必须有所区别，其名称也应该有所不同，这就是五行生数与五行成数。这两种数列在中国古代典籍中都有记载。

《尚书·洪范》记载："五行：一曰水，二曰火，三曰木，四曰金，五曰土。"《尚书正义·洪范第六》原文之下注曰："皆其生数。"这说明一、二、三、四、五就是五行生数。

《礼记·月令》记载：木"数八"，火"数七"，金"数九"，水"数六"，土"数五"。其中，水数六、火数七、木数八、金数九都是成数，只有土数五说的是生数。土的成数是十，即六、七、八、九、十是五行成数。

（三）五行生数

要弄清五行生数的由来，首先需要准确理解生数的含义。这是解开五行生数问题的一把钥匙。

1. 生数的含义

“生”为何义？《说文解字》说：“生，进也。”生，是进，进就是前进，是向前运动。因此，“生数”是刚开始向前运动、前进的数。

2. 五行生数的由来

五行生数为水一、火二、木三、金四、土五，各有其形成原因。其中道理，需要从前文斗柄指四季图讲起。

水生数之所以为一，可以从三个层面来理解。其一，阳始为一。从事物运行周期看，万物都是从无到有，无是静，有是动，万物初动之处，就是事物周期性运行的第一步，其数就是一；从北半球太阳视运行的年周期看，年周期的起点是指太阳从南回归线上方开始向北的运动，这是一年中太阳辐射增强的起点，是阳气运动的起点，其数是一；从斗柄指四季图上看，斗柄从指向最下，开始向上运动的起点是北方，北方五行为水，其数一。以天代表上、代表阳，地代表下、代表阴，斗柄从指向地开始转为指向天，即从向下运动转为向上运动开始于北方，北方为水，其数一，因此，《五行大义·论五行及生成数》说：“天以一生水于北方。”最初开始运动的起点只有一个，不能有两个，因此，《五行大义·论五行及生成数》说：

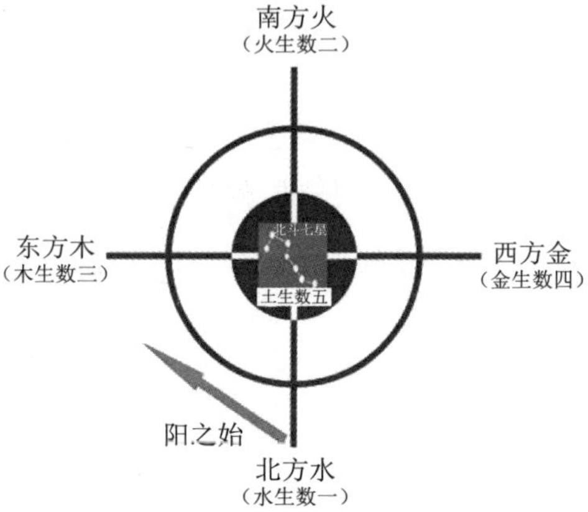

水生数为一图

“始动无二。”从这个意义上看，天数即奇数，是自然数系统中的阳，与阳气运动是合一的，因此，《五行大义·论五行及生成数》说：“天数与阳合而为一。”其二，水为阳始。《五行大义·论五行及生成数》说：“水虽阴物，阳在于内，从阳之始。”是指在自然界系统中，水积蓄于最低的位置，是属阴性的事物，但水中有一点微阳之气在内，因此水是依从阳气向上运动的开始。《五行大义·论五行及生成数》又说：“阳气微动于黄泉之下。”黄泉指地下极深处，位置最下，与斗柄指四季图上北方水相应，但下之极必反上，上即是阳气，冬天极寒之时，井水、地下水反而感觉较热，就是因其具有黄泉中一点微阳之气。因此，从开始这个角度确立数的意义，水的生数就应该是一。其三，君子之位。君子在中国古代泛指才德出众的人，但君子虽才德高尚，对自我的定位却最卑下，北方水位处于斗柄指四季图的最下，是君子之位，所以，《易·谦卦》其初六爻：“象曰：谦谦君子，卑以自牧也。”君子应该谦虚再谦虚，以谦卑的态度来陶冶自己的修养。

火生数之所以为二，可以从三个层面来理解。其一，火为阴始。从斗柄指四季图看，斗柄从下向上运动，到达南方午位而至极点，极上则反下，因此，午是斗柄向下运动的开始。当斗柄指向子位时，与北半球太阳到达南回归线上方相应，之后，太阳逐渐北移，北半球白昼时间渐长，即阳气渐长；当斗柄指向午位时，与北半球太阳到达北回归线上方相应，之后，太阳逐渐南移，北半球黑夜时间渐长，即阴气渐长，因此，午是年周期中阴气的开始。正是从这个意义上看，《五行大义·论五行及生成数》说："极阳生阴，阴始于午。"午为火，因此，火为阴始。其二，阴始为二。阴气和阳气的运动变化都有唯一起点，按照道理都应该称为一，但阴气的起点不称为一而称为二，这是为什么呢？因为阴与阳相比较，阳气地位尊贵。阳代表上，阴代表下，阳的地位本来就比阴的地位高。地位尊贵的阳气既然已经概括了事物运动的开始，地位卑下的阴气只能附和，这样一唱一和，阳气得到阴气配合，事物才能够生成发展。同理，阳数需要得到阴数配合，故阴数为二。其三，火数为二。在斗柄指向午位时，本来是阳气向上到达极点，火性炎上，这就是五行火，但其中又生出阴气。五行之火虽然是只能上行、不能下行的阳性之物，但按照事物发展的规律，极上则反下，也应该遵从阴气的配合，符合阴气的开始，因此，从开始这个角度确立数的意义，火的生数就应该是二。其余，木数三、金数四、土数五，其生数由来的意义都依此例推。

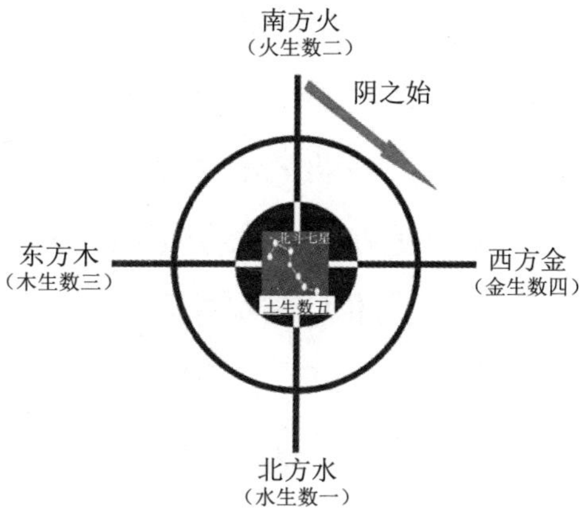

火生数为二图

木生数之所以为三，从斗柄指四季图看，斗柄从子开始，阳气渐长，木配合阳气运动增长。当人面向南方站立，阳气在左方增长而居位于东方。阳气增长则万物都得以滋生繁衍，万物滋生繁衍就会导致数量增加，由一就会发展到三，三是万物滋生繁衍、数量增加的起点，所以木的生数是三。

金生数之所以为四，从斗柄指四季图看，斗柄从午开始，阴气渐长，用以辅助渐渐衰弱的阳气。当人面向南方站立之时，阴气运动的法则是在右方旋转而居位于西方。阴气增长在阳气增长之后，从事物发展的客观次序看阳长与阴长没有平等的次序，阴气增长是为了辅助渐渐衰弱的阳气，必会阳长在先、阴长在后，阳长之数既是三，阴长之数就只能排在三之后。阴气开始于二，之后数量不断增加，但其开始增长的起点是四，从二发展到四是阴气增长的必然，所以金的生数是四。

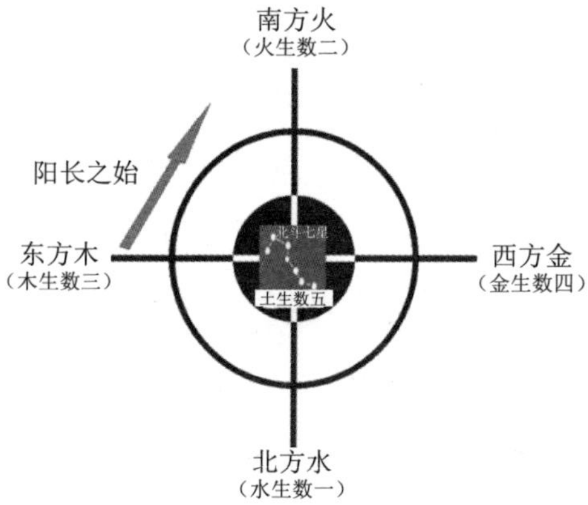

木生数为三图

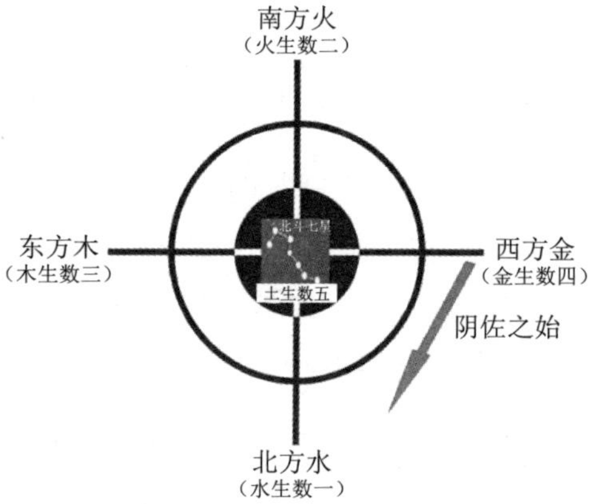

金生数为四图

土生数之所以为五，从斗柄指四季图看，阳气经过从生到长、再从强到弱的一个周期，阴气与之配合也相应经过了一个从强到弱、再从生到长的一个周期，阴气与阳气都开始运行了一周，既然周期出现了，那周期的中心也就显现出来了，周期都是围绕中心运动的，至此，阳气统领阴气合聚于中央，总括水、火、木、金四行，既然可以包含四行，其数就比四多，比四多的数就是五。五是阴阳之数运行一周之后出现会聚总和的起点，所以土的生数是五。

以上所讲水数一、火数二、木数三、金数四、土数五，都是五行生数，都是依据开始的意义讲的，还没有阐明五行成数的秘密。

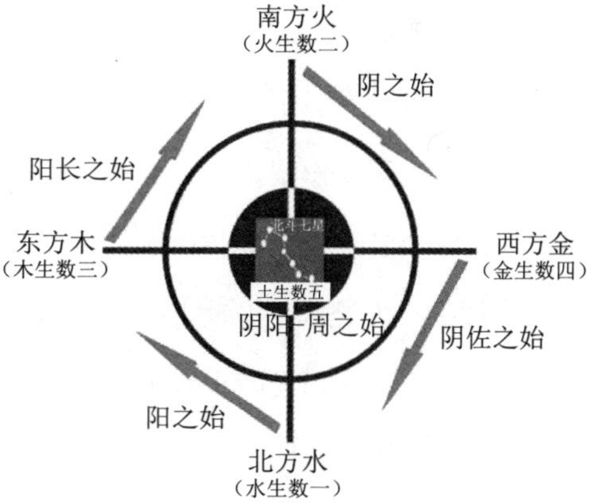

土生数为五图

（四）五行成数

五行不仅有生数，而且有成数，为什么还有成数呢？这是因为五行生数不足以描述五行的全部功用。

1. 五行生数在功用上有所不足

五行生数，究其本质是“以始立义”，描述的是事物发展的起点，但此时，事物只是处于开始状态，还没有达到成就状态，因此，还不能发挥五行的正常功用。东汉颖容《春秋释例》说：“五行生数，未能变化各成其事。”五行生数描述的是事物还未能变化形状各自成就各自事业的状态。因此，五行生数在功用方面存在不足，具体情况可以从自然界中存在的水、火、木、金、土来看。

水在生数之时，只是刚刚由气态转化为液态，其数量还没有达到可以润下流行的程度。

火在生数之时，只是刚刚有热度增加的迹象显露出来，其热量的积累还没有达到可以炎热发光的炎上程度。

木在生数之时，其精华还容易被破坏折断，其形体还十分刚直，还没有达到可以弯曲的程度。

金在生数之时，其形体还很强硬，其硬度还可以砍斫，还没有达到可以从革变化的程度。

土在生数之时，《五行大义・论五行及生成数》说："卤而斥。"卤，是地不生物，如同炉火；斥，是地含盐碱。这时的土还不能生物，如同炉火地、盐碱地一样，还没有达到可以稼穑的程度。

因此，五行生数必须变化为五行成数。只有五行成数，才能发挥五行的正常功用。

2. 生数需要配五变为成数

五行生数一、二、三、四、五，与其相应的五行成数六、七、八、九、十之间都分别相差五数，因此，五行生数变为成数需要用到"五"这个数。

先说配"五"之因。五行生数需要配五变为成数，其原因有二。一是配五以成。五行生数分别是事物之起点，阳之始为一，阴之始为二，阳气增长之始为三，阴气辅佐之始为四，阴阳一周之始为五；经过一个周期之后，事物成就，阳从起点经过一周而成就，阴从起点经过一周而成就，阳气增长从起点经过一周而成就，阴气辅佐从起点经过一周而成就，阴阳一周经过一个周期而成就，这就如同天下万物经过一个年周期而成就一样。阴阳一周之数是五，因此，万物成就之数都需要在其生数的基础上加上五数。《五行大义・论五行及生成数》引《传》曰："配以五成。"就是五行生数与五配合而得以成就。二是五为中数。五既是阴阳一周之数，也是天数一、三、五、七、九的中央之数，因此，《五行大义・论五行及生成数》说："所以用五者，天之中数也。"

"五"成就五行。土数为五，五行生数配"五"则成就五行。这可以从三个方面理解。

一是生数配“五”成就五行功用。五行生数经过一个周期而成就为成数，其功用得以正常发挥。因此，水生数一，得到五，其成数是六，其功用就能够润下；火生数二，得到五，其成数是七，其功用就能够炎上；木生数三，得到五，其成数是八，其功用就能够曲直；金生数四，得到五，其成数是九，其功用就能够从革；土生数五，得到五，其成数是十，其功用就能够稼穑。

二是四时配“土”成就五行更王。年周期中四时季节的运行变化，最终成就于五行中土的整合作用。在五行中，土的作用是会聚统领木、火、金、水四行，土本居于中央，但具体发挥作用时却分别居于四时之末，原因就是木、火、金、水四行都需要经过一个周期才能成就，这个周期之数就是土的五数，所以，土分居四时之末，以明确四时是经过一个周期之后而得以成就的。正是因此，土分王四季。但土并不用自己的名称来称呼春、夏、秋、冬四时，木、火、金、水各王一时，由此可知，五行是同时俱起的，但因更互交替，假托其义为相生关系。《五行大义·论五行及生成数》所引《传》说“五行并起，各以名别”，就是基于这层意义。

三是五材因“土”成就各自功能。自然界的木、火、金、水、土五材都因土而成就各自功能。木，没有土的参与就无法生长，木只有植根于土壤之中才能枝叶繁茂；火，没有土的参与就无法显现其荣光，草木燃烧之后化成灰才能显露出火的形迹；金，没有土的参与就不能成就形状，金属熔化形成的液体只有浇入用土做成的各种模子中才能成就不同名称的金属器物；水，没有土的参与，就不能停止流动而积蓄起来，只有用土石等材料修筑的挡水的高岸才能防止水外溢；土，具有辅助微弱、衰老的功用，与木、火、金、水四材相互配合以成就事物运行的规律。

生数配五为成数表

生数	成数	五行	方位	功用
天数一	地数六	水	北	流动润下
地数二	天数七	火	南	明耀炎上
天数三	地数八	木	东	舒展曲直，繁茂盛大
地数四	天数九	金	西	刚强锐利，华美从革
天数五	地数十	土	中央	稼墙成就天地万物

3. 生数如何配五变为成数

五行生数配五变为成数，是自然界阴阳二气运行规律使然，具体表现在四个方面。

一是阴阳二气运行周期使然。阴与阳是相互矛盾的两个方面，阳主进，阴主退，二者力量此消彼长。当阴阳二气的消长变化用一个周期表现出来时，就是生数，这时，阴与阳尚未相互配合，还不能正常发挥作用，所以，《五行大义·论五行及生成数》说："共一周，则为生数。"当阴阳二气的消长变化分别用阴气消长变化与阳气消长变化两个周期表现出来时，就是成数，这时，阴与阳已经相互配合，可以正常发挥作用了，所以，《五行大义·论五行及生成数》说："各一周，则为成数。"

二是阴阳二气入中次序使然。阳气具有轻盈、纯净清明的特点，向上运行为天；阴气具有沉重、混浊不清的特点，向下运行为地。阳数由一至三、至五、至七、至九达于极致，阳气到第五即土之生数时，阳气运行的一个周期就已经完成，所以，《五行大义·论五行及生成数》说："而阳至第五而入中者，其体躁疾，故共一周而入中。"阴数由二至四、至六、至八、至十达于极致，是阴气运行完成了一个周期。所以，阴数到第十，即土之成数时，阴气才再次到达地面，这时阴气、阳气各循环了一周，因此，《五行大义·论五行及生成数》说："阴至第十方入中者，其体迟殿，故各一周而始入耳。"

三是年周期中四时运转使然。木、火、土、金、水五种运行状态都是围绕一个中心展开的，没有中心就没有系统周期，没有系统周期就没有系统的运动变化，五行就不能发挥各自正常的功用，所以，《五行大义·论五行及生成数》说："五行皆得中气而后成。"土的位置本来居中，而分王四季，就是表明年周期运动中四时季节的正常运转必须借助土才能完成，所以，《五行大义·论五行及生成数》说："土居中而王四季，并须土以成之也。"

四是人事效法五行取用使然。古代典籍中，《洪范》与《礼记·月令》对五行数表述的观点是不同的，《五行大义》认为二书观点本质上是一致的，只是取用不同、各有侧重。《洪范》是上古时期创立制度之时的著述，创立制度是生数所表征的事情，所以，《洪范》只讲五行生数。《礼记·月令》是描述四时十二月气候特征、物候征象以及人事活动的著述，所尊崇的是根据四时变化、气候特征、物候规律安排人事活动，以成就人类的事业，所以，《礼记·月令》主要讲五行成数。《礼记·月令》中只有"土数五"讲的是生数，这是因为土最大的优点是能生万物，并且可以成就木、火、金、水四行，这两点足以让土的数由十简省为五，这是表达土既能生万物又能成万物的意思。

（五）五行生成数不过十

五行生数与成数，其和不超过十数，其原因也需要从自然系统的运动变化说起。

天地之数只有十数。《周易·系辞上传》说："天一地二，天三地四，天五地六，天七地八，天九地十。"

数至十而完备。《五行大义·论五行及生成数》引《孝经援神契》曰："以一立，以二谋，以三出，以四孳，以五合，以六嬉，以七变，以八舒，以九烈，以十钧。"这段话需要从五行生数与成数的功用来理解。"立"的意思是建立、制定，系统从下向上运行的起点是水，这是事业发展的起点，万数都是从"一"开始建立起来的，所以称为"一立"，五行以一立为水，一是生数；用五与一配合得到六，六是水的成数，"嬉"的意思是"兴"，"兴"的意思是流行，水在成数时已经可以发挥润泽流行的功用，所以说"一立而六嬉"。二是火的生数，七是火的成数，而火在成数时的功用是通过燃烧引起事物的变化，变化是火的特长，所以说"七变"；生数是成数的开始，谋划是变化的开始，所以，作为七变开始的二就是"二谋"。三是木的生数，八是木的成数，五行中阳气增长开始于东方，其数为三，且是阳气出现之数，所以说"三出"；树木长成之后，枝条繁茂向四面如八字般舒展成长，所以说"八舒"。四是金的生数，九是金的成数，事物到西方成就，结成果实，数量比种子时增加，"孳"同"滋"，意思是增益、加多，所以说"四滋"；万物成熟之后果实种类众多，各有不同，"烈"同"列"，意思是陈列、众多，所以说"九烈"。五是土的生数，十是土的成数，用天数五与地数十相互配合，自然数系统中所包含的意义就都完备了，所以说“五”就是讲其配合，即“五合”，说“十”就是讲其完备，即“十钧”。“钧”的意思是“均”，包含“都”“皆”之义，有完成齐备的意思。

功至十而成就。《五行大义·论五行及生成数》引《春秋元命苞》云：“胎错舞连以拘一，动合于二，故阴阳；受成于三，故日月星；序张于四，故时；起立于五，故行；动布于六，故律；踊分于七，故宿；改萌于八，故风；布极于九，故州；吐毕于十，故功成，数止。”这段话可以从自然系统的运行状况来逐句解读。

“胎错舞连以拘一”：“胎”的意思是胚胎，“错”的意思是离起，是说万物最初的运动是从怀胎开始的，事物从此由无进入有，由静进入动，之后，事物发展的周期连续运行下去，这个开始状态从自然数系统来看就是一，一是阳气始生、系统运动的开始。

“动合于二，故阴阳”：一是阳气运动的起点，二是阴气运动的起点，阴阳二气的运动相互配合，二就是阴与阳。

“受成于三，故日月星”：阳气施行，阴气承受，阴阳相合，万物变化生成。

“序张于四，故时”：日、月、星按照一定的规律运行，就形成了年周期中春、夏、秋、冬四季的变化，这就是四时。

“起立于五，故行”：在年周期运行中存在木、火、土、金、水五种运行状态，五行建立了自然系统运行前进的规律，这就是五行。

“动布于六，故律”：阴阳相互生成，和谐统一，周而复始，循环无端，共同遵守六种规则，这六种规则运动，表现在音乐之中就是六种音律，这就是六律。

“踊分于七，故宿”：“踊”的意思是跳跃，古人认为恒星间位置是固定不变的，可以作为日、月、五星运行的空间坐标，这就是黄道附近的二十八个星宿。二十八宿环列在日、月、五星的四方，非常像日、月、五星栖宿的场所，故而得名“宿”。二十八宿按方位、季节、四象，可以分为东、南、西、北四宫，每宫七宿。七宿是间断分布的，所以说“踊分于七”。

“改萌于八，故风”：“改”是变更、更换，“萌”是开始发生，按照《吕氏春秋·有始》所说，八风指东北炎风、东方滔风、东南熏风、南方巨风、西南凄风、西方飂（liù）风、西北厉风、北方寒风，就是八方之风，风来的方向因萌发之地不同而改变，围绕中心分布于八个方位。

“布极于九，故州”：分散布置的极限之数是九，即中央和八方，古人将全国划分为九个区域，即九州。根据《尚书·禹贡》，九州分别是冀州、兖州、青州、徐州、扬州、荆州、豫州、梁州、雍州，分别居于北、东北、东、东南、南、西南、中央、西、西北。

“吐毕于十，故功成，数止”：事物由里向外发展吐露到十就结束了，至此，系统发展的功绩完全成就，一个周期的自然数到十为止。《说文解字》说：“十，数之具也。‘一’为东西，‘丨’为南北，则四方中央备矣。”十，是完备之数，表示四方及中央已经完备了。人们以东、西、南、北、东南、西南、东北、西北、上、下为十方，其义或源于此。这都说明数到十即止，功业到十就已经完全成就了。

五、五行的相生相克

（一）五行相生

五行之间具有相生关系，即木生火、火生土、土生金、金生水、水生木。

1.“生”之义

《说文解字》说：“生，进也，象艸木生出土上。”“生”是一个会意字，上半部分是初生的草木，下半部分是地面的土壤，象征草木从土里生长出来。这就告诉我们，“生”的本义，是从母体中刚刚产出、动出，对于母体之外而言，就是“进”，即进入母体之外的空间。因此，《说文解字》将“生”字解释为“进”。“进”字，《说文解字》解释为“登也”，《玉篇》解释为“升也”，《广韵》解释为“前也”。用现汉代语来说，“进”就是向前或向上移动、发展，与“退”相对。因此，我们可以理解“生”的意义就是向前或向上移动、发展。

2. 五行相生之义

要准确理解五行相生的含义，需要从以下三个方面分析。

（1）五行同出、同胎、同时

《五行大义·论相生》在解释五行相生之时，分别提到“五行同出”“五行同胎”“五行同时”，这是讲五行的相同点，是理解五行相生的前提。

所谓“五行同出”“五行同胎”，是说五行出于同一个本原。《五行大义·论相生》说：“譬如人生，亦同元气而生”“五行皆资阴阳气而生”，就是此意。水、火、木、金、土五行都是根于天地阴阳之气，是天地阴阳之气运行的状态。《五行大义·论相生》说：“濡气生水，温气生火，强气生木，刚气生金，和气生土。”就是说阴阳之气进一步分化成五种气，润泽之气产生水，温暖之气产生火，强健之气产生木，坚刚之气产生金，和谐之气产生土。这就如同五个多胞胎兄弟生于同一个母体一样。五行名虽有别，运行状态虽然不同，但实际出于同一个本原、同一个母体。

所谓“五行同时”，是指五行作为五种运行状态，是同时并存的。以春天为例，春天是木王之时，万物发生之际，但火、土、金、水同时并存，只是所处地位不同而已；以夏天为例，夏天是火王之时，但土、金、水、木同时并存，只是所处地位不同而已；以秋天为例，秋天是金王之时，但水、木、火、土同时并存，只是所处地位不同而已；以冬天为例，冬天是水王之时，但木、火、土、金亦同时并存，只是所处地位不同而已。

（2）五行异时、异居、名别

《五行大义·论相生》说“同出而异时”“同胎而异居”“五行并

起，各以名别”。这是讲五行的不同点，是理解五行相生的关键。

怎么理解五行同时和异时？所谓五行同时，是指水、火、木、金、土同时存在，即《五行大义·论相生》所说“五行同时而起”“五行并起”之意；所谓五行异时是指水、火、木、金、土各有不同的用事时间，即各有不同的主事之时，如木用事于春、火用事于夏、水用事于冬、金用事于秋、土用事于长夏。

怎么理解五行异居？所谓五行异居，是指水、火、木、金、土各有不同的用事之位，即各有不同的主事之位。这就如同一母同胎五兄弟出生之后，各自成家立业，各有自己管理主事的位置。具体到五行而言，就是木与东方之位相应、火与南方之位相应、金与西方之位相应、水与北方之位相应、土与中央之位相应。

怎么理解五行“各以名别”？所谓五行“各以名别”，是指五行在本质上都是阴阳之气，具有共同性，但五行在时间、空间、运动方向上又是有所区别的，这种区别通过五行之名表现出来，即木、火、土、金、水之分。

（3）五行更互用事，轮转休王

《五行大义·论相生》说：“五行更互用事，轮转休王。”这就是五行相生的真正含义。

五行同时存在，但所处地位不同，有休囚与王相之别。所谓五行用事，就是五行当令称王，主管此一时间、此一空间内事物变化的趋势、性质等。五行各自对应不同的时间与空间，因此，所用事的时间与空间是不同的。但是，事物的运动变化在时间与空间上是连续性与间断性的统一，往往表现为一个过程。因此，在这个过程中就出现时间与空间的转换即五行用事的交互更替。从季节发展变化的整个过程来看，就是五行“更互用事，轮转休王”，而从此一五行用事转变为彼一五行用事，就是相生。五行依次轮转休王，就是五行依次轮转相生。通过这种轮转变化，季节的发展变化呈现出周期性，表现为一个过程。

五行休王表

四时	王	相	休	囚	死
春	木	火	水	金	土
夏	火	土	木	水	金
季夏	土	金	火	木	水
秋	金	水	土	火	木
冬	水	木	金	土	火

五行各自用事的时间与空间是不同的，因此，五行虽然同属阴阳之气，但并非同类。其依次轮转的过程是从此一五行向另一五行的转换，是不同类之间的更替。所以，《五行大义・论相生》引“颖容云：凡五行相生，谓异类相化”，就是此意。如果是同一五行之间，就难以实现这种转化，也就难以实现这种相生。这就如同男女性别不同，才能交合产生子息一样，五行也是如此，单一的水不能生水，单一的木不能生木，单一的火不能生火，单一的土不能生土，单一的金不能生金，木、火、土、金、水五行必须要从不同类的五行中生出。

3. 五行相生之序

《春秋繁露・五行对》说：“天有五行，木、火、土、金、水是也。木生火，火生土，土生金，金生水。”《五行大义・论相生》在引述时做了一个细小的改动：“木生火，火生土，土生金，金生水，水生木。”《五行大义》所引形成了一个五行相生的循环圈，使五行相生之序完整体现出来。

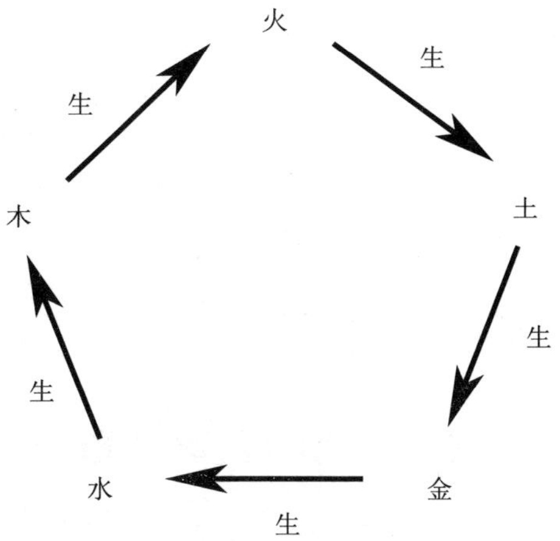

五行相生图

西汉董仲舒将五行相生用父子之间的关系来进行比拟，从而得出五常即仁、义、礼、智、信就是五行的结论。实际上，五行之间的相生关系就如同父子关系，或叫父母子息关系。如水生木，水为父母，木为子孙；木生火，木为父母，火为子孙；火生土，火为父母，土为子孙；土生金，土为父母，金为子孙；金生水，金为父母，水为子孙。

（二）五行相克

五行之间具有相克关系，“克”的意思是管制、处罚。五行相克的关系是：木克土、土克水、水克火、火克金、金克木。

五行相克图

六、五行的表象体系

按照中国古代哲学思想，自然界的季节变化，从能量运行看是五行体系，从外在表象看是八卦体系。八卦体系是由阴阳、四象、八卦、六十四卦所组成的一个表象系统，与五行具有内在联系。

（一）气化与易画

清代戴震在《孟子字义疏证·天道》中说，孔子以太极指气化之阴阳，以两仪、四象、八卦指易画（即阴阳）。这说明阴阳包括两层含义：一是阴阳之气，即所谓“气化之阴阳”；二是阴阳之象，即古人所谓“易画”。从阴阳之气来看，阳气主动，阴气主静，动静往来，循环不已；从阴阳之象来看，万物因向光与背光而分为明与暗（晦），明暗（晦）交错则造成视觉上的立体感，古人以明为阳爻，暗（晦）为阴爻，明暗（晦）交错，卦象生成。

（二）五行与四象

所谓四象，是指少阳、老阳、少阴、老阴四种爻象。五行与四象相互配合，可以从方位、四时、形质方面分析。

从方位、四时看，木居少阳之位，少阳位东方，对应四时中的春，阳气方长；火居太阳之位，太阳位南方，对应四时中的夏，阳气已强；土居位中央，对应四时中的季夏，阳衰阴长，阴阳趋于平衡；金居少阴之位，少阴位西方，对应四时中的秋，阴气方长；水居太阴之位，太阴位北方，对应四时中的冬，阴气已强。

从形质看，水是积阴之寒气；火是积阳之热气；木是少阳之气，其体内含有阴气；金是少阴之气，其内部光明可见；土是中和之气，包含木、火、金、水四种品德。

因此，以木配合少阳，以火配合太阳，以土配合阴阳中和，以金配合少阴，以水配合太阴。

（三）五行与八卦

宏观和微观虽然对自然系统的认识不同，但最终是和谐统一的。因此，五行与八卦可以相互配合。

《周易·说卦传》有多处提到八卦的气象意义。《说卦传·第一章》:“参天两地而倚数，观变于阴阳而立卦。”《说卦传·第三章》:“天地定位，山泽通气，雷风相薄，水火不相射。”《说卦传·第四章》:“雷以动之，风以散之，雨以润之，日以烜之。”《说卦传·第六章》："动万物者莫疾乎雷，挠成物者莫疾乎风，燥万物者莫熯乎火，说万物者莫说乎泽，润万物者莫润乎水，终万物者莫盛乎艮。故水火相逮，雷风不相悖，山泽通气，然后能变化既成万物也。"这些都揭示了八卦的气象意义。八卦的基本气象含义有两个方面。一是天气现象。乾代表天，坤代表地，天、地是形成气象的两大因素；震代表雷，巽代表风，雷、风是直接的天气现象；离代表火，火是阳光，燥热和雷都能产生火；坎代表水，水是降水，包括降雨、降雪；兑代表泽，天空降水，积水成泽；艮代表山，积土成山，风雨兴焉。二是气候变化。二十四节气又分为八节，即立春、春分、立夏、夏至、立秋、秋分、立冬、冬至。八卦配合八节，《说卦传·第五章》只说："兑，正秋也。"《易通卦验》则将八卦与八节配合次序明确表述出来：艮，方位东北，主立春；震，方位东方，主春分；巽，方位东南，主立夏；离，方位南方，主夏至；坤，方位西南，主立秋；兑，方位西方，主秋分；乾，方位西北，主立冬；坎，方位北方，主冬至。每节都有不同方向的季风，风向可以分解到八个方位，配属八卦，如艮卦对应东北风，震卦对应东风，巽卦对应东南风，离卦对应南风，坤卦对应西南风，兑卦对应西风，乾卦对应西北风，坎卦对应北风。

八象即为五行。《河洛精蕴·后天八卦图》认为：解说《易经》的人，每每认为《易经》不讲五行，用五行讲《易经》的观点不是《易经》的本来意旨。然而，人们不知道八卦卦象与五行相互贯通的道理。知晓其道理，那么讲八卦卦象就是讲五行。况且，八卦卦象也有时而变化通达的情况，坎卦卦象为水，而也说为云，就知道水与云是一类；离卦卦象为火，而也说为日、为电，就知道火与日、电是一类；坤卦卦象为地，艮卦卦象为山，地与山都是土，这就不用说了；巽卦卦象本来为风，而也为木，是风与木为相同的气类，所以医学家称厥阴风木；然而，震卦卦象为雷，雷也是木，打雷就下雨，雷雨能生万物，雷是变化生出万物的木，雷是云层放电时发出的巨响，雷动就如同龙跟随行动，龙在动物类别为鳞虫，鳞虫在方位属于东方，苍龙在二十八宿是东方星宿，龙行雷动产生的电火又为相火，它的本来形体则是阳性的木；只有兑卦卦象为泽，属于五行金，人们不肯相信，不知道大海的水与天相互连接，犹如山与地相互连接，兑卦其实与天同一气类；乾卦卦象为天，其五行为金，哪里只是金玉的金呢，纯粹刚强的气质万世不会改变，因此《河图》以九数为五行金。先天八卦固然应当用五行理论论述八卦卦象，后天八卦讲方位、讲时令，正应当用五行理论解释它，才有确实的根据。《说卦传·第五章》说“兑卦为正秋”，正秋在年周期中的五行岂不是金吗？

（四）五行与六十四卦

《中国气象史》说：“研究《易》如果不确认它与气象的关系，最终不会获得科学的理解。”对《易》，人们可能看到了它的卜、它的筮、它的象、它的数，但其实它之所以为卜、为筮、为象、为数，最初是从气象知识角度构建的。太极、阴阳二爻、四象、八卦都具有气象意义，同理，八卦重叠形成的六十四卦，也具有气象意义。只有从气象及其相关的意义角度去理解，才能真正读懂六十四卦卦名的由来。

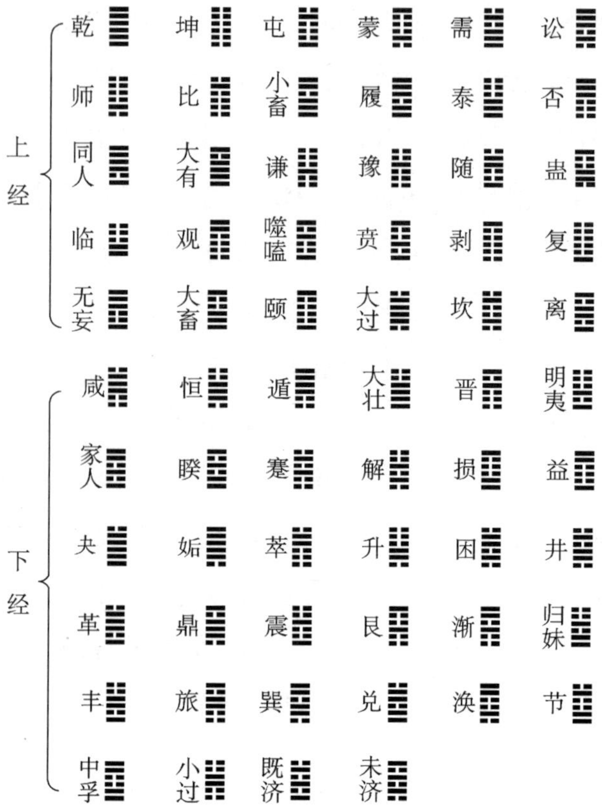

通行本《易经》六十四卦

按照通行本《易经》六十四卦卦序，简述古人所理解的六十四卦的气象及其他相关意义如下。

1. 上经三十卦

乾 《周易·象上传》:“天行健。”乾卦象征天，上下皆是乾卦，表示天体运行，周而复始，刚健有力。

坤 《周易·象上传》:“地势坤。”坤卦象征地，上下卦皆是坤卦，表示大地的态势是顺承天体运行的规律，一个态势接着一个态势，体现四时物候特征。

屯 《周易·象上传》:“云雷，屯。”上卦坎象征云，下卦震象征雷，云在雷上，表示积雨云中的小水滴聚集在上，可形成雷的负电荷积聚在下，云中的小水滴被上升热气流托住，雨暂时很难降下来，因此，卦名为屯。

蒙 《周易·象上传》:“山下出泉，蒙。”上卦艮象征山，下卦坎象征泉，山下面的泉眼中涌出泉水，是水的发源，如同启蒙教育是蒙昧孩童知识的源头，因此，卦名为蒙。

需 《周易·象上传》:“云上于天，需。”上卦坎象征云，下卦乾象征天，水蒸气经太阳照射被蒸发到空中，在高空遇到冷空气凝聚成小水滴，才能形成雨，因此，卦名为需。

讼 《周易·象上传》:“天与水违行，讼。”上卦乾象征天，下卦坎象征水，天为阳，阳性的热空气上行而居上位，水流向下而居下位，二者行动方向相违背，造成争讼，因此，卦名为讼。

师 《周易·象上传》:“地中有水，师。”上卦坤象征地，下卦坎象征水，大地之中有水，如同人民之中有军队，因此，卦名为师。

比 《周易·象上传》:“地上有水，比。”下卦坤象征地，上卦坎象征水，大地之上有水，水向下润泽大地，大地承载着水，水与地亲密无间，因此，卦名为比。

小畜 《周易·象上传》:“风行天上，小畜。”上卦巽象征风，下卦乾象征天，风为流动的空气，气流会很快带来晴朗或降水，好像经过了一个短暂的蓄积过程，因此，卦名为小畜。

履 《周易·象上传》:“上天下泽，履。”上卦乾象征天，下卦兑象征泽，天行于上而居上位，泽润于下而居下位，天与泽各自履行各自的职责，因此，卦名为履。

泰 《周易·象上传》:“天地交，泰。”上卦坤象征地，下卦乾象征天，天为阳，阳性的热空气应上行而居下位，地为阴，阴性的冷空气应下行而居上位，天地之气得以相互交流，形成良性循环，万物因而安泰，因此，卦名为泰。

否 《周易·象上传》:“天地不交，否。”上卦乾象征天，下卦坤象征地，天为阳，阳性的热空气应上行而居上位，地为阴，阴性的冷空气应下行而居下位，天地之气不相互交流，造成闭塞不通，因此，卦名为否。

同人 《周易·象上传》:“天与火，同人。”上卦乾象征天，下卦离象征火，天为阳，阳性的热空气应上行而居上位，火虽在下而性炎上，天与火具有相同的趋向，因此，卦名为同人。

大有 《周易·象上传》:“火在天上，大有。”上卦离象征火，下卦乾象征天，火即太阳，太阳在天上普照万物，为万物提供能量，万物生长靠太阳，全都大有收获，因此，卦名为大有。

谦 《周易·象上传》:“地中有山，谦。”上卦坤象征地，下卦艮象征山，由于长期连续的大面积地壳抬升运动形成了海拔较高的高原，高原比一些山还高，象征大地之中包含有山，山谦退于大地之下，因此，卦名为谦。

豫 《周易·象上传》:“雷出地奋，豫。”上卦震象征雷，下卦坤象征地，大气中的云体之间、云地之间正负电荷互相摩擦产生剧烈放电，产生高温，使大气急剧膨胀而发出震耳欲聋的巨响，如同雷从地中出现，万物受到雷鸣而振奋，出现喜悦安乐景象，因此，卦名为豫。

随 《周易·象上传》:“泽中有雷，随。”上卦兑象征泽，下卦震象征雷，泽中水汽可以向上蒸发形成云，云体间正负电荷互相摩擦可以产生雷，目前能够形成雷的电荷处于大泽之中，只能跟随大泽而潜伏，因此，卦名为随。

蛊 《周易·象上传》："山下有风，蛊。"上卦艮象征山，下卦巽象征风，山的下面有风吹动，风被山阻挡由水平方向变为向上流动，导致草木摇落，万物开始败坏，因此，卦名为蛊。

临 《周易·象上传》："泽上有地，临。"下卦兑象征泽，上卦坤象征地，泽的上面有大地，大地对泽而言居高临下，因此，卦名为临。

观 《周易·象上传》："风行地上，观。"上卦巽象征风，下卦坤象征地，风流行于大地之上，遍及万物，如同巡视各方，因此，卦名为观。

噬嗑 《周易·象上传》："雷电，噬嗑。"下卦震象征雷，上卦离象征电，雷是云体摩擦放电发出的巨响，电是云体摩擦产生的放电，电闪作用于发出雷声的云体上，可以撕裂云层，如同刑罚一样，因此，卦名为噬嗑。

贲 《周易·象上传》："山下有火，贲。"上卦艮象征山，下卦离象征火，山的下面有火，表示山上草木百物因火光向上照而被光明贲饰，因此，卦名为贲。

剥 《周易·象上传》："山附于地，剥。"上卦艮象征山，下卦坤象征地，山本来高高耸立，远离大地，由于长期的风吹日晒、雨水冲刷、生物破坏等作用而逐渐风化，土石剥落，附着于大地之上，因此，卦名为剥。

复 《周易·象上传》："雷在地中，复。"下卦震象征雷，上卦坤象征地，云地之间正负电荷摩擦也可以形成雷，能够形成雷的电荷重新产生于大地之中，因此，卦名为复。

无妄 《周易·象上传》："天下雷行，物与无妄。"上卦乾象征天，下卦震象征雷，在天的下面有雷发动，万物没有缘故，却受到雷声震动，因此，卦名为无妄。

大畜 《周易·象上传》："天在山中，大畜。"上卦艮象征山，下卦乾象征天，天似位于山之中，四面高山环绕，空气流动性差，干旱或降水都会维持较长时间，好像出现较长时间的蓄积，因此，卦名为大畜。

颐 《周易·象上传》："山下有雷，颐。"上卦艮象征山，下卦震象征雷，山的下面有雷声发动，雷电刺激山上植物的光合作用和呼吸作用，促进万物生长和新陈代谢，万物纷纷张开口寻求养分，因此，卦名为颐。

大过 《周易·象上传》："泽灭木，大过。"上卦兑象征泽，下卦巽象征木，泽中水面上升，淹没了泽中草木，造成大的过度，因此，卦名为大过。

坎 《周易·象上传》："水洊至，习坎。"坎卦象征水，上下皆是坎卦，表示水长期重复地流至，积成江河湖海，因此，卦名为坎。

离 《周易·象上传》："明两作，离。"离卦象征太阳，太阳接续两次出现，表示光明相继，因此，卦名为离。

2. 下经三十四卦

咸 《周易·象下传》："山上有泽，咸。"下卦艮象征山，上卦兑象征泽，山的上面有泽，泽中水分向下渗透，山中土壤吸收水分而润泽草木，泽与山相互感应，因此，卦名为咸。

恒 《周易·象下传》："雷风，恒。"上卦震象征雷，下卦巽象征风，雷是云体之间、云地之间正负电荷互相摩擦产生剧烈放电时发出的巨响，风是空气水平方向的流动，雷在上而风在下，风不能吹动在上形成雷的云体，雷也不能鼓动在下流动的风，各自处于恒常状态，因此，卦名为恒。

遁 《周易·象下传》："天下有山，遁。"上卦乾象征天，下卦艮象征山，天的下面有山，山形高远，天空变得远离地面，如同逃遁的样子，因此，卦名为遁。

大壮 《周易·象下传》："雷在天上，大壮。"上卦震象征雷，下卦乾象征天，雷在天空上轰轰作响，声势壮大，因此，卦名为大壮。

晋 《周易·象下传》："明出地上，晋。"上卦离象征太阳，下卦坤象征大地，太阳由地平线之下晋升而出现在大地上，阳光普照，因此，卦名为晋。

明夷 《周易·象下传》："明入地中，明夷。"下卦离象征太阳，上卦坤象征大地，太阳由天空落下而进入地平线之下，光明受到"伤害"，因此，卦名为明夷。

家人 《周易·象下传》："风自火出，家人。"上卦巽象征风，下卦离象征火，火燃烧而致空气变热上行形成风，如同风自火中生出，表示女人生炊火于家内，男人才能风行于家外，男女各自得到自己应处的位置，因此，卦名为家人。

睽 《周易·象下传》："上火下泽，睽。"上卦离象征火，下卦兑象征泽，泽是水草交厝之地，火在上位可以使其中草木燃烧，泽在下位可以使其中草木润泽，二者作用乖离，因此，卦名为睽。

蹇 《周易·象下传》："山上有水，蹇。"下卦艮象征山，上卦坎象征水，山的上面有水，表示大江大河都发源于高山之上，水从高趋下，跨越崇山峻岭，行动艰难，因此，卦名为蹇。

解 《周易·象下传》："雷雨作，解。"上卦震象征雷，下卦坎象征雨，雷在雨上，表示积雨云中的小水滴不断碰撞增大形成较大水滴，云顶集聚大量正电荷，云底集聚大量负电荷。云中水滴下落时，电荷开始放电，伴着轰隆隆的雷声，雷雨因而发生，干旱的困境解除，因此，卦名为解。

损 《周易·象下传》:“山下有泽，损。”上卦艮象征山，下卦兑象征泽，山的下面有泽，泽中水分在毛细现象作用下，可以通过山体的毛细管上升，形成损耗下方泽中水分、增益上方山中水分的现象，因此，卦名为损。

益 《周易·象下传》:“风雷，益。”上卦巽象征风，下卦震象征雷，风是空气在水平方向上的流动，雷是云体之间、云地之间正负电荷互相摩擦产生剧烈放电时发出的巨响，雷电加快空气流动速度，空气流动导致云体摩擦放电，两相助益，因此，卦名为益。

夬 《周易·象下传》:“泽上于天，夬。”上卦兑象征泽，下卦乾象征天，泽中水汽蒸发上升到天上，水汽与泽因天空阻隔而相互决裂，因此，卦名为夬。

姤 《周易·象下传》:“天下有风，姤。”上卦乾象征天，下卦巽象征风，天的下面有风吹动，天下万物都与风相遇，因此，卦名为姤。

萃 《周易·象下传》:“泽上于地，萃。”上卦兑象征泽，下卦坤象征地，由于河水带着大量泥沙流入湖泽，泥沙沉积，导致泽底日益升高，人们只得不断加高加固堤防，造成泽水萃聚于地上，因此，卦名为萃。

升 《周易·象下传》:“地中生木，升。”上卦坤象征地，下卦巽象征木，大地之中有向上生长的草木，表示植物种子埋入土中，在合适的条件下生根发芽，穿透地面向上升起，因此，卦名为升。

困 《周易·象下传》:“泽无水，困。”上卦兑象征泽，下卦坎象征水，泽的下面为水，表示泽中之水向下渗漏，导致泽中无水，泽中生物处于困境，因此，卦名为困。

井 《周易·象下传》:“木上有水，井。”下卦巽象征木，上卦坎象征水。这有两层意思：一是木在水下，指木进入水中，二是木上有水，指木上面有水，表示人们将木桶投入井水中，待木桶灌满水后将木桶提到井上，因此，卦名为井。

革《周易·象下传》:“泽中有火，革。”上卦兑象征泽，下卦离象征火，泽之中包藏有火，表示泽中有阳光射入，可以为泽中生物提供太阳光能，驱动生命不断变革出新，因此，卦名为革。

鼎 《周易·象下传》:“木上有火，鼎。”下卦巽象征木，上卦离象征火，木的上面有火，表示用木材生火做饭的样子，因此，卦名为鼎。

震 《周易·象下传》:“洊雷，震。”震卦象征雷，上下皆是震卦，表示雷声一阵接着一阵，万物受到强烈震动，因此，卦名为震。

艮 《周易·象下传》:“兼山，艮。”艮卦象征山，上下皆是艮卦，表示两座山并列在一起，都很稳定，静止不动，因此，卦名为艮。

渐 《周易·象下传》:“山上有木，渐。”下卦艮象征山，上卦巽象征木，山的上面有草木，草木随着时间的推移渐渐向上生长，因此，卦名为渐。

归妹 《周易·象下传》:“泽上有雷，归妹。”下卦兑象征泽，上卦震象征雷，泽的上面有雷发动，表示雷电自上而下击中大泽，泽中水汽受到高温蒸发向上，如同嫁出妹妹一样，因此，卦名为归妹。

丰 《周易·象下传》:“雷电皆至，丰。”上卦震象征雷，下卦离象征电，雷鸣于上，电闪于下，雷鸣电闪全都来到，气势盛大，因此，卦名为丰。

旅《周易·象下传》:“山上有火，旅。”下卦艮象征山，上卦离象征火，山的上面有火燃烧，火逐草木而行，其势不会长时间停留，如同旅行，因此，卦名为旅。

巽 《周易·象下传》:“随风，巽。”巽卦象征风，上下皆是巽卦，表示一阵风跟随着一阵风刮来，无孔不入，因此，卦名为巽。

兑 《周易·象下传》:“丽泽，兑。”兑卦象征泽，上下皆是兑卦，表示两个泽并连在一起，水分相互渗透沟通，因此，卦名为兑。

涣 《周易·象下传》:“风行水上，涣。”上卦巽象征风，下卦坎象征水，风行于水面之上，水面由平静变为涣散，因此，卦名为涣。

节 《周易·象下传》:“泽上有水，节。”下卦兑象征泽，上卦坎象征水，泽的上面有水，表示水流入泽中，泽节制水，因此，卦名为节。

中孚 《周易·象下传》:“泽上有风，中孚。”下卦兑象征泽，上卦巽象征风，泽是水草交厝之地，以润泽万物而得名，风有助于改善泽中草木的环境条件，泽可以虚心接受，因此，卦名为中孚。

小过 《周易·象下传》:“山上有雷，小过。”下卦艮象征山，上卦震象征雷，山的上面有雷发动，雷电击中山上草木，造成小的过度，因此，卦名为小过。

既济 《周易·象下传》:“水在火上，既济。”上卦坎象征水，下卦离象征火，水位于火的上面，表示水居上位而性润下，火居下位而性炎上，水与火相互作用，产生相反相成的效果，因此，卦名为既济。

未济 《周易·象下传》:“火在水上，未济。”上卦离象征火，下卦坎象征水，火位于水的上面，表示火性炎上而居上位，水性润下而居下位，火与水各居其位，不能产生相反相成的效果，因此，卦名为未济。

六十四卦既然具有气象意义，就自然配属五行，同五行建立起联系。清代江永在《河洛精蕴·后天六十四卦次序图》中总结六十四卦所配属五行如下。

乾宫卦：乾为天、天风姤、天山遁、天地否、风地观、山地剥、火地晋、火天大有，皆属阳金；

坎宫卦：坎为水、水泽节、水雷屯、水火既济、泽火革、雷火丰、地火明夷、地水师，皆属水；

艮宫卦：艮为山、山火贲、山天大畜、山泽损、火泽睽、天泽履、风泽中孚、风山渐，皆属阳土；

震宫卦：震为雷、雷地豫、雷水解、雷风恒、地风升、水风井、泽风大过、泽雷随，皆属阳木；

巽宫卦：巽为风、风天小畜、风火家人、风雷益、天雷无妄、火雷噬嗑、山雷颐、山风蛊，皆属阴木；

离宫卦：离为火、火山旅、火风鼎、火水未济、山水蒙、风水涣、天水讼、天火同人，皆属火；

坤宫卦：坤为地、地雷复、地泽临、地天泰、雷天大壮、泽天夬、水天需、水地比，皆属阴土；

兑宫卦：兑为泽、泽水困、泽地萃、泽山咸、水山蹇、地山谦、雷山小过、雷泽归妹，皆属阴金。

《河洛精蕴·后天六十四卦次序图》进一步解释：此为后天八

宫之卦，其法以变爻为主，其变化自爻画之下而至上，以乾宫卦为例，从乾为天开始，初爻变为天风姤，继之第二爻变为天山遁，继之第三爻变为天地否，继之第四爻变为风地观，继之第五爻变为山地剥，之后，退至下一爻，为第四爻变成为火地晋卦，又退至内卦三爻，回归其本宫卦，为内卦三爻变成为火天大有卦，如法得到乾宫卦；又以坤宫卦为例，从坤为地开始，初爻变为地雷复，继之第二爻变为地泽临，继之第三爻变为地天泰，继之第四爻变为雷天大壮，继之第五爻变为泽天夬，之后，退至下一爻，为第四爻变成为水天需卦，又退至内卦三爻，回归其本宫卦，为内卦三爻变成为水地比卦，如法得到坤宫卦。坎宫、艮宫、震宫、巽宫、离宫、兑宫都仿照这种变化方法，自然天成，不假人为。《河洛精蕴·后天六十四卦次序图》说："八宫皆依八卦之五行，则六十四卦皆有所属矣。"八宫都依据首列八卦的五行属性，那么六十四卦就都有五行所属了。

五行应用篇

五行的应用包括两个方面。一是在自然系统各组成部分之中的应用，这些应用遵循从气原则；二是在社会中人事效法五行的实践，这些实践遵循效法原则。

一、五行应用原则

五行应用于自然和社会，可以概括为两个原则：从气原则和效法原则。

（一）从气原则

《五行大义》多处提到“从气”之说。《释名·论支干名》中说：“此并支干别名大意，终从气解，故以具释之。”《明数·论支干数》中说：“此并从气增减，气盛则多，气衰则少也。”《论刑》中说：“别有从气为刑，与德相对者。”“从气”的“气”又往往具体化为阴阳二气，因此，所谓“从气”就是按照自然界变化的规律来解释。《礼记·月令》中所说每个季节人事活动的宜忌，有不少是从人与气候、人与自然和谐相处的角度立论的，如“盛德在木”时，人们应该耕种，不要伐木，不要打猎；“盛德在火”时，人们不要大兴土功，不要伐大树；“盛德在金”时，人们应该准备收割，可以打猎；“盛德在水”时，人们应该修理农具、砍伐木材等，时至今日，这些历史经验对于人类尊重自然、顺应自然、保护自然，正确处理人与自然的关系仍然具有重要的启发价值。

（二）效法原则

人既是自然界的构成要素，又是社会的最基本要素。社会由人口、资源、环境、文化诸要素构成，其运行的最终决定性因素是生产。生产本身有两种：一方面是生活资料即食物、衣服、住房以及为生产这些所必需的工具的生产；另一方面是人类自身的生产。人们通过吃、喝、住、穿等物质资料的生产建立起生产关系，之后建立起更广泛的经济关系，乃至政治关系、法律关系、文化关系等；通过人类自身的生产建立起婚姻关系、血缘关系等。由各种社会关系联结起来，人们组成了许多社会的子系统，这些子系统各有不同的构成要素和相互联系，如家庭的构成要素是夫妻、父母、子女等，相互联系是婚姻关系、血缘关系。

古人认为，人事应取法自然、效法五行。《老子·第二十五章》说，人取法于地，地取法于天，天取法于道，道取法于自然。这里的“道”，按照戴震的说法就是阴阳五行；这里的“自然”就是自然界，包括四时气候；这里的“人”既指人与事的关系，也指人与人的关系。《史记·历书》则明确说：“盖黄帝考定星历，建立五行，起消息，正闰余，于是有天地神祇物类之官，是谓五官，各司其序，不相乱也。”太史公司马迁说，大概黄帝考核审定星历，建立五行，开启阴阳的消减与滋长（消息），确定农历一年和一回归年相比所多余的时日（闰余），于是，人们效法五行，才设立了主管天地、神祇、物类的官职，这就称为五官，五官各自管理各自的时序（各司其序），不致相互混杂。因此，人事可以取法阴阳五行，这个原则就是效法原则，就是向自然学习、模仿的原则。

二、五行基本应用

（一）用于历法

五行用于历法，是通过干支实现的。中国古代常将天文、地理与人伦进行类比讨论，因此认为，干支组合的依据与日常人伦道理相同。隋代萧吉《五行大义·论配支干》就说："干不独立，支不虚设，要须配合，以定岁月日时而用。如君臣夫妇，必配合以相成。"天干不能脱离地支独立存在，地支不能脱离天干虚设空置，天干与地支必须相互配合，用以确定岁、月、日、时而发挥其功用。其中道理如同人世间的君与臣、夫与妇一样，必须君臣配合、夫妇配合才能有所成就。其实，这种用人事进行比拟的论证方法是缺乏科学依据的。干支配合的真正原因是历法纪时的需要。天干的由来与太阳有关，地支的由来与月亮有关，太阳与月亮配合起来才能确定地球上的年、月、日、时等时间概念，因此，起源于古代天文学的天干与地支常被组合起来应用于历法。

1. 干支纪时法的起源

北半球日照时间最长的一天在夏至日，夏至日白昼最长、黑夜最短。我国大部分地区太阳出于寅末，入于戌初，依次经历寅、卯、辰、巳、午、未、申、酉、戌共九个星次、计九个时辰，分别表示太阳光能运行的九种状态，加上黑夜的一种状态，共计十种状态。这十种状态，古人就称为十日。

中国古代关于十日传说，有两种代表性说法。一种是通行本《山海经·海外东经》说："下有汤谷。汤谷上有扶桑，十日所浴，在黑齿北。居水中，有大木，九日居下枝，一日居上枝。"另一种是唐代欧阳询撰《艺文类聚·日》所引《山海经》："又曰：'大荒之中，旸谷上有扶桑，十日所浴，九日居上枝，一日居下枝，皆载乌。'又曰：'羲和者，帝俊之妻，是生十日。'"如果我们把太阳在周日视运动中所表现出的十种能量状态作为十日，称为十干，把寅、卯、辰、巳、午、未、申、酉、戌及下方的亥、子、丑星次称为十二支，则恰好是九日居上枝，一日居下枝。正因为，在太阳周年视运动中，一日内太阳所在的星次最多只有九个，因此，九才是最大的阳数。

《淮南子·天文训》说："寅，在甲曰阏逢。""卯，在乙曰旃蒙。""辰，在丙曰柔兆。""巳，在丁曰强圉。""午，在戊曰著雍。""未，在己曰屠维。""申，在庚曰上章。""酉，在辛曰重光。""戌，在壬曰玄黓。""子，在癸曰昭阳。"这实际上就是讲，从甲干与寅支配合开始，一日之中各时辰与天干配合的规律，即：寅支配甲干，卯支配乙干，辰支配丙干，巳支配丁干，午支配戊干，未支配己干，申支配庚干，酉支配辛干，戌支配壬干，亥、丑二支不配天干，而于子支配癸干，实则暗示亥、子、丑三支同为黑夜，太阳光能没有什么变化，故皆配癸干。实际应用时，以亥支配癸干，余子、丑二支不配，用于下一次循环。这就是用干支组合起来纪时方法的起源。

2. 干支纪时法的推演

由于地球自西向东自转，东边比西边先看到太阳，东边的时间也比西边的早，为了克服时间上的混乱，1884 年人们规定将全球划分为 24 个时区（东、西各 12 个时区），每个时区横跨经度 15 度，时间正好是 1 小时。判断新旧两天，要看两条线：一是人为日界线——180 度国际日期变更线；二是自然分界线——当地时间为 0 时的地区经线。全球各地都以自己所看到的太阳的位置作为确定一天的标准，如果以中国所在时区夏至日寅支配甲干开始配合纪时，以甲干表示太阳出现时，按照地球自转方向，如同夸父逐日般依次向东跨越四个时区（相当于两个时辰），则按照太阳出现时所在星次依次配合甲干，就可以依次得到子支配合甲干、戌支配合甲干、申支配合甲干、午支配合甲干、辰支配合甲干，再以寅支配合甲干，经过 5 日 60 个时辰环绕地球一圈完成一个六甲循环，也因而 5 日可以形成一候。由于每日、每月、每年太阳光能都随太阳所在星次不同而有所变化，因此，干支组合又用于纪日、纪月、纪年，从而形成了一套完备的干支历法。

3. 干支历法的历元

每种历法都有一个起始点，被称为历元。中国古代干支历法的编算也有一个开始，就是干支历元。干支历法将四甲子朔旦冬至，即农历的癸亥年十一月甲子日夜半合朔交冬至确定为历元。四甲子是甲子岁、甲子月、甲子日、甲子时；夜半是子时；合朔是日月运行处于同宫同度，一般指农历每月初一；冬至是农历十一月之中。以此作为上元甲子。从此开始，岁、月、日、时的干支依次得以确立。岁的干支，从历元之年为甲子年开始，其后依次排列。月的干支，从历元上一年的农历十一月为甲子月开始，其后依次排列，每逢天干为甲或己的年份，其上一年阴历十一月都是甲子月。日的干支，从历元之日（即冬至日为朔望月的初一）为甲子日开始，其后依次排列，每 60 日一个循环。时的干支，从历元之时（即夜半）为甲子时开始，其后依次排列，每逢冬至或夏至后，凡天干为甲或己日，其夜半子时为甲子时。如此一来，岁、月、日、时四事都是以甲子为首，从甲子开始。

（二）用于方位

五行不仅用于标记时间，还用于标记空间，这是通过干支四维配二十四方位（向）来实现的，而标记方位的工具就是罗经。

1. 二十四向的含义

清代《皇朝文献通考》记载：“地平亦分三百六十度，四分之为四方（子、午、卯、酉），各相距九十度，二十四分之为二十四向，各十五度。”意思是，中国古代将地平面看作天球相交形成的一个大圆，也分 360 度，分成四份则为四方（即子、午、卯、酉四方），各方相距 90 度，分成二十四份则为二十四向，各向 15 度。

2. 二十四向配干支

二十四方位图

明代章潢《图书编·天干地支河图洛书卦气方位》记述："今大明历所载，子、午、卯、酉居四正之位，其四隅则巽居东南，坤居西南，艮居东北，乾居西北，离居午位正南而丙丁分之，坎居子位正北而壬癸分之，震居卯位正东而甲乙分之，兑居酉位正西而庚辛分之，合十二辰八干四隅，谓之二十四向。"意思是，按照大明历的记载，十二支中子、午、卯、酉居北、南、东、西四正位，四隅则丑、寅居东北，辰、巳居东南，未、申居西南，戌、亥居西北；八卦中巽居东南，坤居西南，艮居东北，乾居西北；十干中丙、丁居午位两边，壬、癸居子位两边，甲、乙居卯位两边，庚、辛居酉位两边。八干、四维、十二支，合称二十四向。

（三）用于天文

《尚书考灵曜》说："七政曰：日月者，时之主也；五星者，时之纪也。"这是说，七政就是指日、月、五星，日、月是形成地球上时间的主宰，五星是记录地球上时间的法度。通过日、月、五星治理时间，即治理春、夏、秋、冬四时，这应该是七政的本来含义。二十八宿、十二星次是日、月、五星运行的轨迹和位置，都同五行具有密切联系。因此，五行能够用于天文。

1. 日为火精

《春秋元命苞》说：“天有三百六十五度四分度之一，布在四方，日日一历无差池，使四方合如一，故其字四合一也。”古人这种朦胧的认识从现代历法讲具体一点就是，地球围绕太阳自西向东公转一周所需时间约365.25天，每天地球公转的平均角速度约为1度，从周年视运动来看，是太阳围绕地球在黄道自东向西转动，一周天为躔度三百六十五度零四分之一度，分布在黄道四方，每日太阳经历一度，没有差错，使黄道四方合如一体，所以“日”字四面围合，中间为一。

《尚书考灵曜》更进一步说，我们以太阳和二十八宿的视运动来观察，可以发现：春季春分一日，从地理方位看，太阳出于卯方，入于酉方；从二十八宿看，黄昏时昴星一度正当中天，天明时斗星十二度正当中天。仲夏夏至一日，从地理方位看，太阳出于寅方，入于戌方；从二十八宿看，黄昏时心星五度正当中天，天明时营室十度正当中天。秋季秋分一日，从地理方位看，太阳出于卯，入于酉；从二十八宿看，黄昏时须女四度正当中天，天明时东井十一度正当中天。仲冬冬至一日，从地理方位看，太阳出于辰方，入于申方；从二十八宿看，黄昏时奎星一度正当中天，天明时氐星九度正当中天。从地理方位看，卯、酉是周日视运动中白昼与黑夜交会之处，也是周年视运动中冷暖交会之处，日月出入运行于此方位为居中道路，这是万物兴盛与衰落、出而生长、入而休息之所。从年周期看，卯为二月，酉为八月，所以称为二八之门，用来准确表示二、八月万物盛衰、生死的变化。

2. 月为水精

《春秋元命苞》说："月水之精，故内明而气冷。……月为阴精，体自无光，藉日照之乃明，犹如臣自无威，假君之势乃成其威。月初未政对日，故无光缺；月半而与日相对，故光满；十六日已后渐缺，亦渐不对日也。"月是五行水气精华，所以内部明亮而温度极低。月亮为阴气精华，自己本身不能发光，凭借太阳的照射才得以明亮，这就如同人类社会中臣子自身没有威严，凭借君王的权势，所以才成就他的威严一样。月相是地球上可以看到的月球被太阳照明的部分，随着月球围绕地球运动，使太阳、地球、月球三者的相对位置在一个月中有规律地变动，月球与太阳相对位置不同（黄经差），月球所能反射太阳光部分便呈现出各种形状。

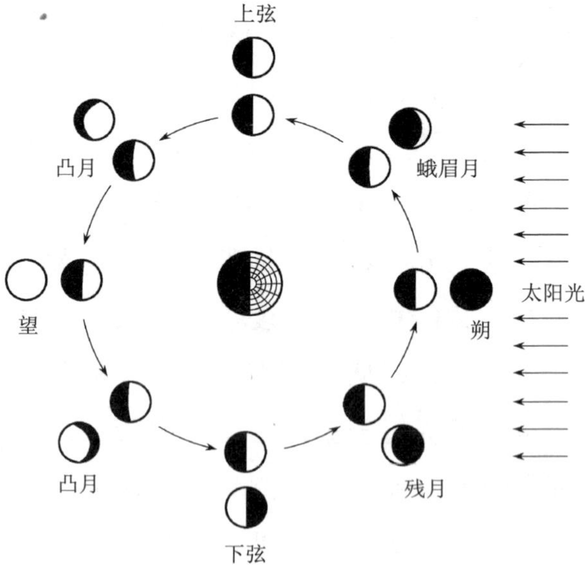

月相图

农历每月初一，日月黄经差为0度，月球位于地球和太阳之间，月球不正对太阳，其黑暗面朝向地球，并与太阳同时出没，所以地面上无法见到缺损的月光。农历每月十五前后，日月黄经差为180度，地球位于月球与太阳之间，月球正好与太阳相对，所以地面上可以看到圆满月光。农历每月十六日以后，日月黄经差大于180度，月球渐渐不与太阳正相对，所以地面上看到的月相渐渐缺损。从日、地、月大致在同一直线上的月圆之时开始，月球相对于恒星绕地球运转360度，时长约27.32天，为一个恒星月，每日月行平均角速度为13.18度；由于同时间段内，地球也绕太阳公转，当日、地、月再大致在同一直线上的月圆之时，时间多过了2.21天，时长是27.32天+2.21天=29.53天，为一个朔望月，绕地球为360度+360度×29.53/365.24=389.11度，每日月行平均角速度为13.18度。可以看出，从恒星月周期与朔望月周期计算出的每日月行平均角速度基本相同，与《五行大义·论七政》所说“月，日行十三度四分度之一”大体相合。

《汉书·天文志》说，月球围绕地球公转轨道有九条：黑道有两条，出现在黄道之北；赤道有两条，出现在黄道之南；白道有两条，出现在黄道之西；青道有两条，出现在黄道之东；加上中央黄道，共有九道。年周期中，立春、春分之时，月球在黄道东面，遵从青道；立秋、秋分之时，月球在黄道西面，遵从白道；立冬、冬至之时，月球在黄道北面，遵从黑道；立夏、夏至之时，月球在黄道南面，遵从赤道。在具体判断月球运行轨道时，主要取决于经过房宿的中道。月球运行在中道之东、之南的青、赤两道时，为出现于“阳道”；在中道之北、之西的黑、白两道时，为出现于“阴道”。这说明中国古人已经认识到月球围绕地球公转的周期是有变化的，时间长短有快有慢，其原因是月球围绕地球公转轨道远近有所不同，这就是月行九道。

3. 五星别配五行

《五行大义·论七政》说："五星者……或曰，日分为星，故其字日下生。……别而言之，各配五行。"五星的"星"字意为"精"，是阳气的荣华。阳气精华为日，日分化生成列星，所以"星"字上为"日"，下为"生"。五大行星因太阳而产生，是纪录地球上时间的法度。五星包括岁星、荧惑、镇星、太白、辰星，各自配合五行。

岁星属木。《五行大义·论七政》说："岁星，木之精，其位东方，主春……以其主岁，故名岁星。"岁星即木星，用肉眼观察其外表如同木材纹理，所以岁星为五行木气的精华；木的方位在东方，所以岁星方位在东方；木在四时主春，所以岁星在四时主春。木星绕太阳公转的周期为4332.589天，约合11.86年，相当于12年。木星每年经过黄道十二星次中的"一次"，以正月与营室晨出东方，其明岁以二月与东壁晨出东方，其明岁以三月与胃晨出东方，其明岁以四月与毕晨出东方，其明岁以五月与东井晨出东方，其明岁以六月与柳晨出东方，其明岁以七月与张晨出东方，其明岁以八月与轸晨出东方，其明岁以九月与亢晨出东方，其明岁以十月与心晨出东方，其明岁以十一月与斗晨出东方，其明岁以十二月与虚晨出东方，其明岁以正月与营室晨出东方，约12年运行一周天，总是明岁以次月与十二星次标志星依次晨出东方，因此，东方在天上对应木星。木星主管岁，被用以纪年，故称为岁星。

荧惑属火。《五行大义·论七政》说："荧惑，火之精，其位南方，主夏……以其出入无常，故名荧惑。"荧惑即火星，用肉眼观察其外表呈火红色，所以荧惑被看作五行火气的精华；火的方位在南方，所以荧惑方位在南方；火在四时主夏，所以荧惑在四时主夏。火星位于地球绕日公转轨道以外，是太阳系中地球的近邻。火星绕太阳公转一周相当于地球上 6 个月，自转周期为 24 小时 37 分，与地球相似，也有白天和黑夜交替，也能看到太阳东升西落，也有春、夏、秋、冬四季变化，被天文学家称为“天空中的小地球”，也被称为治理一方时间的“方伯”。荧惑在天空中运动，有时从西向东，有时又从东向西，当其出现在南方天空时称为荧惑。因为它出入没有常规，情况复杂，令人迷惑，所以被命名为荧惑。

镇星属土。《五行大义·论七政》说：“镇星，土之精，其位中央，主四季……以其镇宿不移，故名镇星。”镇星即土星，用肉眼观察外表为黄色，所以说镇星是五行土气的精华；土的方位在中央，所以镇星方位在中央；土在四时主四时之末，所以镇星在四时主四时之季。土星是太阳系八大行星中仅次于木星的第二巨行星，其绕太阳公转的平均速度约为每秒 9.64 千米，公转一周约 29.5 年，古人观测为大约 28 年，它在太阳系木、火、土、金、水五星中运行速度最慢，只有当其他四星都失去正常运行轨道之后，镇星才会发生变动，被人们看作掌握时间和命运的象征。因为土星能镇住其他星宿不至于偏移正常轨道，所以被命名为镇星。

太白属金。《五行大义·论七政》说：“太白，金之精，其位西方，主立秋……金，色白，故曰太白。”太白即金星，用肉眼观察外表明亮而略呈黄色，所以太白是五行金气的精华；金的方位在西方，所以太白方位在西方；金在四时主立秋，所以太白在四时主管立秋。金星是位于地球绕日公转轨道以内的“地内行星”，在地球上看，它总是在太阳两侧徘徊，或出现于黎明前，或出现于黄昏后，但不会在深夜里出现。春、秋二时，太阳入于西方，金星不出现在太阳西方，而出现在太阳东侧；日落后，金星就会出现在西方。西方五行为金，金的颜色为白，太白之名由此而来。

辰星属水。《五行大义·论七政》说：“辰星，水之精，其位北方，主冬……出入平时，故曰辰星。”辰星即水星，用肉眼观察外表呈黄色，但水星太接近太阳，常被太阳光淹没，是太阳系中运动最快的行星，且轨道曲线奇特，一个半月时间就可以从太阳之东到太阳之西，这与水屈曲流动的特性相似，所以辰星被看作五行水汽的精华；水的方位在北方，所以辰星方位在北方；水在四时主冬，所以辰星在四时主冬。水星出入可以平准时间，从地球上看，观察水星的最佳时间和地点是日出之前约 50 分钟的东方地平线上，或日落后 50 分钟的西方天边低处。“辰”的意思是纪日、纪时，辰星之名由此而来。

4. 二十八宿总配五行

中国古代先民根据日月星辰运行的轨迹，把周天分为三百六十度，划为若干区域，如选择黄道附近的二十八组星象作为坐标，用以辨别日月星辰的方位，因为它们很像日、月、五星栖宿的场所，故称为“二十八宿”。《尚书考灵曜》说：“二十八宿，周天三百六十五度四分度之一。”这儿的“度”指躔（chán）度，是日月星辰运行的度数，不同于周天 360 度的“度”。周天 360 度，是从地球上看，太阳中心从黄道上的某一恒星（标志星）出发，运行一周后，又回到了同一恒星（标志星），其周天度数为 360 度；躔度，是从地球上看，太阳周年视运动经历周天 360 度，每日太阳历行一度（指躔度），历经二十八宿，所需时间为一恒星年（即 365 日 6 时 9 分 10 秒，即地球公转所需时间），称为躔度三百六十五度四分之一度。

因为，二十八宿可以配合日、月运行，确定和量度太阳及星辰运行位置。所以，二十八宿可以总配五行。

按照《五行大义·论七政》所说，参考现代天文学知识，二十八宿总配五行情形如下。

东方苍龙七宿，包括角、亢、氐、房、心、尾、箕，五行为木。角有二星、亢有四星、氐有四星、房有六星、心有三星、尾有九星、箕有四星，共有三十二颗星。角十二度、亢九度、氐十五度、房五度、心五度、尾十八度、箕十一度，共占周天宽度约为七十五度。

南方朱雀七宿，包括东井、舆鬼、柳、七星、张、翼、轸，五行为火。东井有八星、舆鬼有五星、柳有八星、星有七星、张有六星、翼有二十二星、轸有四星，共有六十颗星。东井三十三度、舆鬼四度、柳十五度、星七度、张十八度、翼十八度、轸十七度，共占周天宽度约为一百一十二度。

西方白虎七宿，包括奎、娄、胃、昴、毕、觜、参，五行为金。奎有十六星、娄有三星、胃有三星、昴有七星、毕有八星、觜有三星、参有十星，共有五十颗星。奎十六度、娄十二度、胃十四度、昴十一度、毕十度、觜二度、参九度，共占周天宽度约为七十四度。

北方玄武七宿，包括斗、牵牛、须女、虚、危、营室、东壁，五行为水。斗有六星、牵牛有六星、须女有四星、虚有二星、危有三星、营室有二星、东壁有二星，共有二十五颗星。斗二十六度、牵牛八度、须女十二度、虚十一度、危十七度、营室十六度、东壁九度，共占周天宽度约为九十九度。

如此，二十八宿周天合计 360 度。

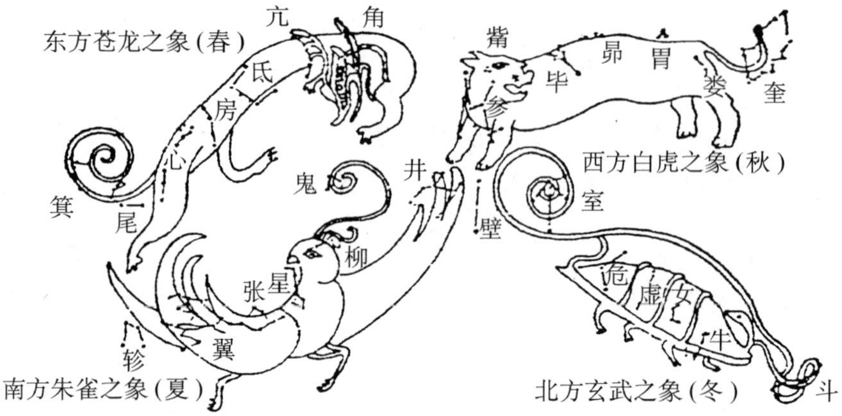

四象二十八宿

二十八宿中五行属土的星宿，东方为角、亢二宿，南方为井、鬼二宿，西方为奎、娄二宿，北方为斗、牛二宿，都位居四方之季，五行为土。

二十八宿总配五行表

四方四兽	东方苍龙	南方朱雀	西方白虎	北方玄武	
二十八宿	角、亢、氐、房、心、尾、箕	东井、舆鬼、柳、七星、张、翼、轸	奎、娄、胃、昴、毕、觜、参	斗、牵牛、须女、虚、危、营室、东壁	东则角、亢，南则井、鬼，西则奎、娄，北则斗、牛
五行	木	火	金	水	土

《五行大义·论七政》引述《曾子》所说：春分之日，南方朱雀七宿全都在黄昏时出现，主管仲春节气的是朱雀中星星宿出现在中天，这意味着可以种植稷；夏至之日，东方苍龙七宿全都在黄昏时出现，主管仲夏节气的是苍龙中星心宿出现在中天，这意味着可以种植黍子、豆子；秋分之日，北方玄武七宿全都在黄昏时出现，主管仲秋节气的是玄武中星虚宿出现在中天，这意味着可以种植小麦；

冬至之日，西方白虎七宿全都在黄昏时出现，主管仲冬节气的是白虎中星昴宿出现在中天，山里人可伐木制作器械，家里人可收获豆叶、芦苇、储蓄积累物资、打猎。君王坐着观察苍龙、朱雀、白虎、玄武七宿中星出现在中天的状况，而知晓人民农事活动的迟缓和紧急。人民农事活动紧急则不征发劳役，所以说“将历法付予百姓，使人民知晓时令变化，不耽误农时”。

5. 十二星次关乎六合

十二星次，是古人把黄道带自西向东划分为十二等分，其名称依次为：星纪、玄枵、诹訾、降娄、大梁、实沈、鹑首、鹑火、鹑尾、寿星、大火、析木，分别对应丑、子、亥、戌、酉、申、未、午、巳、辰、卯、寅十二地支，又称为十二宫。各星次都有二十八宿中的某些星作为标志，但二十八宿广狭不一，有些星宿跨属相邻的两个星次。十二星次用于量度日、月、行星运行的位置和确定北斗斗柄所指方位。在年周期中，斗建系统的斗柄分别指向不同星次的十二支，即月建；日月则交会于十二星次，代表每月的合朔，即每月初一日。因为，斗柄所指月建与日月交会星次具有相互配合的关系，所以，十二支中子与丑合、寅与亥合、卯与戌合、辰与酉合、巳与申合、午与未合，称为六合。十二支的制作始源于五行，所以在此进行阐述。

张介宾，号景岳，是明代医学家，他对斗柄所指月建与日月交会星次的配合有一段非常精彩的叙述。《黄帝内经集解素问·六节藏象论》在“行有分纪”注引张介宾说：大概观测大地运行的道理是以子午为经线，卯酉为纬线，一岁中阳气产生于冬至。一点阳气在于子宫，这是周天顺行十二星次与太阳逆行十二星次在年周期中的交会处。由此开始，北斗斗柄的斗建随周天向左旋转（即顺时针）以运行于东方，日月挨次星宫向右退行（即逆时针）以交会于西宿，因此有以下对应关系。

仲冬月，斗建在子宫，日月会于星纪，为二十八宿之斗宿，属十二星次之丑宫；

季冬月，斗建在丑宫，日月会于玄枵，为二十八宿之女宿，属十二星次之子宫；

孟春月，斗建在寅宫，日月会于諏訾，为二十八宿之室宿，属十二星次之亥宫；

仲春月，斗建在卯宫，日月会于降娄，为二十八宿之奎宿，属十二星次之戌宫；

季春月，斗建在辰宫，日月会于大梁，为二十八宿之胃宿，属十二星次之酉宫；

孟夏月，斗建在巳宫，日月会于实沈，为二十八宿之毕宿，属十二星次之申宫；

仲夏月，斗建在午宫，日月会于鹑首，为二十八宿之井宿，属十二星次之未宫；

季夏月，斗建在未宫，日月会于鹑火，为二十八宿之柳宿，属十二星次之午宫；

孟秋月，斗建在申宫，日月会于鹑尾，为二十八宿之翼宿，属十二星次之巳宫；

仲秋月，斗建在酉宫，日月会于寿星，为二十八宿之角宿，属十二星次之辰宫；

季秋月，斗建在戌宫，日月会于大火，为二十八宿之房宿，属十二星次之卯宫；

孟冬月，斗建在亥宫，日月会于析木，为二十八宿之尾宿，属十二星次之寅宫。

而后，周天与太阳重新交会于冬至子宫。

十二星次、二十八宿、月建、公历、节气对应表

星次	二十八宿	月建	公历	节气
星纪	斗、牛	子	12月7日—1月5日	大雪、冬至
玄枵	女、虚、危	丑	1月6日—2月3日	小寒、大寒
诹訾	室、壁	寅	2月4日—3月5日	立春、雨水
降娄	奎、娄	卯	3月6日—4月4日	惊蛰、春分
大梁	胃、昴、毕	辰	4月5日—5月5日	清明、谷雨
实沈	觜、参	巳	5月6日—6月5日	立夏、小满
鹑首	井、鬼	午	6月6日—7月6日	芒种、夏至
鹑火	柳、星、张	未	7月7日—8月7日	小暑、大暑
鹑尾	翼、轸	申	8月8日—9月7日	立秋、处暑
寿星	角、亢	酉	9月8日—10月7日	白露、秋分
大火	氐、房、心	戌	10月8日—11月8日	寒露、霜降
析木	尾、箕	亥	11月9日—12月6日	立冬、小雪

6. 二十八宿分配五行

日、月、五星称为七曜，共为七政，日、月是形成地球上四时二十四节气的本源，五星是记录地球上四时二十四节气的纲纪，日月五星因此得以配合二十四节气。

以节气论，惊蛰的“蛰虫惊醒”表示气候转暖，白露的“候鸟南迁”表示向阳而动，芒种的“忙收忙种”表示光照充足，大雪的

“积雪覆盖”表示越冬保温。这些都与太阳光照为万物能量之源有关，因此，归属于日。以斗柄指向论，斗柄惊蛰指卯、白露指酉、芒种指午、大雪指子。因此，日配合惊蛰，斗柄指卯；配合白露，斗柄指酉；配合芒种，斗柄指午；配合大雪，斗柄指子。日属于火，因此，卯、酉、午、子属于火。

以节气论，雨水表示降水开始，小满表示南方雨水增多，处暑表示炎热暑期即将过去，小雪表示开始降雪。这些都与月为阴精有关，因此，归属于月。以斗柄指向论，斗柄雨水指甲、小满指丙、处暑指庚、小雪指壬。因此，月配合雨水，斗柄指甲；配合小满，斗柄指丙；配合处暑，斗柄指庚；配合小雪，斗柄指壬。月虽为水精，但终究可以反射太阳光，因此，月也属于火，甲、丙、庚、壬属于火。

以节气论，春分为春季之中，夏至为夏季之中，秋分为秋季之中，冬至为冬季之中。这些都与土主中央有关，因此，“二分二至”归属于土曜。以斗柄指向论，斗柄春分指乙、夏至指丁、秋分指辛、冬至指癸。因此，土曜配合春分，斗柄指乙；配合夏至，斗柄指丁；配合秋分，斗柄指辛；配合冬至，斗柄指癸。土曜属于土，因此，乙、丁、辛、癸属于土。

以节气论，清明气候由乍寒乍暖变得暖和，小暑气候由暖和变得炎热，寒露气候由凉爽变得寒冷，小寒气候由寒冷变得严寒。这些都与金性从革有关，因此，归属于金曜。以斗柄指向论，斗柄清明指辰、小暑指未、寒露指戌、小寒指丑。因此，金曜配合清明，斗柄指辰；配合小暑，斗柄指未；配合寒露，斗柄指戌；配合小寒，斗柄指丑。金曜属于金，因此，辰、未、戌、丑属于金。

以节气论，谷雨气候宜于播种移苗、埯（ǎn）瓜点豆，有“雨生百谷”之说；大暑气候宜于农作物快速生长；霜降气候宜于播种三麦（小麦、大麦、元麦即青稞）等作物；大寒气候宜于准备开春。这些都与木主发生有关，因此，归属于木曜。以斗柄指向论，斗柄谷雨指巽、大暑指坤、霜降指乾、大寒指艮。因此，木曜配合谷雨，斗柄指巽；配合大暑，斗柄指坤；配合霜降，斗柄指乾；配合大寒，斗柄指艮。木曜属于木，因此，巽、坤、乾、艮属于木。

以节气论，气候表现为冷、暖、干、湿等特征，概言之，则冷、湿为水，暖、干为火，而立春、立夏、立秋、立冬是春、夏、秋、冬四时之始，“立”的具体气候意义却并不显著。这些都与水性润下、火性炎上，而又水为阳始、火为阴始有关，因此，“四立”归属于水曜、火曜。以斗柄指向论，斗柄立春指寅、立夏指巳、立秋指申、立冬指亥，因此，水火二曜配合立春，斗柄指寅；配合立夏，斗柄指巳；配合立秋，斗柄指申；配合立冬，斗柄指亥。水曜属于水，火曜属于火，因此，寅、巳、申、亥属于水、火。

二十四节气，在中国古代是以二十八宿作为标志星进行划分的。虽然由于岁差原因，现在的二十四节气同二十八宿的对应已经有所偏差，但其立法之初，二十四节气同二十八宿的对应或有一定规则。由于十二宫、二十四节气、十二星次都是将黄道周天进行等分，因此，以斗柄所指配合十二月建、二十四节气、十二星次具有严格对应关系，而二十八宿作为标志星，并不是将周天等分为二十八等分，同十二星次并不具有严格对应关系，相邻两宫时有交互，因此，二十四节气配合二十八宿也不具备严格对应关系。由二十四节气配属七曜可推出二十八宿分配七曜、五行。

月建、二十四节气、十二星次、二十八宿、七曜、五行对应表

月建	斗柄所指	二十四节气	星次	二十八宿	七曜	五行
子	子	大雪	玄枵	虚	日	火
	癸	冬至		女	土星	土
丑	丑	小寒	星纪	牛	金星	金
	艮	大寒		斗	木星	木
寅	寅	立春	析木	箕	水星	水
				尾	火星	火
	甲	雨水		心	月	火
卯	卯	惊蛰	大火	房	日	火
	乙	春分		氐	土星	土
辰	辰	清明	寿星	亢	金星	金
	巽	谷雨		角	木星	木
巳	巳	立夏	鹑尾	轸	水星	水
				翼	火星	火
	丙	小满		张	月	火
午	午	芒种	鹑火	星	日	火
	丁	夏至		柳	土星	土
未	未	小暑	鹑首	鬼	金星	金
	坤	大暑		井	木星	木
申	申	立秋	实沈	参	水星	水
				觜	火星	火
	庚	处暑		毕	月	火
酉	酉	白露	大梁	昴	日	火
	辛	秋分		胃	土星	土
戌	戌	寒露	降娄	娄	金星	金
	乾	霜降		奎	木星	木
亥	亥	立冬	诹訾	壁	水星	水
				室	火星	火
	壬	小雪		危	月	火

7. 太一下行九宫

九宫，指四方“正东、正西、正南、正北”、四维“东南、西南、东北、西北”以及中央，分配九有，即为九宫。关于“宫”，《五行大义·论九宫数》说：“谓之宫者，皆神所游处，故以名宫也。”是指引出万物者的天神巡游居处之所。据说这个天神就是太一。

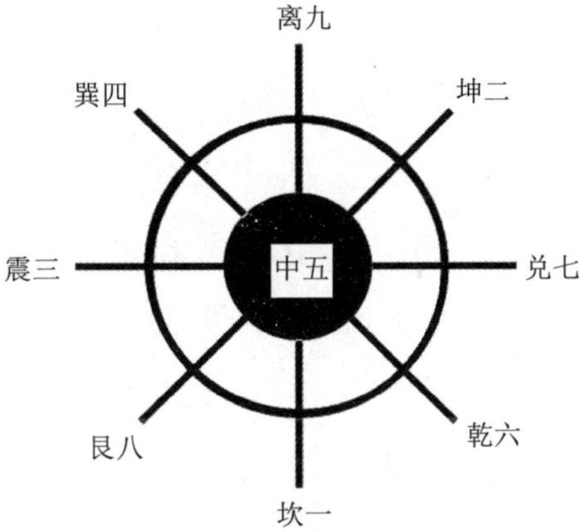

太一下行九宫图

太一下行九宫之法，源出《易纬乾凿度》郑玄注。《易纬乾凿度下》郑玄注说：“太一者，北辰之神名也，居其所曰太一，常行于八卦日辰之间，曰天一，或曰太一。”这说明，太一就是北辰，或者与北辰有关。北辰就是北极星。但北极星在北方天空相对不变，从地球上看上去，北极星似乎始终不动。显然，下行八卦之宫的太一不可能是北极星。《易纬乾凿度下》郑玄注中还有一句话非常重要：“天一、太一，主气之神。”这表明，太一主管节气。结合九宫来看，年周期中，斗柄指癸为冬至，癸位于坎一宫；日月交会于未宫为夏至，未位于坤二宫；斗柄指乙为春分，乙位于震三宫；日月交会于辰宫为秋分，辰位于巽四宫；中央五位于中宫；日月交会于戌宫为春分，戌位于乾六宫；斗柄指酉为秋分，酉位于兑七宫；日月交会于丑宫为冬至，丑位于艮八宫；斗柄指丁为夏至，丁位于离九宫。北斗星斗柄所指十二次、日月交会之十二宫（星次）都围绕在北极星四周，因此，太一应该是指北斗星斗柄所指与日月交会的合称，所游之宫都是主管“二分”“二至”节气的重要节点。

《易纬乾凿度下》郑玄注还讲了太一下行九宫的规律：“太一下行八卦之宫，每四乃还于中央，中央者北神之所居，故因谓之九宫。天数大分，以阳出，以阴入，阳起于子，阴起于午，是以太一下行九宫，从坎宫始。坎，中男，始亦言无适也。自此而从于坤宫，坤，母也。又自此而从震宫，震，长男也。又自此而从巽宫，巽，长女也。所行者半矣，还息于中央之宫，既又自此而从乾宫，乾，父也。自此而从兑宫，兑，少女也。又自此从于艮宫，艮，少男也。又自此从于离宫，离，中女也，行则周矣。上游息于太一天一之宫，而反于紫宫。……此数者合十五，言有法也。”太一下行八卦之宫，从坎一、坤二、震三、巽四，经四卦之后，复入中宫，即中五，中五就是北极星所在，之后，从乾六、兑七、艮八、离九，经四卦之后，再复入中宫，如此循环往复，周而复始。数量如此分布的结果是横、纵、斜各个方位数量之和均为十五，即形成一个围绕中心的圆周运动。

关于九宫数排列的理论依据，清代江永《河洛精蕴·通论〈河图〉〈洛书〉》引述赵汝楳说“参天两地”之法。赵汝楳，南宋易学家，著有《周易辑闻》六卷，内附《易雅·图书释第十八》说:《洛书》阳气依据三数而向左顺时针运行，阴气依据二数而向右逆时针运行。一本来居位于北方，三乘以一为三而三居位于东方，三乘以三为九而九居位于南方，三乘以九为二十七而余数七居位于西方，三乘以二十七为八十一而余数一再次居位于北方，依此法则而向上推算，以至于亿兆这么多的数，其余数的方位都是如此排列。二乘以二为四而四居位于东南，二乘以四为八而八居位于东北，二乘以八为十六而余数六居位于西北，二乘以十六为三十二而余数二再次居位于西南，依此法则上推至亿兆这么多的数，其余数的方位都是如此排列。江永认为，这就是以三数为天运行规律、以二数为地运行规律而确立各种数的道理，表现于《洛书》之中。

结合天文来看，斗柄顺时针挨宫（按照宫位依次）进行为阳，阳始生于冬至，冬至日后白昼逐渐延长，冬至斗柄指向坎一宫，1乘以3为3，3位于震三宫；3乘以3为9，9位于离九宫；9乘以3为27，7位于兑七宫；27乘以3为81，1再归位于坎一宫。日月交会挨宫逆时针退行为阴，阴始生于夏至，夏至日后黑夜逐渐延长，夏至日月交会于坤二宫，2乘以2为4，4位于巽四宫；4乘以2为8，8位于艮八宫；8乘以2为16，6位于乾六宫；16乘以2为32，2再归位于坤二宫。中宫为北极星所在，5为中数，5位于中宫。如此排列，就得到了九宫数。

从阴阳消息看，斗柄顺时针挨宫，始于坎一宫的冬至，冬至日白昼最短；顺行至震三宫的春分，春分日昼夜均等；顺行至离九宫的夏至，夏至日白昼最长，此谓之阳长，其数自一至三至九亦象征阳长。斗柄自离九宫的夏至继续顺行至兑七宫的秋分，秋分日昼夜均等；顺行至坎一宫的冬至，冬至日白昼最短，此谓之阳消，其数自九至七至一亦象征阳消。日月交会逆行挨宫，始于坤二宫的夏至，夏至日黑夜最短，逆行至巽四宫的秋分，秋分日昼夜均等；逆行至艮八宫的冬至，冬至日黑夜最长，此谓之阴长，其数自二至四至八亦象征阴长。日月交会自艮八宫的冬至继续逆行至乾六宫的春分，春分日昼夜均等；逆行至坤二宫的夏至，夏至日黑夜最短，此谓之阴消，其数自八至六至二亦象征阴消。

8. 一元之数根于五行

宋代邵雍著《皇极经世》，为世界做了一个年谱，这个年谱用“元”“会”“运”“世”计算时间，一元为十二会，一会为三十运，一运为十二世，一世为三十年，十二会共计 30×12×30×12=129600 年，即一元的年数为 129600 年。那这个一元之数从何而来呢?

这需要从进动、岁差说起。地球自转轴是一条假想轴，它通过地心，连接南、北两极，正对着北极星。地轴的位置并不固定，在日、月和行星引力作用下，它会围绕一条通过地球中心并且垂直于黄道面的轴作缓慢的周期性圆锥运动，这就是地球自转轴的进动。地轴进动会造成赤道面与黄道面两个交点之一的春分点向西移动，每年西移约 50.29 秒。太阳在黄道上视运动的方向是自西向东，春分点在黄道上移动的方向是自东向西，由于地轴进动导致每年春分点西移，使得太阳连续两次通过春分点而没有视运行 360 度，这就造成了回归年比恒星年约短 20 分 24 秒，这种现象称为岁差。按照 1 度等于 60 分，即 3600 秒，则西移 1 度，约需 71.58481 年，取整数则大概为 72 年；西移 360 度，则大概需要 72 年 / 度 ×360 度 =25920 年。这是一个进动周期。每个进动周期运行周天十二宫，配合干支，则五个进动周期完成 60 甲子循环，即 25920 年 ×5=129600 年。类比五日为一候，五个进动周期为一元。这就是所谓的一元之数。这里需要明确两点：一是每西移 1 度所需年数，由于取整数的原因，导致计算出的每个进动周期与实际所需年数误差 150 年，五个进动周期则误差 750 年；二是一元分为十二会，而十二会分散于五个进动周期中，不属于同一个进动周期，不属于同一个系统。邵雍未明此理，将五个进动周期的一元之数分配十二会，如同将五日时辰总数按照十二时辰进行讨论一样，他所制定的看似整齐划一的元、会、运、世之十二进位、三十进位系统，脱离天文规律，有较多主观臆想成分。

（四）用于物理

地理，既包括世界或一地区的自然环境（山川、气候等），也包括其社会经济因素（物产、交通、居民点等）。五行与中国山川形势的配合，主要依据五方观念，如五岳，是以河洛地区为中心确立东、西、南、北四方，以嵩山为中岳、以泰山为东岳、以华山为西岳、以衡山为南岳、以恒山为北岳。而大地所产的各种物质同太阳光能的吸收与转化息息相关，都可以纳入五行体系。《左传·昭公元年》医和说："天有六气，降生五味，发为五色，征为五声，淫生六疾。"《左传·昭公二十五年》子大叔（子产）说："气为五味，发为五色，章为五声。"在先秦时期的人们看来，天有六种气候，降落到地上就产生五种味道，发散可见光就是五色，彰显音阶就是五声，浸淫过度就产生六疾。这就为五味、五色、五声等配合五行奠定了理论基础。因此，本书侧重从大地所产之物理与人的关系角度分析其五行属性。

1. 五行配合五色

五色，是指青、赤、黄、白、黑。《五行大义·论配五色》说："蔡伯喈云：'通眼者为五色。'"蔡伯喈，就是蔡邕，东汉文学家、书法家，他提出传达到眼睛中的为五色。阳光经过物体吸收后反射到眼睛中、能看见的是五色。这说明五色必须通过眼睛才能进入大脑，对人产生影响。五色与五行配合为：木为青色，火为赤色，土为黄色，金为白色，水为黑色。

（1）五行配合五色的传统解释

其一，东方木色为青。《五行大义·论配五色》说："东方木为苍色，万物发生，柔之色也。""苍"的本义是草色，有深绿色、深青色、青黑色，这是春季万物发生之时茅草嫩芽的颜色。

其二，南方火色为赤。《五行大义·论配五色》说："南方火为赤色，以象盛阳炎焰之状也。""赤"的本义是火色，是一种比大红的朱色稍暗的颜色，大红是很红的颜色，这象征阳气旺盛、火焰向上燃烧的形状。

其三，中央土色为黄。《五行大义·论配五色》说："中央土黄色，黄者，地之色也，故曰：'天玄而地黄。'""黄"的本义是大地之色。《说文解字》说，黄是地色。《周易·坤》之"文言"说"天玄而地黄"，天为玄色，地为黄色。

其四，西方金色为白。《五行大义·论配五色》说："西方金色白，秋为杀气，白露为霜，白者，丧之象也。""白"的本义是白霜之色，这是因为古人认为秋天为肃杀之气，白露凝结为霜，白是跟丧事有关的颜色。

其五，北方水色为黑。《五行大义·论配五色》说："北方水色黑，远望黯然，阴暗之象也，溟海渺邈，玄暗无穷，水为太阴之物，故阴暗也。""黑"的本义是火熏的颜色。《说文解字》说，黑是火所熏的颜色。冬季从远处看是深黑色的样子，这时草木干枯，只能看见黑乎乎的枝干，是缺乏光亮、光线不足的象征。幽溟大海，水面辽阔，距离遥远，黑暗不明，没有尽头，水为太阴之物，所以是阴晦黑暗的象征。

（2）五行配合五色的现实意义

结合《黄帝内经》和现代心理学，我们可以概括出五行配合五色的现实意义。

其一，木色青的现实意义：《黄帝内经·素问·金匮真言论》说："东方青色，入通于肝。"东方对应四时中的春季。春时草木发芽，芽叶含有叶绿素，为绿色。青色介于绿色与蓝色之间，一般为深绿色或浅蓝色，是东方的代表色。它通过视觉进入大脑，作用于人的心理，产生成长、生命力的心理暗示，同肝脏代谢营养物质产生生命所需热能的功能相通。

其二，火色赤的现实意义：《黄帝内经·素问·金匮真言论》说："南方赤色，入通于心。"南方对应四时中的夏季，夏时北半球日照最长，太阳放射出红色光辉，赤为红色，是南方的代表色。它通过视觉进入大脑，作用于人的心理，产生热烈、兴奋的心理暗示，使人心跳加速，同心脏泵血的功能相通。

其三，土色黄的现实意义：《黄帝内经·素问·金匮真言论》说："中央黄色，入通于脾。"中央对应四时中的长夏，长夏时地面吸热量大于散热量，是地面储存热量最多的时节，兼之土地湿润，土壤可以过滤其中水分及矿物质供植物根系吸收，使得草木生长最快，土地为黄色，是中央的代表色。它通过视觉进入大脑，作用于人的心理，产生温暖、明快、活泼的心理暗示，同脾脏滤血的功能相通。

其四，金色白的现实意义：《黄帝内经·素问·金匮真言论》说："西方白色，入通于肺。"西方对应四时中的秋季，秋时天气转凉，夜晚水汽聚集在地面和叶子上，凝华而成白色的冰晶，这就是霜。

霜呈白色，是西方的代表色。它通过视觉进入大脑，作用于人的心理，产生纯洁、清白、无邪的心理暗示，同肺吸入清新空气的功能相通。

其五，水色黑的现实意义：《黄帝内经·素问·金匮真言论》说："北方黑色，入通于肾。"北方对应四时中的冬季，冬时白昼最短，黑夜最长，夜晚呈黑色，并且草木因干枯而枝干大多呈现黑色，是北方的代表色。它通过视觉进入大脑，作用于人的心理，产生黑暗、断绝的心理暗示，同肾脏应激反应的结局相通。

2. 五行配合五味

汉代郑玄在《礼记·月令》注中说："在口者谓之味。"意思是说，通过口内舌头的味觉品尝到的为五味。古代所说的五味指酸、甜、苦、辛、咸，现代所说的五味指甜、酸、咸、苦、鲜。二说名异实同，都基于相同的味质。五味的味质同太阳光能的吸收转化密切相关，因此，五行得以配合五味。

（1）五味的意义及功用

中国古代对五味的认识，是从五味的意义及其功用来描述的。

其一，酸有两种意义：钻、端。《五行大义·论配气味》说："酸者，钻也，言万物钻地而出生。"酸，是说万物从地下向上钻破地面而出生。《五行大义·论配气味》所引《元命苞》又说："酸之言端也。"酸的意思之所以为"端"，是春天之时，阳气开始生长到阳气从阴气中明显分别出来的状态，阳气专心致力于自身的端正，其作用是通达。《五行大义·论配气味》说："五味得酸乃达也。"五味中得到酸味就可以通达。

其二，苦有两种意义：勤苦、不快。《五行大义·论配气味》引

《元命苞》说："苦者勤。""苦"就是"勤"，"勤"就是"苦"，勤苦才能养大万物。《五行大义・论配气味》引西汉时扬雄所著《方言》又说："苦，快也。""苦"与"快"二者含义相反，"以苦为快"，这是古人的反覆用之。"快"的意思是高兴舒服，是喜，反之，"苦"的意思就是不快、不喜，其作用是长养。《五行大义・论配气味》说："苦者，所以长养之。五味须苦，乃以养之。"苦就是用来养育万物长大的。五味中必须有苦，才能长养万物。

其三，甘，意为美。《五行大义・论配气味》说："甘，美也。""甘"的意思是美，各种味道完美地中和在一起，就是美味，其作用是常安。《五行大义・论配气味》引《春秋元命苞》说："甘者食常，言安其味也。""甘"的意思就是可以经常食用，是说人能安于其味。甘味为五味中的主宰，如同土中和成就其他四行一样。

其四，辛有两种意义：阴害、革新。《五行大义・论配气味》引《春秋元命苞》说："阴害故辛，杀义故辛，刺，阴气使其然也。"阴气贼害阳气所以为辛，有肃杀的意义所以为辛，刺就是杀，是刺激，这是阴气作用所导致的。《五行大义・论配气味》又说："亦云：故新之辛也。故物皆尽，新物已成，故云新。""辛"意为"故新"的新。过去的事物已经发展到尽头，新鲜的事物已经成就，所以称为新，其作用是萎杀。《五行大义・论配气味》说："味辛者，物得辛乃萎杀也。"万物得到辛味就枯萎肃杀了。

其五，咸有两种意义：衔（包含）、镰（清冷）。《五行大义・论配气味》引许慎说："咸者，衔也。"咸，就是衔，"衔"的意思是包含、蕴含。这是指事物之中包含有盐的成分。《五行大义・论配气味》引《元命苞》又说："咸者，镰。镰，清也。至寒之气，故使其清而咸。"咸，就是镰，"镰"的意思是清。北方之气，是至为寒冷的气，所以使其清纯而且坚固，其作用是坚固。《五行大义·论配气味》说："其味咸者，北方物咸，所以坚之也。犹五味得咸乃坚也。"咸，是因为北方万物终结，"咸"有"毕""终"的意思，万物到终结之时，就都变得坚硬起来，这如同五味中得到咸味就可以坚固一样。

（2）五味的物质基础

中国古代对五味的描述是模糊的，让人难以把握五味的具体内涵。结合现代生理学，我们可以探讨五味的物质基础。人的口中有味觉感受器，五味就是五种基本的味觉。味觉是人和动物对食物中有味道物质的感觉。味觉感受器的适宜刺激是食物中有味道的物质，即味质。人类能分辨出的不同味觉可能有 4000 ～ 10000 种，但研究表明，基本的味觉仅有甜、酸、咸、苦和鲜五种。甜味主要由糖分子引起，酸味主要由氢离子引起，咸味主要由钠离子引起，苦味主要由有毒物质引起（苦味通常是有毒食物的警报，如含钾离子的无机盐味道咸而苦涩），鲜味由谷氨酸钠所引起。《生理学（第八版）》说："鲜味的刺激物是氨基酸类。"这里所说的"鲜"味与中国古代所说的"辛"味是什么关系呢？二者是可以统一的。一方面，《五行大义·论配气味》说：辛"亦云：故新之辛也。""辛"也指"新旧"的新。新，就是鲜。《尚书大传》说："西方者，何也？鲜方也。"认为西方是鲜方。西方味道为辛，辛就是新，就是鲜。辛味给人的感觉有两种：一种是新鲜。这是故旧之物都已经竭尽，新鲜事物已经成熟，旧味已尽，新味方成。无论是新收获的谷物，还是新猎获的动物，其果实、肉质都含有丰富的蛋白质，味道为鲜味。另一种是刺激。古人认为新鲜果实、肉质都带有刺激性味道。刺就是杀，是阴气所导致的辛味。辛味还常常被误解为辣，但辛辣不是一种味觉，而是一种痛觉，是由辣椒素、姜辣素、葱辣素、蒜辣素等在口腔内形成的刺痛感和灼烧感，这种痛觉可以引起神经元及其纤维释放兴奋性氨基酸，包括谷氨酸、天门冬氨酸，作为中枢神经系统的兴奋性神经递质，这其实就是去除旧味而产生新味。因此，“辛”与“辛辣”所说角度不同，本质都是由于氨基酸类所产生的鲜味，实同为新鲜的味道，即鲜味。

（3）五行配合五味的传统解释

《五行大义·论配气味》仅解释了木、火、土与五味的配合。其一，木味酸。《五行大义·论配气味》说：“木所以酸者，象东方万物之生。”春天的五行为木，木之所以为酸，是因为酸非常像万物发生时候的样子。其二，火味苦。《五行大义·论配气味》说：“火所以苦者，南方主长养也。苦者，所以长养之。五味须苦，乃以养之。”火的味道之所以为苦，是因为火为南方，南方是万物长大养成之地，而只有“苦”才能长大养成。五味中必须有苦味，才能得以培养成就。其三，土味甘。《五行大义·论配气味》说：“土味所以甘者也，中央，中和也，甘，美也。”土的味道之所以为甘，是因为土为中央，其味道是中和了其他各种味道的结果。“甘”的意思是“美”，各种味道完美地中和在一起。

（4）五行配合五味的现实意义

结合《礼记·月令》《黄帝内经》与现代科学，可以探讨五行配合五味的现实意义。

其一，木味酸的现实意义。《礼记·月令》说，春之日，“其味酸”。《黄帝内经·素问·金匮真言论》说：“东方青色……其味酸。”春季，方位为东方，代表色为青色。这一时期植物开始萌芽，出现绿色，绿色植物叶、茎中的叶绿素能进行光合作用，高等植物在光合作用过程中二氧化碳同化有3条途径即卡尔文循环（C3途径）、C4途径和景天酸代谢，卡尔文循环最初固碳产物为甘油酸-3-磷酸（三碳化合物），C4途径和景天酸代谢最初固碳产物均为草酰乙酸，草酰乙酸具有不稳定性而被进一步还原为苹果酸，因此，其味道为酸味。

其二，火味苦的现实意义。《礼记·月令》说，夏之日，“其味苦”。《黄帝内经·素问·金匮真言论》说：“南方赤色……其味苦。”夏季，方位南方，代表色为赤色。这一时期炎热高温，人体通过汗液蒸发可有效带走大量体热，汗液中固体成分主要为氯化钠，也有乳酸及少量氯化钾和尿素等，汗水味咸而苦涩，因此，其味道为苦味。

其三，土味甘的现实意义。《礼记·月令》说，季夏之日，“其味甘”。《黄帝内经·素问·金匮真言论》说：“中央黄色……其味甘。”季夏，方位为中央，代表色为黄色。这一时期，植物主要依靠土壤取得水分以及氮、磷等基本养分，并利用水、无机盐和二氧化碳进行光合作用，产生葡萄糖等有机物，供植物体利用产生谷类、根茎类食品，以及蔬菜和水果等，因此，其味道为甘味。

其四，金味辛的现实意义。《礼记·月令》说，秋之日，“其味辛”。《黄帝内经·素问·金匮真言论》说：“西方白色……其味辛。”秋季，方位为西方，代表色为白色。这一时期大多数植物已经枯萎肃杀，五谷已经新鲜成就，猎物正当肥美，其新生果实、肉质富含多种氨基酸，氨基酸的味道为鲜味，辛意为新，指鲜味，因此，其味道为辛味。

其五，水味咸的现实意义。《礼记·月令》说，冬之日，“其味咸”。《黄帝内经·素问·金匮真言论》说：“北方黑色……其味咸。”冬季，方位为北方，代表色为黑色，这一时期人们将多余的肉块、蔬菜等食物用盐擦抹制作咸肉、咸菜以便于储藏，其中含有钠的成分，因此，其味道为咸。

3. 五行配合五臭

郑玄在《礼记·月令》注中说：“通于鼻者谓之臭……臭则气也。”通过鼻子的嗅觉闻到的为“五臭”，臭是一种气体。“五臭”有二说：在《礼记·月令》为膻、焦、香、腥、朽，在《黄帝内经·素问·金匮真言论》为臊、焦、香、腥、腐。二说名异实同，都用于配合五行。

（1）五行配合五臭的传统解释

《五行大义·论配气味》依《礼记·月令》五臭说进行解释。其一，木臭膻。《五行大义·论配气味》说膻：“木之臭味也。《说文》云：‘膻者，羊臭。’春物气与羊相类。”春天的气味是膻，这是木的气味。引《说文解字》说，“膻”为羊身上发出的一种气味。春天，万物之气与羊身上发出的气味相类似。其二，火臭焦。《五行大义·论配气味》说：“臭焦者，阳气蒸动，燎火之气也。许慎云：‘焦者，火烧物，有焦燃之气。’夏气同也。”夏天的气味是焦，这是火的气味。夏天的气味之所以为焦，是因为夏天阳气向上蒸腾运动。引许慎说：“焦，是火燃烧物体、所产生的烧焦的气味。”夏天的气味与“焦”的气味相同。其三，土臭香。《五行大义·论配气味》说：“臭香者，土之气，香为主也。许慎云：‘土得其中和之气，故香。’”季夏的气味是香，这是土的气味。季夏的气味之所以为香，是因为土的气味，以香为主体。香就是好闻的美好的气味。引许慎说：“土因为得到了四行的中和之气，所以其气味好闻，为香。”其四，金臭腥。《五行大义·论配气味》说：“西方杀气腥也。许慎云：‘未熟之气，腥也。’西方金之气象此。”秋天的气味是腥，这是金的气味。金为西方，西方为肃杀之气，肃杀就带有一股生肉味，这就是腥的味道。引许慎说：“未熟的气味就是腥。”西方金的气味就像这种气味。其五，水臭朽。《五行大义·论配气味》认为，“朽”有两种意义：一是若有若无。《五行大义·论配气味》说：“朽者，水之气也。若有若无，言气微也。”冬天的气味为朽，这是水的气味。这种气味“若有若无”，是说气味很微弱。二是腐朽。《五行大义·论配气味》说：“亦云：水者，受垢染，故其臭腐朽也。”水受到污染，所以会发出腐朽的气味。引许慎《说文解字》说：“朽，是腐烂的气味。”归纳而言，北方的气味是朽。

（2）五行配合五臭的现实意义

结合《礼记·月令》《黄帝内经》与现代科学，可以探讨五行配合五臭的现实意义。其一，木臭膻的现实意义。《礼记·月令》说春之日，“其臭膻”。《黄帝内经·素问·金匮真言论》说：“东方青色……其臭臊。”此二说看似不同，实则所指相同。《礼记·月令》孔颖达“疏”说：“凡草木所生，其气膻也。”《吕氏春秋·本味》说：“草食者膻。”这说明以草木为食的食草木类动物，其身上的气味一般为膻气。春季，草木萌生，可以为食草类动物提供大量食物，因此，其气味为膻气。其二，火臭焦的现实意义。《礼记·月令》说夏之日，“其臭焦”。《黄帝内经·素问·金匮真言论》说：“南方赤色……其臭焦。”二说相同。夏季，高温炎热，容易发生火灾，“焦”是物体被烧焦所产生的气味，因此，其气味为焦。其三，土臭香的现实意义。《礼记·月令》说季夏之日，“其臭香”。《黄帝内经·素问·金匮真言论》说：“中央黄色……其臭香。”二说相同。季夏，土壤为植物生长结果提供养分，果实成熟会散发出好闻的气味，

“香”指气味好闻，与“臭”相对，因此，其气味为香气。其四，金臭腥的现实意义。《礼记·月令》说秋之日，“其臭腥”。《黄帝内经·素问·金匮真言论》说：“西方白色……其臭腥。”二说相同。秋季，植物果实成熟，各种动物出来觅食，动物因为储备过冬营养，肉质是一年中最为肥美的，这时草木黄落没有遮挡，正是“秋狝（xiǎn）”时节，“腥”指生肉的气味，因此，其气味为腥气。其五，水臭朽的现实意义。《礼记·月令》说冬之日，“其臭朽”。《黄帝内经·素问·金匮真言论》说：“北方黑色……其臭腐。”二说看似不同，其实所指则同。许慎《说文解字》说：“朽，腐也。”“朽”就是“腐”。冬季，人们需要储藏过冬食物，含有水分的肉类、蔬菜、水果、粮食容易产生腐烂变质的气味，因此，其气味为腐。

4. 五行配合五类

五类，是草木、火、土、金、水五种类别的事物，此即五材。五类事物各自代表一个季节最突出的特征，同人们的生产生活密切相关，因此，五行得以配合五类。其一，春季其类为草木。春季，气温开始回升，地表温度也开始回升，草木开始萌生，木的形质是温柔，因此，《黄帝内经·素问·金匮真言论》说：“其类草木。”其二，夏季其类为火。夏季，气候炎热，光照时间长，骄阳如火，火的形质是明热，因此，《黄帝内经·素问·金匮真言论》说：“其类火。”其三，长夏其类为土。长夏，地温升高，土壤湿润，有利于植物茁壮成长，土壤为植物生长提供必要支撑和基本养分，土的形质是含散持实，因此，《黄帝内经·素问·金匮真言论》说：“其类土。”其四，秋季其类为金。秋季，气温下降明显，天气变凉，金属具有良好的导热性，触觉寒冷，金的形质是冷硬，因此，《黄帝内经·素问·金匮真言论》说："其类金。"其五，冬季其类为水。冬季，天寒地冻，水面结冰，其内部之水则保持一定温度，水的形质是寒虚，因此，《黄帝内经·素问·金匮真言论》说："其类水。"

5. 五行配合五畜

五畜，指鸡、羊、牛、马、彘（zhì，猪）。五畜具有不同的营养成分，能够适应人们在不同季节的需要，因此，五行得以配合五畜。其一，木畜鸡。春季，适宜促进肝脏代谢产热，而食物中的尼克酸经小肠吸收，在体内可以构成脱氢酶辅酶（主要是辅酶Ⅰ和辅酶Ⅱ），能够在体内代谢过程起递氢作用。鸡肉特别是土鸡肉每100克可食部含尼克酸约15.7毫克，其含量在五畜中最高。因此，《黄帝内经·素问·金匮真言论》说："其畜鸡。"其二，火畜羊。夏季，适宜保护心肌功能，而食物中的钾对心脏有益，食物中的硒对防治克山病（一种心肌病）有显著效果。羊肉含有多种微量元素，普通羊肉每100克可食部含硒32.20微克，含硒量在五畜中最高。因此，《黄帝内经·素问·金匮真言论》说："其畜羊。"其三，土畜牛。长夏，适宜保持机体正常生理功能，而食物中的各种营养素必须种类齐全、比例合适、数量充足，才能实现平衡饮食、合理营养。牛肉含蛋白质、脂肪、碳水化合物、矿物质及维生素等，营养比较全面均衡。因此，《黄帝内经·素问·金匮真言论》说："其畜牛。"其四，金畜马。秋季，适宜为机体过冬储备营养，而组成人体的基本成分是蛋白质，蛋白质由多种氨基酸组成，其中人体必需氨基酸只有供给平衡才能保证人体蛋白质顺利合成。马肉每100克可食部含蛋白质20.1克，蛋白质含量高，所含的人体必需氨基酸比较齐全，因此，《黄帝内经·素问·金匮真言论》说："其畜马。"其五，水畜猪。冬季，适宜供应热能、维持体温，以满足正常生理活动的需要，而这主要由食物中的碳水化合物、脂肪和蛋白质提供。猪肉每100克可食部含能量395千卡、1653千焦耳，在五畜中最高。因此，《黄帝内经·素问·金匮真言论》说："其畜彘。"

6. 五行配合五谷

五谷，指麦、黍、稷、稻、豆。五谷具有不同的营养成分，可以适应人体在不同季节的需要，因此，五行得以配合五谷。其一，木之谷为麦。春季，适宜促进肝脏代谢产热，而食物中的尼克酸经小肠吸收在体内代谢过程能够起递氢作用。大麦、小麦、荞麦均为麦，它每100克可食部尼克酸含量，小麦含4.0毫克，大麦含3.9毫克，荞麦含2.2毫克，除荞麦略低外，大麦、小麦尼克酸含量在五谷中最高。因此，《黄帝内经·素问·金匮真言论》说："其谷麦。"其二，火之谷为黍。夏季，适宜保护心肌功能，而食物中的钾有利于保护心脏，食物中的硒对防治克山病（一种心肌病）有显著效果。"黍"也称"糜子"，甘肃糜子（带皮）含有多种微量元素，其中每100克可食部含钾148毫克，含硒量可高达12.01微克，含硒量在五谷中最高。因此，《黄帝内经·素问·金匮真言论》说："其谷黍。"其三，土之谷为稷。长夏，适宜保持机体正常生理功能，食物中的各种营养素要平衡，营养要合理。稷，亦称粟，北方通称"谷子"，去皮后称"小米"，小米含蛋白质、脂肪、碳水化合物，以及钙、磷、铁，胡萝卜素、维生素B_1、维生素B_2、尼克酸等，营养比较全面均衡。因此，《黄帝内经·素问·金匮真言论》说："其谷稷。"其四，金之谷为稻。秋季，适宜为机体过冬储备营养，而蛋白质是组成人体的基本成分，食物中的必需氨基酸供给平衡是人体蛋白质顺利合成的保证。稻米按照粒形、粒质分为籼米、粳米和糯米三类，蛋白质含量一般为7%～9%，其中粳米蛋白质含量可达10%左右，其蛋白质营养价值较其他谷类为高，所含的人体必需氨基酸比较齐全，因此，《黄帝内经·素问·金匮真言论》说："其谷稻。"其五，水之谷为豆。冬季，适宜供应热能、维持体温，这需要摄入碳水化合物、脂肪和蛋白质以满足正常生理活动的需要。大豆每100克可食部含能量359～381千卡、1502～1594千焦耳，在五谷中最高。因此，《黄帝内经·素问·金匮真言论》说："其谷豆。"

7. 五行配合五音

五音，指角、徵、宫、商、羽。五行配合五音：木音角，火音徵，土音宫，金音商，水音羽。

（1）五音本义及发音

五音本义与四时阴阳、万物生长有关，并各自具有一定的发音方法。这是五行得以配合五音的理论基础。按照《汉书·律历志（上）》说法，"角"的意思是触，触是触及。以阴阳言，角是阳气慢慢萌动；以万物言，角是万物在地下生根发芽，向上触及地面即将破土而生。"徵"的意思是祉，祉是福祉。以万物言，徵是万物发展壮大强盛，繁衍开来，积累福祉。"宫"的意思是中，中是中央。以方位言，宫居位在中央，畅通四方；以万物言，宫是首唱开始，施惠生命；以五声言，宫声为其他四声的标准（即经）。"商"的意思是章，章是彰明。以万物言，商是万物成就之后，条理彰明。"羽"的意思是宇，宇是房屋。以万物言，羽是万物收藏之后，聚集会萃在屋宇之内，有房屋覆盖其上。人发出这五种声音时，所用发音方法不同。宋元之际史学家胡三省注解《资治通鉴·太宗贞观十五年》

说："近世相传，以字学分五音，只在唇舌齿调之，舌居中者为宫，口开张者为商，舌缩却者为角，舌拄齿者为徵，唇撮聚者为羽。阴阳家以五姓分属五音，说正如此。"宋元之际相互流传，以字学区分五音，只是在人的唇、舌、齿间来进行调整，其分辨方法为：以舌在口腔内位置分之，舌在中间为宫音；舌比中间而言往后缩却为角音，舌比中间而言向前抵住牙齿为徵音；以唇开合分之，口张开为商音，唇撮聚为羽音。

（2）五行配合五音的传统解释

《乐纬》说："春气和则角声调，夏气和则徵声调，季夏气和则宫声调，秋气和则商声调，冬气和则羽声调。"意思是说，在年周期系统中，四时之气和谐，则相应的声就协调，五声各自对应不同的五季。春季气候和谐则角声协调，夏季气候和谐则徵声协调，季夏气候和谐则宫声协调，秋季气候和谐则商声协调，冬季气候和谐则羽声协调。

五行配合五音表

四时	春	夏	季夏	秋	冬
五声	角	徵	宫	商	羽
五行	木	火	土	金	水

（3）五行配合五音的现实意义

中国古代五声音阶如果由低到高阶梯状排列，五声唱名依次为宫、商、角、徵、羽，宫音发声时舌居中，商音发声时口开张，角音发声时舌缩却，徵音发声时舌拄齿，羽音发声时唇撮聚，以五声分别为主音组成宫、商、角、徵、羽五种调式即五音。春季乍暖还寒，与角音发声时舌缩却相类似，其音调为角音调式，因此，《黄帝内经·素问·金匮真言论》说春季，“其音角”。夏季阳光强盛，万物成长，与徵音发声时舌拄齿相类似，其音调为徵音调式，因此，《黄帝内经·素问·金匮真言论》说夏季，“其音徵”。长夏季节处于四时中央，与宫音发声时舌居中相类似，其音调为宫音调式，因此，《黄帝内经·素问·金匮真言论》说长夏，“其音宫”。秋季开仓收纳、陈列彰明，与商音发声时口开张相类似，其音调为商音调式，因此，《黄帝内经·素问·金匮真言论》说秋季，“其音商”。冬季万物封闭固藏于屋宇之内，与羽音发声时唇撮聚相类似，其音调为羽音调式，因此，《黄帝内经·素问·金匮真言论》说冬季，“其音羽”。

（4）五音配合五数

五音作为中国古代五声音阶中的五个音级，对应现代音阶的情况分别为：宫相当于 1（dao），商相当于 2（re），角相当于 3（mi），徵相当于 5（sao），羽相当于 6（la），按照音级从高到低阶梯状排列则为羽、徵、角、商、宫，对应“水一、火二、木三、金四、土五”五行生出之序，按照五度相生律的“隔五相生”，5 度是 8 度之外最和谐的音阶，五音分别加五数，则羽音为成数六数，徵音为成数七数，角音为成数八数，商音为成数九数，宫音为生数五数，宫音用生数表示乐章“隔五相生”。因此，《黄帝内经·素问·金匮真言论》说：“其音角。其数八。”“其音徵。其数七。”“其音宫。其数五。”“其音商。其数九。”“其音羽。其数六。”

（五）用于人体

人类生存所必需的物质——食物和氧气，进入人的身体主要有两条途径，即消化道和肺，其精微物质布散人的全身，影响人的体质、性格、情志。因此，五行得以配合人体的五脏、六腑、五官、五性、七情等。古代五行学说在人体上的运用，是以五行为中介，根据其物象特征，将人体生理病理和防治疾病的法则与自然界进行归类联系，运用“取象比类”的研究方法，从而构建了以五脏为中心的内外相应的系统结构。其常为人所不解的地方有二：一是取象比类建立在事物表面征象的联系上，其结论可能带有偶然性；二是中医学概念与实体脏器不符，违背结构与机能相统一的原则，没有物质基础。前者，中医通过医疗实践去伪存真；后者，中医通过功能划分建构体系。因此，中医理论所反映的生命活动机制与规律，既经千余年医疗实践的证实，必定有其相应的物质结构存在，关键是如何找到这一物质基础，并进行合理的解读。本节结合现代生理学、现代医学知识，尝试从物质基础这一角度对五行用于人体的主要观点进行粗浅的探讨。

1. 十二脏之相使贵贱

人体内部有众多内脏器官，《黄帝内经·素问·灵兰秘典论》将其概括为十二脏，包括六脏、六腑。六脏即心、肝、脾、肺、肾、心包络，六腑即小肠、胆、胃、大肠、膀胱、三焦。分开论述，则阳性为腑，阴性为脏；合并论述，则都可称为“脏”，如同说“库藏”的“藏”所以“藏物”一般。所谓“相使贵贱”，“相使”指相互为用、相互协调的关系，“贵贱”即主从，“相使贵贱”说明人体是一个整体，同时各脏腑之间具有相互协调的主从关系。人体内部十二脏（心、肝、脾、肺、肾、心包络；小肠、胆、胃、大肠、膀胱、三焦）生理功能各异，其间具有如同辅、相、臣、使一般的关系，在机体中“贵贱”地位不同，中医最推重于心脏。这是理解五行与人体配合的基础。我们尝试结合现代生理学知识对此节内容进行初步探讨。

（1）心

《黄帝内经·素问·灵兰秘典论》说：“心者，君主之官也，神明出焉。”这里的“神明”指人的精神和智慧。传统解释多从心藏神、心主血脉进行论述，但现代生理学认为，心脏不是思维的器官，大脑才是进行精神活动的器官，那怎么解释这段话呢？一是从心脏泵血功能看。心脏通过其泵血功能向全身各器官输送血液，完成体内的物质运输，如果血液循环功能发生障碍，机体的新陈代谢就不能正常进行，一些重要器官将受到严重损害，甚至危及生命。从这个意义上讲，心脏，相当于控制全身各器官的君主般的器官。二是从大脑依赖心脏供血来看。大脑固然是进行精神和智慧活动的器官，但其所需血液依赖于心脏通过颈内动脉和椎动脉向上供应。有人可能会说，人体所有器官都依赖于心脏供血，为什么这儿唯独强调本应属于大脑的“神明”功能呢？这是因为唯有脑组织血流量大，耗氧量大，对缺血和缺氧的耐受性较低，如果脑组织的血流量低于正常水平就会出现脑缺血症状，如果脑组织血流量中断数秒便会导致意识丧失。从这个意义上理解，心脏不是“神明出焉”吗？因此，可以说，大脑的精神智慧出自心脏的充足血液供应。

（2）肺

《黄帝内经·素问·灵兰秘典论》说：“肺者，相傅之官，治节出焉。”结合现代生理学，我们可以尝试这样解读：一是从心肺关系看。心是君主之官，肺因为辅助心脏供血，所以为相傅之官。肺如何辅助心脏供血呢？血液由右心室射出，经肺动脉及其分支到达肺毛细血管，再经肺静脉回到左心房，这一过程称为肺循环。肺循环的任务是进行气体交换，将含氧量较低的静脉血转变为含氧量较高的动脉血。从这个意义上讲，肺脏，相当于对作为君主的心脏起辅助作用的器官。二是从肺的呼吸功能看。呼吸运动是呼吸肌的一种节律性舒缩活动，其节律起源于呼吸中枢，呼吸运动的深度和频率可随体内外环境的改变而发生相应变化，以满足机体各器官和组织代谢的需要。从这个意义上讲，治理人身各器官的节律由肺主呼吸而产生。

（3）肝

《黄帝内经·素问·灵兰秘典论》说：“肝者，将军之官，谋虑出焉。”结合现代生理学，我们可以尝试这样解读：一是从肝的防御功能看。肝脏是人体的主要解毒器官，门静脉从腹腔收集来的血液中所含有害物质及微生物抗原性物质，将在肝内被解毒和清除；肝脏是最大的网状内皮细胞吞噬系统，肝脏中的单核－巨噬细胞可吞噬经过门脉微血管至肝脏的小分子抗原物质。肝脏可以保护机体免受损害。从这个意义上讲，肝脏，相当于保护机体的“将军”之类器官。二是从肝制造胆汁的功能看。肝脏合成的胆汁酸是一个具有反馈控制的连续过程，合成的量取决于胆汁酸在肠－肝循环中返回肝脏的量，以补充它在粪便中的损失。如果返回量增多，则合成量将减少；如果返回量减少，则合成量将增加。从这个意义上理解，关于胆汁酸合成量的谋划考虑产生于此。

（4）胆

《黄帝内经·素问·灵兰秘典论》说：“胆者，中正之官，决断出焉。”结合现代生理学，我们可以尝试这样解读：一是从胆汁中和胃酸的功能看，胆汁排入十二指肠后，可中和一部分胃酸。从这个意义上讲，胆腑，相当于“中和正直”的器官。二是从胆囊排放胆汁的功能看，在非消化期，肝脏分泌的胆汁主要储存于胆囊内；进食后，受食物及消化液刺激则胆囊收缩，储存于胆囊内的胆汁被排入十二指肠。从这个意义上理解，关于胆囊内胆汁储存与排放的决定判断出自胆腑。

（5）膻中

《黄帝内经·素问·灵兰秘典论》说：“膻中者，臣使之官，喜乐出焉。”结合现代生理学，我们可以尝试这样解读：一是从膻中与心脏关系看。“膻中”指胸腔中央心包所占的空腔；“心包络”简称“心包”，指包在心脏外面的包膜，二者具有密切关联。心包对心脏解剖位置起固定作用、能防止由于心脏收缩对周围血管的冲击，也能防止由于运动和血容量增加而导致的心腔迅速扩张，还对肺部和胸腔感染的扩散起到阻止作用。从这个意义上讲，膻中，是心主的“宫城”，相当于心主以臣使之的器官。二是从膻中的保护功能看。膻中具有保护心脏的作用，可使心动平和，产生安逸、满足的阳性状态。“喜”源于和谐，“乐”源于有所依赖。从这个意义上理解，心动和缓的喜乐状态出自此。

（6）脾、胃

《黄帝内经·素问·灵兰秘典论》说：“脾、胃者，仓廪之官，五味出焉。”结合现代生理学，我们可以尝试这样解读：一是从脾胃功能看。胃是消化道中最易膨大的部分，具有储存和初步消化食物的功能，经消化后的营养成分透过消化道黏膜吸收进入血液或淋巴液。脾脏贮有较多的血液，是个应急的小血库，体内约90%的循环血液流经脾脏，脾脏发挥过滤作用，使血液得到净化。从这个意义上理解，脾脏是贮藏血液的血库，血液中的营养成分来自食物，而胃腑直接就是储藏食物的仓库，所以说，脾脏、胃腑，相当于负责储藏食物养分的器官。二是从脾胃营养全身的作用看。人体从外界摄入的六大类物质：包括蛋白质、脂肪、糖类、维生素、无机盐和水，其中前三类为营养物质，属于天然的大分子物质，需要通过消化后才能被吸收，后三类为小分子物质，不需要消化，可直接被机体吸收，六大类物质归结起来不外酸、苦、甘、辛、咸五种味道，五味各有不同的味质。从这个意义上理解，人体所需的酸、苦、甘、辛、咸五种味道的精微物质由此产生。

（7）大肠

《黄帝内经·素问·灵兰秘典论》说："大肠者，传道之官，变化出焉。"结合现代生理学，我们可以尝试这样解读：一是从大肠传导功能看。大肠只是为消化吸收后的食物残渣提供暂时储存场所，最终将食物残渣转变为粪便，排出体外。从这个意义上讲，大肠腑，相当于负责食物残渣传泄行道的器官。二是从大肠主变化的功能看。人类的大肠没有重要的消化活动，其主要功能在于吸收水分和无机盐，吸收后的食物残渣则经结肠内细菌的发酵和腐败作用后转变为粪便。从这个意义上讲，从食物残渣到粪便的变化由此产生。

（8）小肠

《黄帝内经·素问·灵兰秘典论》说："小肠者，受盛之官，化物出焉。"结合现代生理学，我们可以尝试这样解读：一是从小肠吸收功能看。食糜由胃进入十二指肠后便开始小肠内的消化和吸收。

小肠是吸收的主要部位，所吸收的物质不仅包括经口摄入的食物和水，还包括各种消化腺分泌入消化道内的水、无机盐和某些有机成分。“受”是吸收，“盛”是盛纳。从这个意义上讲，小肠腑，相当于负责吸收（受）营养成分、盛纳于血液的器官。二是从小肠消化功能看。小肠内消化是整个消化过程中最重要的阶段。食糜在小肠内受到胰液、胆汁和小肠液的化学性消化以及小肠运动的机械性消化，食物在经过小肠后消化过程基本完成，未被消化的食物残渣从小肠进入大肠。从这个意义上讲，消化后的食物残渣由此产生。

（9）肾

《黄帝内经·素问·灵兰秘典论》说：“肾者，作强之官，伎巧出焉。”结合现代生理学，我们可以尝试这样解读：一是从肾的应激功能看。肾脏，在正常血压情况下，主要通过自身调节来保持肾血流量和肾小球滤过率的相对稳定，但在紧急情况下（如循环血量减少、强烈的伤害性刺激或情绪激动以及剧烈运动时），则通过交感神经和肾上腺髓质激素（肾上腺素和去甲肾上腺素）等使全身血量重新分配，减少肾血流量，以确保心、脑等重要器官的血液供应。从这个意义上讲，肾脏，相当于负责产生强劲之力的器官。二是从肾维持内环境稳态的作用看。肾脏的主要生理功能是生成尿液，借以排出机体代谢产物以及进入机体过剩的物质和异物，以调节水和电解质平衡、调节体液渗透压和电解质浓度、调节动脉血压、调节酸碱平衡，参与维持机体内环境的稳定，内环境稳态是维持机体正常生命活动的必要条件。从这个意义上讲，机体各种正常的生命活动由此产生。

（10）三焦

《黄帝内经·素问·灵兰秘典论》说：“三焦者，决渎之官，水道出焉。”结合现代生理学，我们可以尝试这样解读：“焦”意为火炙烤。人体核心区域主要集中在头部与胸腹腔内脏，不论环境寒冷或炎热，均体温最高，因此称为“焦”。一是从三焦功能看，三焦是位于躯体和脏腑之间的空腔，用来包裹众多内脏器官，包括上焦、中焦、下焦，上焦用来统率肺脏、心脏，中焦用来统率脾脏，下焦用来统率肝脏、肾脏。肺位于上焦，为水之上源。这是因为，肺不单指肺脏，而是代表整个呼吸过程，对于人和高等动物，呼吸的全过程由三个相互衔接且同时进行的环节组成，即外呼吸、气体在血液中的运输和内呼吸。内呼吸可以将细胞内的生物氧化过程包括在内，机体内糖、脂及蛋白质经分解代谢氧化的终产物为水和二氧化碳。脾脏位于中焦，为水之中源。这是因为，脾不单指脾脏，而是代表整个免疫系统，脾和淋巴结、黏膜相关淋巴组织等构成外周免疫器官和组织，脾脏所代表的淋巴系统能够回流约 10% 从毛细血管滤出的液体，还能在组织液生成增多时代偿性加强回流，以防液体在组织间隙中积聚过多。肾脏位于下焦，为水之下源。这是因为，肾脏通过尿的生成和排出，可以调节水和电解质平衡，参与维持机体内环境的稳定。从这个意义上讲，三焦，相当于负责疏通水道使水流出去的器官。二是从三焦在水循环中的作用看，在三焦中，肺脏吸入的氧气可以参与体内糖、脂及蛋白质的有氧代谢而产生水，脾脏所代表的淋巴系统可以回流从毛细血管滤出的液体，肾脏可以生成和排出尿液。从这个意义上理解，人体内水流的通道由此产生。

（11）膀胱

《黄帝内经·素问·灵兰秘典论》说：“膀胱者，州都之官，津液藏焉，气化则能出矣。”结合现代生理学，我们可以尝试这样解读：一是从膀胱储尿功能看，尿液在肾内连续不断生成，由集合管、肾盏、肾盂经输尿管进入膀胱，膀胱为储存尿液的器官。从这个意义上讲，膀胱腑相当于管理州治的器官，人体内的体液及其代谢产物储藏于此。二是从膀胱排尿功能看，膀胱是储存尿液的肌性囊状器官，当膀胱内尿量充盈达到一定程度（400 ～ 500ml 或以上）时，膀胱壁的牵张感受器受到刺激而兴奋，冲动引起排尿反射，使得膀胱内逼尿肌收缩、尿道内括约肌松弛乃至开放，尿液被强大的膀胱内压驱出，排尿末期尿道海绵体肌收缩将残留在尿道内的尿液排出体外，腹肌和膈肌强力收缩以产生较高的腹内压而协助克服排尿的阻力，这些肌肉的舒张和收缩依赖于能源物质在体内氧化过程中释放能量。从这个意义上理解，排尿反射过程中相关肌肉通过氧化供能则能够克服阻力将尿液排出体外。

《黄帝内经·素问·灵兰秘典论》中的某些理论虽然并不属于现代医学的知识体系，但与现代医学不谋而合，它对这些理论做了一个总结，大意是这样的：上述十二个器官，应该相互协调、相互配合、相互制约，以维持统一的整体活动，不得相互失去联络。因此，作为君主的心脏昌明盛旺，则下属各器官安于本职，各自行使不同的功能。以人身而言，用这种方法养护生命，心泰而体宁，必定能够长寿，终其一生也不至于危殆；以人主而言，用这种方法治理天下，必定大为昌盛。作为君主的心脏不能昌明旺盛，则十二个器官将受到危害，血液运行道路发生堵塞而不能通达，人的形体于是受到极大损伤。以人身而言，用这种方法养护生命，必定遭受灾殃；以人主而言，用这种方法治理天下，不仅自身危困，他的宗族也将受到极大危害。一定要戒备、再戒备这种情况的发生呀！

2. 五行配合五脏、五性

前文刚讲过，人体有六脏、六腑，本节又说，人体有五脏、六腑。六腑未变，六脏却成了五脏。这是为什么呢？我们还是需要从《黄帝内经》寻找答案。《黄帝内经·素问·灵兰秘典论》说："黄帝问曰：'愿闻十二藏之相使，贵贱何如？'"这是研究人体内部器官如何通过相互协调、相互配合、相互制约而形成一个统一整体，因此，要研究人体内部所有器官，即六脏、六腑所组成的十二脏。《黄帝内经·灵枢·经别》又说："黄帝问于岐伯曰：'余闻人之合于天道也，内有五脏，以应五音、五色、五时、五味、五位也；外有六腑，以应六律，六律建阴阳诸经，而合之十二月、十二辰、十二节、十二经水、十二时、十二经脉者，此五脏六腑之所以应天道。'"这段话说明，人体内部器官运行要符合外部的自然环境，自然变化就是天道，天道就是阴阳五行，从这个意义上讲，人体内有五脏（即肝、心、脾、肺、肾，将心包络归入心脏）、外有六腑（即小肠、胆、胃、大肠、膀胱、三焦），五脏六腑才符合天道。这与《五行大义》观点相同。《五行大义·论配藏府》说："藏府者，由五行六气而成也。藏则有五，禀自五行，为五性。府则有六，因乎六气，是曰六情。"这说明，脏腑是由五行、六气生成的。人体内的脏有五种，禀受自五行，其表现出来就是五性。腑有六种，因循于六气，其表现出来就是六情。本节先探讨五脏怎么合乎天道、五脏怎么发为五性。

五脏合乎天道。《五行大义·论配藏府》认为，五脏是指肝、心、脾、肺、肾五个人体内部器官。其中，肝脏配合五行木，心脏配合五行火，脾脏配合五行土，肺脏配合五行金，肾脏配合五行水，也就是肝脏符合木的运行规律、心脏符合火的运行规律、脾脏符合土的运行规律、肺脏符合金的运行规律、肾脏符合水的运行规律。具体是怎么符合的呢？《黄帝内经·素问·六节藏象论》有段解释："心者……为阳中之太阳，通于夏气。肺者……为阳中之少阴，通于秋气。肾者……为阴中之太阴，通于冬气。肝者……此为阴中之少阳，通于春气。脾……此至阴之类，通于土气。"这是从阴阳立论，讲五脏合乎天之五行。怎么理解这段话呢？幸好《黄帝内经·素问·金匮真言论》有段话可以帮助我们理解："故背为阳，阳中之阳，心也。背为阳，阳中之阴，肺也。腹为阴，阴中之阴，肾也。腹为阴，阴中之阳，肝也。腹为阴，阴中之至阴，脾也。……故以应天之阴阳也。"

结合现代生理学、气象学，我们可以尝试作一下解读：首先，人体以脊背为阳，心脏通过泵血推动血液运送热量而为阳，阳性部位中的阳性器官就是心脏；心脏为阳中之太阳，与四时中夏季气候相互通达，夏季属于五行火，因此，心脏配合火。其次，人体以脊背为阳，肺脏通过加热吸入和呼出气体散失热量而为阴，阳性部位中的阴性器官就是肺脏；肺脏为阳中之少阴，与四时中秋季气候相互通达，秋季属于五行金，因此，肺脏配合金。再次，人体以腹部为阴，肾脏通过生成和排出尿液散失热量而为阴，阴性部位中的阴性器官就是肾脏；肾脏为阴中之太阴，与四时中冬季气候相互通达，冬季属于五行水，因此，肾脏配合水。又次，人体以腹部为阴，肝脏通过分解代谢营养物质产生热量而为阳，阴性部位中的阳性器官就是肝脏；肝脏为阴中之少阳，与四时中春季气候相互通达，春季属于五行木，因此，肝脏配合木。最后，人体以腹部为阴，脾脏通过贮存较多血液、过滤 90% 的循环血液、合成生物活性物质等消耗较大热量而为极盛的阴，阴性部位中的极盛的阴性器官就是脾脏；脾脏为阴中之至阴，与四时中长夏气候相互通达，长夏属于五行土，因此，脾脏配合土。

五脏配合五性。五性指仁、义、礼、智、信，又称“五常”。五常与五脏的配合关系，按照《白虎通·五藏六府主性情》说法：“五藏，肝仁、肺义、心礼、肾智、脾信也。”肝脏配合仁，肺脏配合义，心脏配合礼，肾脏配合智，脾脏配合信。

五脏、五常、五行配合表

五脏	肝	肺	心	肾	脾
五常	仁	义	礼	智	信
五行	木	金	火	水	土

至于五脏为什么如此配合五性，《白虎通·五藏六府主性情》有一套较为完整的解释，我们结合现代生理学解读如下。其一，肝之所以为仁，是因为肝为机体安静时的主要产热器官，可以为机体维持体温供应热量，是五行木气的精华。木主仁，“仁”的特征是爱惜生灵，东方是少阳的方位，万物开始生长。所以说肝像木，其色青而有枝叶。从形状看，肝脏可以分为左半肝和右半肝，左半肝由左叶间裂分为左内叶和左外叶，左外叶由左段间裂分为上下两段；右半肝由右叶间裂分为右前叶和右后叶，右前叶、右后叶又由右段间裂分别分成上下两段。其二，肺之所以为义，是因为肺一呼一吸富于节律，又能够通过内呼吸将氧气供应到机体所适宜的器官、组织等，是五行金气的精华。金主义，“义”的特征是能够决断，西方也是金，可以肃杀成就万物。所以说肺像金，其色白而具有刚强的特性。从功能看，肺主治节，“节”就是义。其三，心之所以为礼，是

因为心通过泵血功能，可以将营养成分和热量按照组织和器官在机体中的重要等级而分配到相应部位，是五行火气的精华。火主礼，“礼”的特征是尊卑有序，南方为火，南方太阳高悬于上，大地及地上万物卑居于下，是阳性尊贵高居于上、阴性卑微屈居于下，人类社会的礼就效仿这一自然规律而制定，具有尊卑上下之别。所以说心像火，其色赤而锐下。从位置看，心位于胸腔之内、膈膜之上、两肺之间，居上之中；从形状看，似倒垂未开之莲蕊，若倒置略扁之圆锥体。其四，肾之所以为智，是因为肾在正常血压情况下可以通过自身调节使肾血流量和肾小球滤过率相对稳定，在紧急情况下可以通过交感神经和肾上腺髓质激素（肾上腺素和去甲肾上腺素）等使全身血量重新分配，是五行水气的精华。水主智，“智”的特征是进退行止没有什么疑惑，水的特征也是根据环境变化，能进则进，能止则止，自身没有什么困惑，所以说肾像水，其色黑。水为阴，阴数偶，所以肾为双。从功能看，肾可以控制前后二阴的开合，司大小便；从位置、数量看，肾位于腰部脊柱两旁，左右各一。其五，脾之所以为信，是因为脾为最大的外周免疫器官，可以通过贮存较多血液、过滤循环血液、合成生物活性物质等保障机体各器官和组织正常发挥生理功能，是五行土气的精华。土主信，土可以担任滋养万物的功能，其行为特征就像是吐生万物没有任何私心，这是信的极致，所以说脾像土，其色黄。从功能看，脾可以运化水谷精微，营养五脏六腑、四肢百骸，没有任何保留。

3. 六气、六腑、七情

《五行大义》虽然论述了六腑因乎六气、六气通乎六情、六腑分受六情，将六气、六腑、六情联系了起来，但它终究不是医学著作，不像《黄帝内经》经过了千余年的医疗实践验证。《黄帝内经》是把五脏作为生命活动的中心，与自然界四时联系起来，并以五行为纽带，将六气、六腑、七情联系起来，构建了一个以五脏为中心、以五行为纽带的天人相应系统。因此，我们依据《黄帝内经》探讨六气、六腑、七情与五行的配合。

（1）五行配合六气

六气为寒、暑、燥、湿、风、火。《黄帝内经》对于六气有不同的说法，本节只探讨作为六种气候特征的六气，不涉及其他。《黄帝内经·素问·天元纪大论》记载鬼臾区说："寒、暑、燥、湿、风、火，天之阴阳也。"寒、暑、燥、湿、风、火，这是天气的阴阳。六气就是一年四时的六种气候特征，它按照气候特征将一年划分为六个阶段，因此，五行能够配合六气。六气与五行配合，寒为太阳寒水，暑为少阳相火，燥为阳明燥金，湿为太阴湿土，风为厥阴风木，火为少阴君火。六气按照五行相生的次序，分为六步，每步约主六十日又八十七刻半，包括四个节气。这就形成了一个五行相生的节令推移规则，反映了太阳周年视运动的过程。六气，如果发生太过或不及，或非其时而有其气，或过于急骤、超过一定限度，使机体不能与之相适应，就可能会由六气转化为六淫，即发生风、寒、暑、湿、燥、火六种外感病邪。宋代陈言《三因极一病证方论》将六淫致病列为外因。

（2）五脏配合六腑

在前文关于"十二藏"的论述中，心包络（膻中）也列入"藏"的范围，但因为心包络位于心之外廓，能够保护心脏，具有与心脏相同的特征，所以，又将心包络附属于心，"六藏"于是变为"五藏"。《黄帝内经》所说"五藏"，是指心、肝、脾、肺、肾。《黄帝内经·素问·五藏别论》说:“所谓五藏者,藏精气而不泻也,故满而不能实。”按照印会河先生在《中医学基础讲稿》中的解释,“满”意为盈满,指精气的盈满;“实”意为充实,指水谷的充实。五脏是贮藏精气而不能通泻(传泻水谷),所以五脏藏精气宜满盈而不能像六腑那样充满水谷。《黄帝内经·素问·五藏别论》说:“六府者,传化物而不藏,故实而不能满也。”实既然指水谷的充实,六腑是传导、消化饮食物,而不主贮藏精气,所以它是经常充实水谷,不像五脏那样盈满精气。五脏与六腑,虽然两者在功能上有所区别,但五脏精气来源于六腑,而六腑的功能活动又必须依赖五脏精气的供养,因此,五脏与六腑通过经络的沟通,形成一阴一阳、一表一里、相互为用的“脏腑表里相合”关系。脏腑的表里关系是:心与小肠相表里,肝与胆相表里,脾与胃相表里,肺与大肠相表里,肾与膀胱相表里,心包络与三焦相表里。六腑因为五脏配属五行,也因而纳入五行体系之中。

(3)五脏配合七情

中医所谓“情志”,就是机体对外界环境刺激的不同情绪反应。《黄帝内经·素问·阴阳应象大论》提出:“人有五藏,化五气,以生喜怒悲忧恐。”按照印会河先生在《中医学基础讲稿》中的解释,自然界的春生夏长、秋收冬藏,就是四时的生长收藏。冬水寒、夏火暑、秋金燥、长夏土湿、春木风,就是五行的寒、暑、燥、湿、风。天有四时五行,人体相应有五脏化五气。人体有五脏,五脏有肝、心、脾、肺、肾五脏之气,产生喜、怒、悲、忧、恐五志。《黄帝内经·素问·阴阳应象大论》又说:肝“在志为怒”、心“在志为喜”、脾“在志为思”、肺“在志为忧”、肾“在志为恐”。《黄帝内经·素问·宣明五气篇》《黄帝内经·灵枢·九针论》又有五脏与情志配合的不同说法。对此，龙伯坚在《黄帝内经集解·素问·宣明五气篇》曾经列有一表如下。

《素问》的五志和《素问》及《灵枢》的五精所并之列表

五脏	《素问·阴阳应象大论》的五志	《素问·宣明五气篇》的五精所并	《灵枢·九针论》的五并
肝	在志为怒	并于肝则忧	并肝则忧
心	在志为喜	并于心则喜	并心则喜
脾	在志为思	并于脾则畏	并脾则畏
肺	在志为忧	并于肺则悲	并肺则悲
肾	在志为恐	并于肾则恐	并肾则恐

宋代陈言撰有《三因极一病症方论》，在总结《黄帝内经》的基础上，将情志确定为喜、怒、忧、思、悲、恐、惊而称为七情。人的情绪变化，有利有弊。《三因极一病证方论》将喜、怒、忧、思、悲、恐、惊正式列为致病内因。七情因为较为完整地概括与表达了人的情绪内容，而被中医学确定下来，并运用至今。关于七情分属五行、五脏，《黄帝内经》中有不同的分属方法。一般认为，喜属火配心，怒属木配肝，思属土配脾，悲、忧属金配肺，惊、恐属水配肾。从现代心理学来看，情绪是人对外界刺激的本能反应，是比较剧烈的、暂时性的内心活动，经常伴随肌肉紧张、心跳加快等生理上的变化，主导变量是环境的品质特性。

按照这一思路，我们可以分析七情与五行配合的理论依据。怒源于外部环境不能满足人的需要而产生的愤恨，内心的情绪不可遏止地发泄出来，如同春季草木萌生，其势不可阻挡，春季五行属木，木对应肝脏，因此，怒配合肝；喜源于外界环境满足了人的心愿而产生的愉快，如同夏季宽容万物，使其生长壮大，夏季五行属火，火对应心脏，因此，喜配合心；思源于人们面临外部环境问题时而产生的思考，“思”是产生其他情绪的基础，如同季夏吐生万物，季夏五行属土，土对应脾脏，因此，思配合脾；忧源于人们面对外界环境不利状况而产生的担心，“忧”就是愁，如同秋季万物收敛，禁止事物发展，秋季五行属金，金对应肺脏，因此，忧配合肺；悲源于人们对外界环境悲哀失望而产生的痛苦，“悲”就是痛，如同秋季万物肃杀，意境悲凉，秋季五行属金，金对应肺脏，因此，悲配合肺；恐源于人们面临某种外部危险而产生的畏惧，蜷缩而深藏，如同冬季万物封闭固藏，因怕冷而蜷缩，冬季五行属水，水对应肾脏，因此，恐配合肾；惊源于人们对外部环境突然变化而产生的惊骇，受惊而逃跑，如同冬季人体对寒冷所作出的应激反应，冬季五行属水，水对应肾脏，因此，惊配合肾。

不仅如此，《黄帝内经》还提出了七情之间的制胜关系。如《黄帝内经·素问·阴阳应象大论》所言“悲胜怒”“恐胜喜”“怒胜思”“喜胜忧”“思胜恐”。七情分属五脏，实际上是以五行为纽带，在“四时五脏阴阳”理论的指导下所形成的，这就将人的情绪体验纳入了五行体系之中。

4. 五行配合人身部位、结构

（1）五脏功能活动

《黄帝内经》在《素问·六节藏象论》《素问·阴阳应象大论》《灵枢·本输》等篇，对人体脏腑之间，与体表五体、五官、九窍等组织之间的密切联系进行了系统论述，这些论述，不仅指出了五脏与六腑的主要生理功能，而且揭示了四时与五行，五脏与六腑，筋、脉、肉、皮、骨，目、舌、口、鼻、耳，爪、面、唇、毛、发等组织或器官的内在联系，形成了以五脏为中心的五个功能活动系统，把天时与人体组成了一个统一的整体。印会河先生在《中医学基础讲稿》中列有五脏功能活动示意图，附录于下。

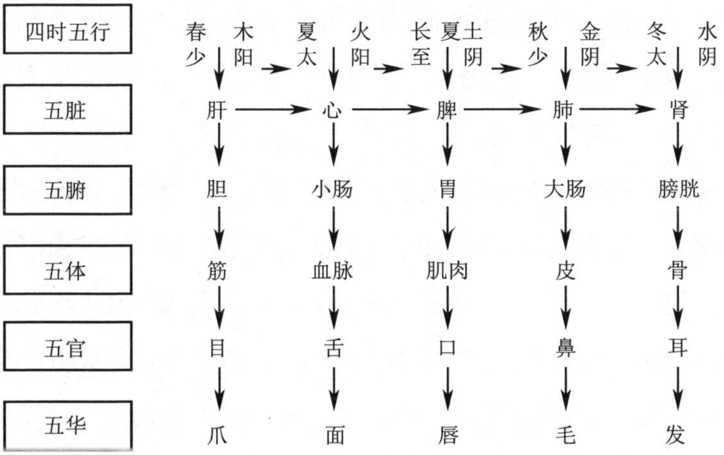

五脏功能活动示意图（摘自印会河《中医学基础讲稿》）

（2）五脏配合五体

五体，是指筋、血脉、肌肉、皮、骨，因其各自特性而与五脏相互联系起来。我们依然用现代医学、生理学的视角去观察，阐发这些联系。

一是肝主筋。筋是一种联络关节、肌肉，主司肢体运动的组织，如肌腱、韧带之类。肌腱、韧带都是一种白色的致密结缔组织，联结骨骼肌和骨骼，并可固定肝、脾、肾等脏器位置。中医认为，筋主司运动的功能，必须依赖于肝血的滋养。这里所说“肝血”应该指肝代谢营养物质所产生的能量。现代生理学发现，人在运动时需要消耗能量，能量主要来源于三大营养物质（糖、脂肪、蛋白质）代谢过程中的能量转换，而肝脏的主要功能是进行三大营养物质的代谢，包括糖的分解和糖原合成、蛋白质及脂肪的分解与合成、维生素及激素的代谢等，是体内新陈代谢的中心站，是机体的“化工厂”，为机体活动提供所需能量。由此可见，肝主管筋。

二是心主血脉。血，指血液；脉，指脉管，是血通行的隧道。心主血脉，是指心脏通过泵血为血液流动提供动力，推动血液在脉管中运行不息，因此，心脏功能的强弱，与主血脉以及血液的运行具有密切关系，同时也可以从脉搏上反映出来。

三是脾主肌肉。人体肌肉组织有三种：平滑肌、骨骼肌和心肌。这三种肌肉组织的共同特点是由肌细胞组成，能收缩和舒张，产生运动。肌肉在运动时会消耗较多营养物质，需要及时得到补充，而人体的肌肉依赖水谷精微物质提供营养，水谷精微物质必须经过脾脏的滤血功能，才能输送到全身以滋养肌肉。所以，脾脏功能健运，肌肉营养充足，则肌肉发达丰满。

四是肺主皮毛。皮肤覆盖人体表面，位于肌肉外面，皮肤上有长短不等、粗细不同的毛发，皮肤再生速度较快，皮肤的供能方式包括有氧氧化和糖的无氧酵解两条途径，通常情况下，后者在皮肤中活动旺盛，速度居人体各组织之冠。在有氧条件下皮肤通过有氧氧化途径提供能量，同时产生水；缺氧时则通过糖的无氧酵解途径提供能量，同时产生乳酸。因此，能否获得充足的氧气供应以实现有氧氧化，为皮肤提供能量，这对皮肤再生状况影响十分明显。而皮肤有氧氧化所需氧气来自肺脏的呼吸，肺脏可以通过输布氧气和津液以温煦皮肤、充养全身、润泽毛发。并且，人体皮肤具有吸收氧气的功能，全身皮肤吸收氧量约为肺的 1/160，汗孔又称为气门。因此，肺主皮毛。

五是肾主骨。骨具有坚韧的特性，能够支撑形体，为人身的支架。骨骼的主要成分是磷酸钙，人体中的钙主要来源于食物，但食物中的钙大部分不能被吸收而被排泄出去了，肾脏中有一种酶可以促进维生素 D_3 的活化，参与调节钙的吸收和血钙水平。因此，肾主骨。

（3）五脏配合五官

人体有九窍，即目、舌、口、鼻、耳的七窍和前后二阴。窍，就是窟窿、孔洞。这里指五脏显露于外的孔窍。在面部的孔窍，又称五官。五官，是指目、舌、口、鼻、耳。五官各自反映五脏的功能变化。

一是肝开窍于目。《黄帝内经·素问·金匮真言论》说："开窍于目，藏精于肝。"肝的功能异常，常表现出目的病变。如肝脏病变会导致血清胆红素升高，引发以眼睛巩膜黄染为标志的黄疸。因此说，肝脏开通与外界联系的孔窍于目。古人认为肝血滋养目，那具体是肝中的什么物质呢？我们知道，眼睛接受光刺激而产生视觉的物质基础是视色素，其组成成分视黄醛由维生素 A（视黄醇）在体内氧化而来，而这个维生素 A，大约占体内总量的 95%，就储存于肝脏内，肝脏合成和分泌的视黄醇结合蛋白，在与视黄醇结合后通过血液运输至眼睛。从这个意义上讲，眼睛产生视觉所需的精微物质储藏于肝脏。

二是心开窍于舌。心脉络于舌，心的气血与舌相通，舌的表面仅覆盖一层黏膜，心脏供血的情况可以通过舌清楚地反映出来，因此，适宜观察舌，以测知心的生理和病理变化。所以说，心脏开通与外界联系的孔窍于舌。但严格说来，舌不是孔窍，所以又有心"开窍于耳"的说法。心脏的某些病变如高血压、动脉硬化、贫血等，可引起耳鸣、耳聋等耳部病变。因此，也可以说，心脏开窍于耳。那心与耳之间由什么物质联系起来呢？耳之所以能产生听觉，是因为内耳中有个耳蜗，主管听觉，听觉信号传导的主要驱动力来自耳蜗内电位，蜗内电位与内淋巴、外淋巴中钾离子与钠离子浓度有关。《生理学（第八版）》说：“现已证明，内淋巴中正电位的产生和维持与蜗管外侧壁血管纹的活动密切相关。”而耳蜗中产生和维持电位的钾离子与钠离子最终来自血液。心脏是一中空的肌性器官，主要由心肌构成，心脏的心肌细胞膜电位也依赖于细胞内相对恒定的钾离子浓度。从这个意义上讲，耳朵产生听觉所需的精微物质储藏于心脏。

三是脾开窍于口。脾脏是人体最大的外周免疫器官，可以代表人体免疫系统，人体免疫系统的某些病变如溶血性贫血、血小板减少性紫癜等自身免疫病，都会发生口腔病损。从这个意义上讲，脾脏开通与外界联系的孔窍于口。脾脏作为免疫器官，可以过滤体内约 90% 的循环血液，清除血液中的病原体、衰老死亡的自身血细胞、免疫复合物以及其他异物，具有免疫功能。而口作为口腔器官，其表层黏膜也是机体防御的屏障，同属于免疫系统。因此，可以说，口腔黏膜所需的精微物质储藏于脾脏。

四是肺开窍于鼻。人的呼吸系统由鼻、咽、喉、气管、支气管和肺组成，鼻腔既是呼吸的通道，又具有很强的自净和防御功能，能够通过黏液—纤毛排送系统，将吸入的有害物质排出体外，但当其清除、防御功能受损，进入的病原物、有害粉尘数量过多和毒力过强或肺处于高敏状态时，将导致肺脏疾病的发生。从这个意义上讲，肺脏开通与外界联系的孔窍于鼻。鼻不仅通气功能与肺有关，其嗅觉功能也与肺具有密切关系。肺脏表面有一种活性物质结合蛋白，具有降低吸气阻力、减少呼气做功、维持肺泡稳定性的功能，而鼻黏膜内也有一种可溶性气味结合蛋白，具有黏合和运输气味分子、增加气味分子的溶解度的作用。从这个意义上讲，鼻子产生嗅觉功能所需的精微物质储藏于肺脏。

五是肾开窍于耳及二阴。肾开窍于耳，是由于肾的精气上通于耳，所以肾气的盛衰关乎听觉。这可能是因为肾脏具有调节钠离子平衡的功能，而钠离子，如前所述，与听觉有关。肾开窍于二阴，二阴即前阴外生殖器和后阴肛门。肾与前阴的关系，在于肾脏所代表的生殖系统具有生殖功能，泌尿系统则可以生成尿液并下渗膀胱，也即膀胱的排尿功能与肾脏功能有关。肾与后阴的关系，是指大便的形成和排泄与肾脏功能有关。如果从具体物质来看，肾脏通过尿的生成和排出，可以保持机体钠离子的平衡，而大肠可以吸收大肠内容物中 90% 的钠离子，从这个意义上讲，前后二阴通过排泄以调节电解质平衡的功能所需的精微物质储藏于肾脏。

（4）五脏配合五华

五华，是指爪、面、唇、毛、发。五华是人体气血循环的最末端，氧气和血液都不易送达，是五脏功能最薄弱的部位，正因此，五华能够反映五脏功能的盛衰，这或许是“其华在某”的取义所在。

一是肝，“其华在爪”。肝脏功能的盛衰，可以影响爪甲的荣枯。古人说“爪为筋之余”，《说文解字》说“筋，肉之力也”。筋是肌肉的力量，而爪指人的指甲、趾甲，具有强健之力，能够保护指（趾）的末节，力量来源于能量，能量来源于肝脏对三大营养物质的代谢，机体能量充足有富余则爪甲坚韧，因此，肝脏功能旺盛，则指甲红润，反之，则指甲干枯不荣，脆薄而软，甚则变形或脆裂。

二是心，“其华在面”。人体面部血脉较为丰富，而血脉又为心脏所主，因此，心脏功能的盛衰，在面部反映较为明显。心脏功能衰弱，血液运行无力，则面色发白；血液运行迟缓不畅，血液郁滞，则面色青紫。

三是脾，“其华在唇”。脾脏主管肌肉，口为脾窍，因此，口唇能够反映脾脏功能的盛衰。如脾脏功能健运，肌肉营养丰富，则口唇红润光泽；脾脏功能衰弱，为全身输送水谷精微物质的工作失职，则口唇萎黄不泽，尤其是慢性消化不良的人。

四是肺，“其华在毛”。毛是指依附在皮肤上的毫毛，肺脏主管皮毛，可以通过肺脏宣布的氧气和津液营养毫毛，因此，毫毛的色泽与肺相关。如果肺脏功能虚弱，则不能宣布氧气和津液于毫毛，则毛色焦枯。

五是肾，“其华在发”。古人说“发为血之余”，人的头发的营养来源于血液，头顶因位在人体的最上端而血液供应需要克服较大压力，机体血液充足有富余则头发生长旺盛，因此，从头发的生长状况，可以看出头顶部位供血状况。而肾脏分泌的肾素可使血压升高，分泌的促红细胞生成素，可以作用于骨髓造血系统，这说明肾脏分泌的精微物质可以产生血液；另外，毛发的生机根源于肾，必赖肾脏分泌激素类物质的激发作用，如男女到一定年龄，生理发育到一定程度，毛发才会旺盛。因此，毛发的荣枯，在某种情况下，可以反映肾脏所分泌精微物质的盛衰。

三、人事取法五行

五行学说属于中国的传统文化，如何按照时代特点和要求，对其中仍有借鉴价值的内涵和表现形式加以改造，赋予其新的时代内涵和表达形式，激活其生命力，这需要对五行学说的合理内容进行吸收转化。这或许是人事取法五行的真正意义。

（一）儒商之道

儒商，就是“儒”与“商”的结合体。“贾（gǔ）为厚利，儒为名高”。“贾”“儒”结合就是儒商。儒家所讲的道德规范集中体现于五常，五常指仁、义、礼、智、信，是中国古代价值体系中最核心的因素。因此，儒商可以将五常之道应用于商业实践之中。中国古代有陶朱公范蠡、孔子学生子贡、被称为商祖的白圭等一代儒商，后来则有徽商、晋商等儒商商帮，如今更涌现出众多现代儒商。根据古今中外儒商成功的经验，结合五常观念的吸收转化，我们概括出五条儒商之道。

以仁待人。这是对“仁”的吸收转化。儒商的以仁待人，主要体现在两个方面。一是知人善用的人才观。注重以贤选人，因材善用，用升职激励员工，倡导正确的是非观、善恶观、羞耻观、大局观。二是以人为本的管理观。注重以仁爱人，倡导对内互相关爱、宽容谦让，对外以和为贵、公平平等，以仁爱思想构建和谐的企业环境和广泛的人际关系。

以义取利。这是对“义”的吸收转化。儒商的以义取利，主要体现在两个方面。一是取之有道的金钱观。儒商不同于一般商人，是商界的“君子”。儒商也要赚钱，但绝不会不择手段赚钱，所赚之钱要过法律、道德、良心三关，其职责是运用儒家商道智慧为社会创造更多的财富。二是顾客至上的营销观。义者，宜也。现代营销首先要摆正企业与顾客的位置。顾客至上就是一切以顾客需求为中心，从顾客的立场考虑问题；服务第一就是把为顾客服务摆在第一的位置，提高服务质量，让顾客满意。这已经成为加强客户黏性的关键。

以礼正仪。这是对“礼”的吸收转化。儒商的以礼正仪，主要体现在两个方面。一是导之以德的教化观。“德”是指道德教化，坚持用优秀传统文化教育员工，让员工有羞耻心、敬畏心，使之不逾越规矩而人心归服。二是齐之以礼的制度观。“礼”包含礼仪、制度、法律等。“仪”就是行为举止。用社交礼仪、商务礼仪、公关礼仪、公务礼仪培养员工，用规章制度管理员工，用法律法规约束员工，使员工即使没被监督，也不会违反规定，大大降低管理成本。

以智应变。这是对“智”的吸收转化。儒商的以智应变，主要体现在两个方面。一是科学决策的经营观。机会是企业打开成功之门的“金钥匙”，但要抓住它，还需要在机遇面前果敢地进行科学决策，这对企业的成败起着至关重要的作用。二是推陈出新的发展观。当今社会，科学技术的发展日新月异，社会经济环境瞬息万变，人们的价值导向、道德观念、消费习惯、消费心理等均在变化，企业要想在多变、快变的时代，求得生存和发展，只有创新一途，除此之外，别无选择。

以信为赢。这是对“信”的吸收转化。儒商的以信为赢，主要体现在两个方面。一是以诚为利的利害观。徽商有一条商训：“斯商，不以见利为利，以诚为利。”经营商业，不以获取利益作为评价利害的标准，应以诚实作为评价利害的标准。二是以信为赢的输赢观。徽商还有一条商训：“斯卖，不以赚赢为赢，以信为赢。”售卖货物，不以赚钱与否作为衡量输赢的尺度，应以信誉作为衡量输赢的尺度。人无诚不立，企业无信不存，诚信是企业求生存、图发展的生命线。

（二）识人五法

《史记·魏世家》记载：魏文侯想找一个贤能的人来当宰相，当时只有两个候选人，即魏成子和翟璜，这两人都很有才干，如何取舍，魏文侯拿不定主意，于是请教李克。李克讲了识人五法：一是“居视其所亲”，平时看他与谁亲近，这是看“支持他的人”；二是“富视其所与”，富有时看他给予何人，这是看“他所支持之人”；三是“达视其所举”，显达时看他举荐何人，这是看“他所管理之人”；四是“穷视其所不为”，穷困时看他有所不为，这是看“他被人所制约”；五是“贫视其所不取”，贫寒时看他有所不取，这是看“他与同类关系”。这里是将人的一生分为居（平时）、富（富有）、达（显达）、穷（穷困）、贫（贫寒）五种状态，而要观察他的所作所为则需通过了解与他有关系的不同的人的交往情况做出判断。从五行角度看，以“我”为主体，则是看“生我”即支持我的人，看“我生”即我所支持之人，看“我克”即我所管理之人，看“克我”即制约我的人，看“同我”即与我同类之人。由此，多渠道、多层次、多角度广泛收集、海量分析评价意见，一点点积累起对人的客观描述，一步步构建出人的基本形象，从而全面了解人、精准识别人。

（三）墨分五色

唐朝张彦远《历代名画记·论画体工用拓写》说：天地间阴阳二气相互陶冶，气蒸而出，万物万象错综排布，玄妙变化没有言词，神奇的才能独自运行。草木花开茂盛，不用等待丹红和石青等颜料施以色彩；云雪飞扬，不用等待含铅粉末而自呈白色。山峦不用等待青黛颜料而自然翠绿，凤鸟不用等待各种颜料而五色杂合。因此，“运墨而五色具”。即运用墨法而五色具备，称之为“得意”。如果画家志意专在五色，那景物形象就乖谬了。这里提出了水墨画的基础理论，就是“墨分五色”。按照现代美学理论，墨必然属于冷色调，相对于色彩艳丽的书画创作，它更能起到颐养性情的作用，这或许是水墨画发展成为文人画的原因之一。

墨分五色，主要是谈论墨色的深浅，常常指焦、浓、重、淡、清。吴敦（yǎng）木编著《中国画基础技法》说：“墨是色的一种，色有深浅，墨亦有深浅。墨色可分为五色，统称作‘墨度’。”墨度有五，即焦、浓、重、淡、清。又说："焦墨是砚中磨成似薄糊状者，浓墨系略加水者，重墨乃水多于墨者，淡墨即水数倍于墨者，清墨为一杯水中放一二滴墨，画在纸上干后仅隐约可见者。"相传清末林纾（字琴南，号畏庐）作画时，将等量墨汁分盛五碗，各加以不等量水而区分墨色浓淡，用时分笔蘸之，使每一笔自起笔至收笔墨色少有变化。后人从五行角度出发，以墨度深浅对应五色，如以浓为青，以重为赤，以淡为黄，以清为白，以焦为黑。墨色虽仅分五种，但如果五色杂合，则可以调出浓淡干湿、多种层次的无数墨色，从而可以表达世间万千气象。

（四）戏曲五法

手、眼、身、法、步，这是戏曲表演艺术的五种技术方法，称为"五法"，"唱念做打"是戏曲表演艺术的四种基本功，二者合称为"四功五法"。

"五法"内涵不同，可以配合五行。"手"，指手势。戏曲表演依据角色年龄、身份的不同而设计出各种美妙的手部姿势，如手指、手掌、拳、手腕、手臂的动作以及道具运用等，用以表现不同人物的精神状态，而木性曲直，地上之木可观，木具有观赏性，因此，手势如同五行中的木。"眼"，指眼神。戏曲表演通过眼部的表现力、不同眼神以"叙事"与"传情"，表达角色的内心情感和思想活动。眼是心灵的窗户，而火性炎上，光芒四射，又心脏五行属火，因此，眼神如同五行中的火。身，指身段。"身"是人体的躯干，"手""眼""步"等肢体都存在于"身"之上，"身"

是五法的枢纽，“身”能起到承上启下、上联下接的中枢作用，“手”“眼”“步”只有与“身”的姿态密切配合，才能塑造出准确的角色、生动的姿势，而土性稼穑，土能吐生万物，因此，身段如同五行中的土。“法”，指技法。手、眼、身、步，各有规律和程式，又有机结合，“法”就是把手、眼、身、步有机结合起来的规范、窍门，而金性从革，“金”意为禁止，因此，技法如同五行中的金。“步”，指台步。台步是戏曲演员在舞台上举足、迈步的艺术化步伐。在戏曲中，根据剧中人物的性别、年龄、身份以及规定情景的差别，台步各有不同，如似微风吹动浮云逐渐移动的云步、人物匆匆行进的蹉步、心情紧张跌倒后仍欲前进的跪步、醉汉步履踉跄的醉步等，而水性润下，水流动不息，因此，台步如同五行中的水。著名戏曲表演艺术家俞振飞在《表演艺术的基础》一文中说“手为势、眼为灵、身为主、法为源、步为根”，第一次对戏曲表演“五法”做了系统说明，也表明了手、眼、身、法、步依次相生的序列。

（五）太极形意之五行

武术同戏曲一样，也有手、眼、身、法、步可以配合五行。不仅如此，武术的步法、手法也有五行之说，如太极拳之五行、形意拳之五行。

1. 太极拳之五行

近代武学家孙禄堂在《太极拳学·自序》中说，元代顺帝时，张三丰创立太极拳术，“阐明养身之妙”，其本源就是一理、二气、三才、四象、五行、六合、七星、八卦、九宫等奥义。而所谓“太极”就是太极拳术起点腹内中和之气，所谓“两仪”就是身体一动一静之式，所谓“三才”就是头、手、足即上、中、下，所谓“四象”就是前进、后退、左顾、右盼，所谓“五行”就是进、退、顾、盼、定。又说，张三丰“先生以《河图》《洛书》为之经，以八卦九宫为之纬，又以五行为之体，以七星八卦为之用，创此太极拳术”。在《太极拳学·凡例》中则说：“以掤（bīng）、攌、挤、按为采、挒（liè）、肘、靠各式之纲，以五行、八卦、十三式为太极之用，又为万法之纲也。”由此可见，太极拳之五行就是进、退、顾、盼、定。进为前进，退为后退，顾为左顾，盼为右盼，定为中定。这是按照步法运动方位而分配五行。五种运动路线归结起来不外进退，孙式太极拳讲究“进步必跟，退步必随”，一进一退，变化无穷。

2．形意五行拳

形意拳术有五行拳。孙禄堂在《形意拳学》中说，无极是“当人未练之先，无思无意，无形无象，无我无他”，其实就是放松身心；由无极而太极，太极就是一气，属于土，在形意拳中属于横拳，内包四德（四德者，即劈、崩、钻、炮之拳名）。“横”字有二意，一是充满，二是与地面平行。此处之“横”指一气充满全身。一气动而生物，土生万物，故横拳生劈拳。劈拳属于金，是一气之起落，上下运用之，有劈物之意，因此于五行之理属于金。崩拳属于木，是一气之伸缩，两手前后往来之理，其式如同连珠箭向前直去，因此于五行之理属于木。钻拳属于水，是一气之曲曲流行，自下钻上，如同水从地中忽然钻出，因此于五行之理属于水。炮拳属于火，是一气之开合，两手一上架、一直出，如同炸炮忽然炸开，其性最烈，其形最猛，因此于五行之理属于火。横拳属于土，是一气之团聚，手臂与地平行横向弹出，因此于五行之理属于土。又有五行生克拳。劈拳能变钻拳，谓之金生水；钻拳能变崩拳，谓之水生木；崩拳能变炮拳，谓之木生火；炮拳能变横拳，谓之火生土；横拳能变劈拳，谓之土生金。劈拳能破崩拳，谓之金克木；崩拳能破横拳，谓之木克土；横拳能破钻拳，谓之土克水；钻拳能破炮拳，谓之水克火；炮拳能破劈拳，谓之火克金。其式来往循环，直如一气之伸缩往来，其中意味，妙不可言。

（六）四时养生

《黄帝内经·素问·四气调神大论》基于五行理论，总结出四时养生规律。

1. 养生之道

春季三个月，从气候学上讲，连续 5 天日平均气温高于 10℃、低于 22℃即进入春季，草木陈旧的根生出新芽，因此，这一时期称为“启发陈旧”。气温开始回升，地表温度也开始回升，天气和地气都处于发生的状态，自然界的一切物类因此荣盛。“夜”是天黑，指太阳中心点落至当地地平线下 12.5 度的时刻，大约在日没后半小时；“早”是太阳破晓，即天亮，指太阳中心点升至当地地平线下 12.5 度的时刻，大约在日出前半小时。春季气温具有乍暖还寒和冷暖骤变的特征，昼夜温差大，刚刚回升的人体体表温度不宜面对气温骤降的打击，所以，天黑就躺卧休息，天亮才起来活动；机体主要的产热器官是肝脏和骨骼肌，运动时肌肉活动能使代谢增强，产热量增加，体温升高，所以，大步行走于庭院之中；解除束缚，可以使人体表层血管血液循环畅通，有助于维持表层热能，所以，披散头发，宽缓形体；气候由冬季阳气固藏转为春季阳气发生，人的心理易受固藏的影响，在春季依然情绪低落、心情抑郁，所以，要调理心神使其志在人体表层阳气发生。使人体表层阳气发生而不使之凋落，对人体表层阳气的发生给予帮助而不是夺取，对人体表层阳气的发生予之赏赐而不是处罚。这就是人们对春季气候规律的顺应、保养阳气由内向外发生的道理。机体在安静时主要由内脏产热，其中以肝脏的代谢最为旺盛，产热量最高，春季人体表层温度逐渐升高，需要肝脏提供更多热量。以五行论，春季五行属木，木在五脏对应肝脏，因此，违逆春季气候规律就会伤害肝脏的功能；肝脏具有极为丰富的血液供应，是新陈代谢的中心站、人体主要产热器官，肝脏功能在春季被伤害，会使得通过血液供给人体表层的热能不足，至夏季时，由于环境高温，人体表层血管扩张，出汗量增大，散热量增加，体表产热与散热不能保持平衡，导致人体表层寒凉引起的病变。这是因为春木主管发生，夏火主管成长，春木受损以致奉养给人体表层阳气成长的能量减少了。

2. 养长之道

夏季三个月，从气候学上讲，连续 5 天日平均气温高于 22℃即进入夏季，很多植物开花，各类生物大都开启旺盛的生命活动，因此，这一时期被称为“蕃盛秀美”。我国大部分地区的降雨主要集中在夏季，向上蒸发的暖湿空气，与天空中的冷空气相遇，形成降雨天气，好似天气与地气相互交合；夏季充足的光照、适宜的温度、充沛的降雨为植物旺盛成长提供了所需的条件，所以说，万千生物都开出花朵、结出果实。夏季昼长夜短，气温升高，天气闷热，夜睡不安，以至睡眠不足，因此，天黑就躺卧休息，天亮才起来活动；夏季阳光照射充足，日照时间延长，容易发生中暑，所以，不要过长时间暴露于日光照射之下。夏季气温高、湿度大，让人闷热难耐，容易发怒，因此，要调理心神，使其不生气、不发怒。夏季气温较高，人体体表温度也较高，作为热能的阳气在人体表层成长，并进一步积累，所以，要促使人体表层阳气如草木花朵般“结成果实”；随着气温升高，人体表层新陈代谢能力增强，日益积累过盛的热能，因此，要使体表过盛的阳气（热能）得以宣泄，好像有所喜爱的事物在于身外一样。这就是人们对夏季气候规律的顺应、保养阳气由内向外成长的道理。心脏通过不停地跳动，推动血液在心血管系统内循环流动，血液中的水分有较高的比热，有利于运送热量，夏季人体表层温度升高至极致，需要心脏加大送热力度。以五行论，夏季五行属火，火在五脏对应心脏，因此，违逆夏季气候规律就会伤害心脏的功能；心脏主管人体血液循环，因夏季气温高导致体表温度升高，如果机体散热能力不足或体温调节中枢功能障碍，会使体温过高而损害机体免疫力。至秋季时，由于气温降低，人体表层血管逐渐收缩，人体表层血管血液防御和保护功能出现不足，免疫能力降低。这是因为夏火主管成长，秋金主管收敛，夏火受损以致奉养给由外向内收敛的阳气（热能）减少了。

3. 养收之道

秋季三个月，从气候学上讲，连续 5 天日平均气温低于 22℃、高于 10℃即进入秋季，这时，很多植物的果实因成熟而容貌平定，因此，这一时期称为“容貌平定”。北方冷空气不断侵入，气温下降明显，所以说“天气以急剧的形式变化”；许多落叶多年生植物的叶子渐渐变色、枯萎、飘落，只留下枝干，一年生草本植物则逐渐枯黄死去，山川景致都可以看得清楚明白，因此说“地气以明白的面目呈现”。昼夜温差变大，白天蒸腾的水汽会在夜间凝结为露、为霜。日没是指太阳落下时其上边缘与地平线相切的瞬间，人们应在早先于天黑的日没时分就躺卧休息，早睡早起，与阳光一起活动。唐代刘禹锡《秋词》说：“自古逢秋悲寂寥。”秋季万物凋零，容易让人产生抑郁的情绪，一般称为“悲秋”，所以，要调理心神使其安定平静，用以缓和秋天肃杀之气对万物的摧折。秋季气温比夏季气温低，人体体表血管由扩张开始逐渐收缩，热能由人体表层向核心收敛，因此，要向内收敛一些心神和阳气，调整身心使同秋季果实的容貌一样保持平定状态。大脑处于人体核心，人在精神紧张状态下，耗氧量增加，能量代谢率显著增高，因此，不宜向外使用心志，以保证处于人体核心的内脏等重要器官分配到足够的热能。肺脏处于人体核心，既是血液和肺泡进行气体交换的场所，也主管体内的血液与组织细胞气体交换，因此，要使肺脏主管氧气和二氧化碳交换的功能清纯不杂。这就是人们顺应秋季气候规律、保养阳气由表层向核心收敛的道理。肺脏主要功能是从外界环境摄取机体新陈代谢所需要的氧气，并一呼一吸富有节律，秋季气温骤然下降，要避免干冷空气刺激呼吸道，保护肺脏，使呼吸功能正常发挥作用。以五行论，秋季五行属金，金在五脏对应肺脏，因此，违逆秋季气候规律就会伤害肺脏的功能。人有内呼吸与外呼吸之分，内呼吸指组织细胞与血液之间的气体交换过程，外呼吸指血液与外界空气之间的气体交换过程，秋季时人体内属金的肺脏功能被伤害，处于人体核心的胃肠等消化道组织无法获取足够的氧气进行氧化过程，使胃肠所获得的热能不足，至冬季，则容易发生胃肠功能偏弱造成的腹泻。这是因为秋金主管由外向内收敛阳气（热能），冬水主管向内闭藏阳气（热能），秋金受损以致奉养给人体核心内闭藏的阳气（热能）减少了。

4. 养藏之道

冬季三个月，从气候学上讲，连续5天日平均气温低于10℃即进入冬季，生物在寒冷来袭的时候会减少生命活动，关闭向外发散阳气（热能）的通道；很多植物叶子飘落，动物会选择休眠，因此，这一时期称为“封闭储藏”。水结冰、地裂开，阳气（热能）在大地内部闭藏，不要扰动大地内部的阳气（热能）使其通过地表发散到空气中。冬季昼短夜长，气候寒冷，人体各器官系统保护性收缩，必须等待太阳出来之后，气温有所上升，才适宜外出活动。日出是指太阳升起时其上边缘与地平线相切的瞬间。因此，早于日没的天黑时就躺卧休息，晚于天亮的日出时才起来活动，必定要等待太阳光出现。冬季气候寒冷，加之空气湿度较小，容易使人感到干渴烦躁，所以要调理心神，使心志如同向下低伏，如同对外隐藏，如同内心有想法而不说出口，如同已经有所获得而不告诉外人。人的主要散热部位是皮肤，当环境温度低于体表温度时，且在安静状态下，大部分体热通过辐射、传导和对流的方式向外界发散，所以，避免寒冷，靠近温暖，不让阳气（热能）发泄于皮肤，暴露皮肤会使体内贮藏的阳气（热能）被急速夺去。这就是人们顺应冬季气候规律、保养阳气在人体核心内闭藏的道理。肾脏是机体供血量最丰富的器官，在安静状态下，健康成年人的两肾血液灌注量（即肾血流量）

相当于心输出量的20%～25%，在寒冷的冬季，肾脏会产生对寒冷的应激反应，通过交感神经和肾上腺髓质激素（肾上腺素和去甲肾上腺素）等使全身血量重新分配，减少肾血流量，以确保心、脑等重要器官的血液供应。以五行论，冬季五行属水，水在五脏对应肾脏，因此，违逆冬季气候规律就会伤害肾脏的功能；肾脏五行为水，水生木，木在五脏对应肝脏，而肝脏是机体安静时的主要产热器官，骨骼肌是机体运动时的主要产热器官，如果肾脏功能受到伤害，到春季时，人体筋肉会因获得热能不足而萎缩，不能行动自如。这是因为冬水主管闭藏，春木主管发生，冬水受损以致奉养给由内向外发生的阳气（热能）减少了。